READY MADE PRODUCTS GUIDE FOR HIGH QUARITY RESIDENCE

上質な住宅をつくるための既製品活用ガイド

建築知識 編

Part 1

敏腕設計者のお墨付き！ ワンランク上の既製品活用術

Part 2 各社横断！ 定番既製品の規格寸法ガイド

●カバー写真　中目・黒の家／イン・ハウス建築計画
●デザイン　マツダオフィス
●組版　シンプル

Part 1

敏腕設計者のお墨付き！

ワンランク上の既製品活用術

巻頭言

既製品の選び方・使い方で差がつく設計力

文＝編集部

「一定水準以上の性能を確保し、コストを抑えながら、居心地のよい空間を提案すること」―設計者に求められる重要な職能の1つだ。この課題にどのように応えればよいか。その解の1つが、既製品の力を積極的に利用する、つまり既製品を「使いこなす」ことではないだろうか。

■既製品がもつ3つのメリット

ここで改めて、既製品がもつ強みを挙げてみよう。大別すると以下の3つになりそうだ。❶保証された性能、❷低価格、❸良好な施工性。

❶は、特に外装・水廻りで大きくものをいう。外装では防火性能や防水性能が、水廻りでは火気使用室（キッチン）での内装制限、浴室などでの防水性能が、それぞれ要求される。こうした決定的な要求性能は、既製品を採用すればメーカーが一定期間保証してくれるので心強い。

❷については、大量生産というスケールメリットが生きる。❸については、湿式ではなく乾式で施工できるケースが多いという点が大きい。水分を利用する湿式に比べて施工が簡略化されるので、現場監理の負担も大幅に軽減されるに違いない。

■設計者に求められるスキル

以上のとおり「既製品」にはさまざまなメリットがある。しかし、ただ単に既製品を使うだけでは〝芸〟がない。設計者には、既製品を「使いこなす力」を身につけてほしい。そのためには、具体的にどのようなスキルが必要になるのだろうか［写真］。

まずは「**既製品を知る**」というスキル。メーカーのカタログだけではなく、インターネットも有効に活用して、多角的な情報を収集する地道な作業が求められる。

続いて「**既製品を軸にデザインする**」スキル。寸法や色・テクスチュアを読み解きながら、周囲のデザインと調整していく技術が求められる。場合によっては一部を隠すテクニックも。

最後に「**既製品を応用する**」というスキル。既製品の特徴を生かしつつ、使い方自体に捻りを加えてもよい。ただし、方法次第ではメーカーの保証外となり、設計者（施工者）の責任も発生する。慎重な検討が必要だ。

本書では、「外装」「水廻り」「内装」のパートごとに、既製品にかかわるこれら3つのスキルについて、実例を交えながら解説した。1つでもお役に立てればと願っている。

写真 既製品に関する3つのスキル

既製品を知る

既製品の情報収集には、インターネットの利用も有効だ。写真の床タイルはインターネットを通じて安価に仕入れたもの［87頁参照］

既製品を軸にデザインする

既製品の寸法や色に合わせ、空間全体のバランスをとる。写真のテーブルは無印良品のベンチに合わせてデザインされたもの［76頁参照］

既製品を応用する

既製品の使い方自体を工夫してもよい。写真の建物では、壁と天井の見切にピクチャーレールを活用している［69頁参照］

READY MADE PRODUCTS

LAW AND RESPONSIBILITY

法規編

既製品の「使いこなし」と責任の所在

既製品を設計者なりに工夫して使った結果、製造側の想定や取扱説明と異なる使い方になる場合がある。不具合が生じた際、設計者はどこまで損害賠償責任を負うのだろうか。ここでは、既製品を使用する際、あるいは応用する際に、設計者が知っておくべき責任の所在や、事故が起こったときの損害賠償の考え方などについて解説する。

文＝秋野卓生・森田桂一
（匠総合法律事務所）

図1 既製品に関わるメーカー・設計者の責任

❶製造物責任法（PL法）の対象と設計者の責任

Q	質問	A	解説
Q1	建物に施工された住宅建材もPL法の対象になる?	はい	PL法が適用される製造物とは「製造または加工された動産」をいいます。住宅建材は「動産」として販売されるので、施工された後であっても製造物に該当し、PL法の対象になります
Q2	施工後に事故が起こった場合は、全てメーカーの責任であり、設計者は責任をとらなくてよい?	いいえ	設計の専門家として注意義務があるため、責任を負う場合があります。特に、メーカーの推奨する使用方法に反して製品を使用し、その結果生じた不具合については、損害賠償責任を負う可能性が高いといえます

❷PL法とメーカー保証の関係

Q	質問	A	解説
Q3	PL法とメーカー保証は同等のものと考えてもよい?	どちらともいえません	メーカー保証（保証書）の内容はメーカーによりまちまちです。PL法と同等の責任を定めたものもありますが、PL法と異なる責任を定めたものもあり、メーカーが「一定期間における一定の性能を担保する」ことを約束するものもあります
Q4	メーカーの保証書が発行された製品なら、竣工後に事故が起きても、設計者の責任は問われない?	いいえ	メーカーの想定していない利用方法によって事故が起こった場合などについて保証の免責とされていることが多く、損害賠償責任を負う場合があります

■PL法が成立した経緯

既製品には、メーカーによって一定の性能が担保されているという利点がある。しかし、その製品に欠陥などがあり不具合が生じた場合は、製造物責任法（以下、PL法）やメーカー保証などにもとづいて、メーカーが損害賠償など（代替支給を含む）を行うことになる。この場合、それにかかわった設計者も専門家としての注意義務を負っている。したがって、既製品を使用したときでも常に免責されるわけではなく、設計者としての注意義務違反の有無に応じ責任負担を求められることがある。

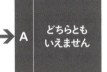

PL法は、製品事故が生じた際、その事故がその製品に存する欠陥によって発生したことが証明された場合について、メーカーが損害賠償責任を負うことを定めた法律である。円滑かつ適切に被害者を救済するため、民法の責任原則である追及責任主義を修正するため、平成6年に立法された。

PL法が成立する以前も、メーカーの過失などにより製品事故が生じたことが証明された場合は、メーカーの損害賠償責任が認められていた。しかし、一般消費者である被害者はメーカーの過失などを立証することが極めて困難であり、被害者保護が不十分であると指摘されてきた。そこでＰＬ法は、メーカーの過失などを立証する責任を被害者側から免除し、被害者の負担を軽減しつつ救済を行うことを定めたのである。

■ＰＬ法上とメーカー保証

ＰＬ法にもとづくメーカーの損害賠償責任は「『製造物』に欠陥があり、それにより、損害が発生したことが証明された場合に発生する」とされている（同法3条）。「製造物」とは「製造又は加工された動産をいう」（同法2条1項）。住宅建材は動産であるが、建物に施工されると不動産の一部となる。

なお、「製造物」に該当するかの判断は販売段階の状況でなされるため、建物に施工された後の建材もＰＬ法上の製造物に該当し、同法の規制対象となる［7頁図1❶］。

「欠陥」とは、「当該製造物の特性、その通常予見される使用形態、その製造業者等が当該製造物を引き渡した時期その他の当該製造物に係る事情を考慮して、当該製造物が通常有すべき安全性を欠いていることをいう」とされている（同法2条2項）。

具体的には以下❶～❸の「欠陥」がある。❶製品の仕様自体を問題とする設計上の欠陥（製品に存する構造的欠陥）、❷製品の製造ミスを問題とする製造上の欠陥（製品製造中に生じた品質のばらつきなど）、❸製品に存する危険性について使用上の注意が十分になされていなかったことを問題とする表示上の欠陥（説明書に誤使用の危険性について注意喚起がなされていないなど）。

設計者の責任と特に関係があるのは❸だ。設計者は設計のプロであるが、住宅建材に精通しているとは必ずしも限らない。説明書に記載された注意喚起（誤使用から生じる危険性）を参照して設計すると想定されるため、設計者のようなプロによる誤使用でも、メーカーは表示上の欠陥にもとづくＰＬ法上の損害賠償責任を負うことがある。

一方、ＰＬ法とは別に、メーカーは製品について「保証書」を発行することがある［7頁図1❷］。保証内容はメーカーが任意に定めるものだが、法律上の責任を基準にその内容を定めている傾向がある。保証書には、ＰＬ法と同等の責任を確認的に定めたものや、同法と同等の責任に関して立証責任を明確化したものがある［＊1］。

設計契約上の専門家としての注意義務にもとづき、設計者は建物の設計に当たっては、各種条件を十分検討し、適切な材料の選択を行うことが当然の義務であるとされている。これに反して

図2 設計者の建材に関する注意義務

事件の概要

建物に竹集成材を用いたところ、竣工・引渡し後まもなく、竹集成材部分につき、カビや虫の害が発生。建築主が、建築士および竹集成材メーカーに対して、損害賠償責任を追及した事案（東京地裁　平11（ワ）12233号）

判決の内容

設計者および竹集成材メーカーに建物補修費用相当額の損害賠償責任を認めた

判決の根拠

❶設計者の責任

設計者側は、竹集成材メーカーから提供されたデータを検討したうえで竹集成材を選択したので、注意義務違反はないと主張した。これに対して、裁判所は、設計者が竹集成材について十分な知識を持っていたか疑問が残ると指摘したうえで、本件で使用した竹集成材をほかの木材と同程度の配慮で本件建物に用いて設計した点において過失があったと判断。建物補修費用相当額の損害賠償責任を認めた

❷メーカーの責任

裁判所は、竹集成材の物性値に関する基準はないとしつつも、使用場所などを制限することなく、ほかの木材同様にあるいはそれ以上に水に強いことを標榜していることに着目。通常有するべき性能を有していなかったとして、メーカーに対して、建物補修費用相当額の損害賠償責任を認めた

■判例から学べること

メーカーの推奨する使用方法に従ったとしても、注意義務に反すれば設計者は損害賠償責任を負う

製品が通常有するべき性能を有していなかったとして欠陥を有していた場合であっても、設計者は、当該部材を選択しないようにしたり、その部材の性質に応じた取り扱いをしたりする注意義務を負っており、これに反すれば、損害賠償責任を負う場合がある

＊1：メーカーが、PL法上の責任以上の責任を一定期間負うことを約束する場合がある（たとえばニチハの窯業系サイディングは保証期間が10年）。これらの保証においては、通常メーカーの想定していない使用方法で利用した場合について、免責事項としているケースが通常である

不適切な材料を選択したり、材料の取り扱い方を誤ったりした結果、欠陥住宅となってしまった場合には、損害賠償責任を負うものと解される。

当然、製品をメーカーの推奨する使用方法に反した使い方をした結果、欠陥住宅となった場合には、注意義務に違反したとして損害賠償責任を負う可能性が高い。他方メーカーの推奨する使用方法にしたがった場合でも、設計者が損害賠償責任を負う可能性はある［図2］。

■事故原因で変わる責任の割合

既製品を使用して、製品事故が生じた場合は、最終的に、関係当事者が各自の責任割合に応じて損害賠償責任を負うことになる。負担割合は、事故原因・諸事情を総合的に勘案したうえで判断される。事案ごとの個別の判断となるが、大まかには、次のようなものに考えられる。

当該製品に設計上の欠陥があった場合には、メーカーが損害賠償責任を負う。ただし、当該建物を設計した設計者が不十分な仕様の製品を選択したと判断されれば、注意義務違反があったとして、設計者も損害賠償責任を負うことがある［図2］。

製品に製造上の欠陥があった場合は、メーカーが損害賠償責任を負う。これについては、監理者として交換を指示すべき場合を除き、注意を尽くすことが難しいので、設計者が損害賠償責任を負担すると判断される事案は必ずしも多くないと思われる。通常想定されない方法により設計者が製品を使用した結果、製品事故が発生した場合［*2］は、設計者の注意義務違反が認められ、損害賠償責任を負う可能性が高まる。

ただし、当該製品のメーカーが、広く通常想定されない方法により製品が利用されていることを知りながら十分な警告をしていなかった場合や、当該使用方法に著しい危険性がある場合などには、メーカーにも警告表示上の欠陥があったとしてＰＬ法にもとづく損害賠償責任が認められる可能性がある［図3］。欠陥がまったくない製品を設計者が誤使用した結果、製品事故が生じた場合には、当然、設計者が損害賠償責任を負うことになる。

メーカーおよび設計者がいずれも損害賠償責任を負う場合、その賠償責任は連帯債務となり、被害者はメーカーおよび設計者のいずれに対しても損害の全額を請求できる。最終的には、メーカーと設計者が損害賠償責任の負担割合に応じて、相互に求償を行うことになる。

図3　警告表示の義務に関する注意点

事件の概要

自転車につき、推奨されているトルク以上のトルクをねじにかけて組立業者が組み立てた結果、バリが発生し、これにより、乗用していた幼児が負傷し、自転車メーカーに対して、損害賠償請求を行った事案（広島地裁平14（ワ）954号）

判決の内容

自転車メーカーに損害賠償責任を認めた

判決の根拠

メーカーの責任

裁判所は、❶本件製品は未完成品で組立てを要する製品であったこと、❷容易に推奨トルクより重いトルクをかけることができ、それによりバリが発生する可能性があったこと、❸本件自転車は幼児向けの自転車であったこと——から判断すれば、プロ向けの取扱い説明書について推奨トルクを記載するだけでは説明が不十分であると判断。締め付けすぎた場合にバリが発生する危険性や、バリが発生した場合には取り除くべきであることを警告表示する義務があったものとして、メーカーの法的責任を認めた

■判例から学べること

メーカーが注意喚起を怠った場合は、メーカーにも責任が発生する。ただし注意に反した場合は設計者がより重い責任を負う可能性がある。

メーカーは、プロのユーザーとの関係においても十分な注意喚起を行うべき法的義務を負っており、これが不十分であったため事故が生じた場合には、エンドユーザーに対して、直接損害賠償責任を負うことがある。
取扱い説明書上の記載は、製品事故が生じた場合における各当事者の責任分担割合をめぐる重要事項となっている。裏を返せば、設計者がメーカーから喚起された注意を無視して施工指示した場合には、設計者が全面的に損害賠償責任を負うことにつながるといえる

*2：たとえば、アルミサッシの樹脂アングルを外して開口部を納めた場合、など

READY MADE PRODUCTS 1
EXTERIOR MATERIAL
外装編

既製品活用上の心得

建築基準法上の防火規制への対応や防水性能が求められる外装では、水廻り·内装に比べて既製品を利用する機会が多い。ここでは、外装における既製品の重要性·注意点をまとめたほか、「外壁」「雨樋」「防火設備」「住宅用サッシ」というテーマごとに、既製品をうまく使いこなすポイントについて解説する。

文＝中西ヒロツグ
（イン·ハウス建築計画）

図1 外装材の使い方

❶窯業系サイディングの場合

デザイン的にはプレーンなものを選ぶことがポイント。ただし、目地を嫌ってコーナー役物を使用しないという考え方はリスクを伴う

a:プレーンなものを選ぶ

「モエンエクセラード16フラットウォール」。シンプルな金属屋根ともなじみがよい

b:出隅·入隅には必ず役物を使う

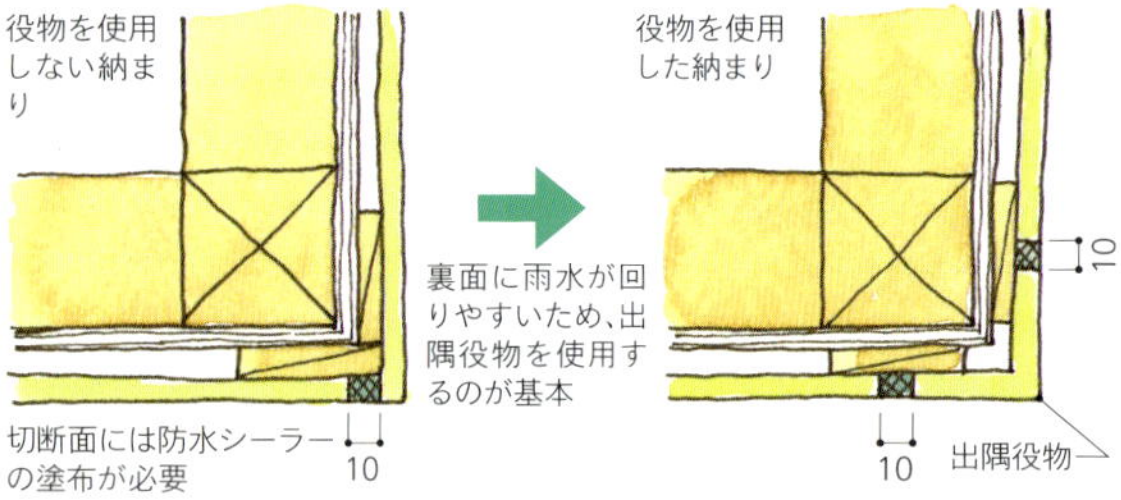
役物を使用しない納まり
切断面には防水シーラーの塗布が必要
10
裏面に雨水が回りやすいため、出隅役物を使用するのが基本
役物を使用した納まり
10
10
出隅役物

❷ガルバリウム鋼板の場合

ガルバリウム鋼板にはさまざまな形状がある。コーナー役物は必須だが、板金加工で製作すればすっきりとした印象が得られる

a:金属系サイディング（標準）

出隅部に凹凸が生じる

a':金属系サイディング（応用）

サイディングをカットし、板金加工でコーナー部を納める

b:角波板

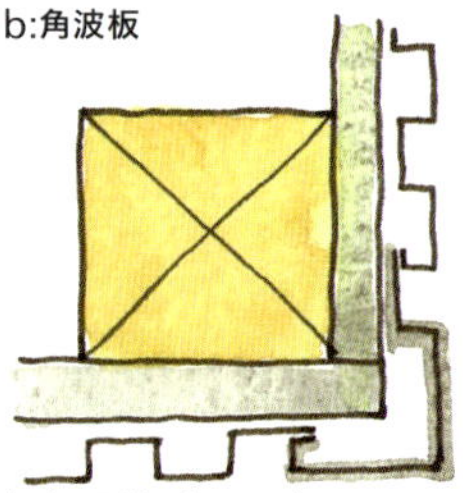

角波の形状·ピッチに合わせて、板金加工とする

c:小波板

継ぎ目の位置をずらし、小波を山で折り曲げて加工する

■防火や防水は既製品の強み

外装における既製品のメリットは、「性能」「コスト」「施工性」という3つのキーワードに集約される。

屋外環境にさらされる外装には、高い性能が要求される。それは主に、建築基準法上の防火性能、防水性·耐久性である［＊1］。このとき、既製品ではなく製作品によって要求される性能を実現しようとすると、使用材料が限られるうえ、コストがかさみ、さらにはその性能を設計·施工側が担保しなければならない。防水性や耐久性も同様で、工事監理の負担や施工管理の限界からも、既製品を選択するメリットは大きい。

施工者の技量による影響も少なく、製品自体も一定期間メーカーが保証してくれる。外壁仕上げにサイディングを採用すれば、通気層の確保が容易で、建物の耐久性を無理なく高めることができる。また、湿式（モルタル）ではなく乾式で工事を行えるため、養生などが不要で、工期も短縮できる［＊2］。

■サイディングの命は隅部

ここからは「外壁」について、既製品選びのポイントや、使用上の注意点、納まり上の工夫について解説する。性

＊1：準防火地域内にある木造2階建て、延べ面積500㎡以下（4号建築物）の住宅では、構造に制限はないが、延焼のおそれのある部分の壁は、防火構造としなければならない。また、玄関や開口部についても防火設備とする必要がある

＊2：左官仕上げの壁はサイディングには代えがたい魅力があるものの、品質管理やメンテナンスの難しさは否めない。採用する際には、コストや納まりも含め、それなりの覚悟が必要だ

図2 雨樋の存在感について3パターンに分けて考えてみる

❶片流れ屋根の場合

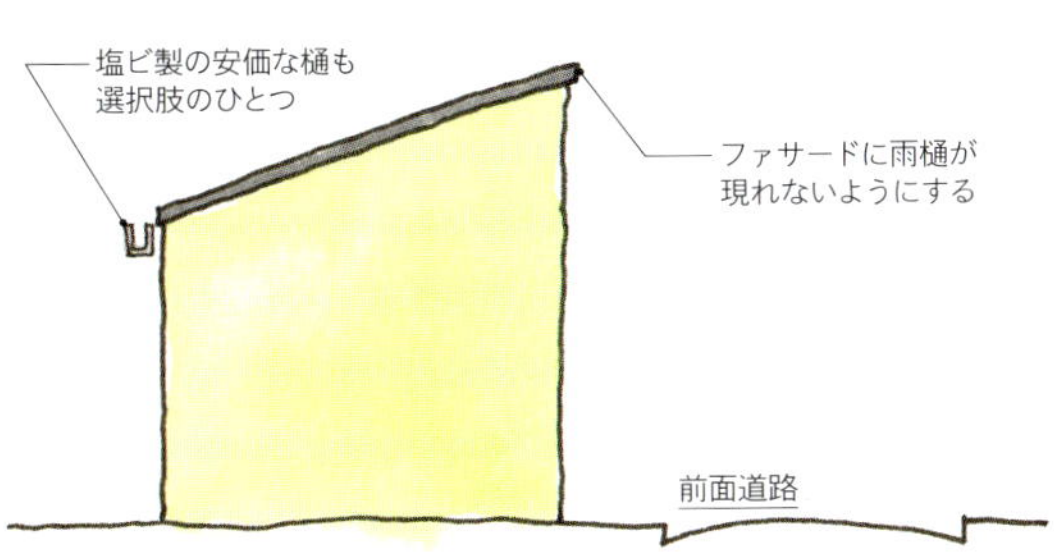
塩ビ製の安価な樋も
選択肢のひとつ
ファサードに雨樋が
現れないようにする
前面道路

❸軒の出がない勾配屋根の場合

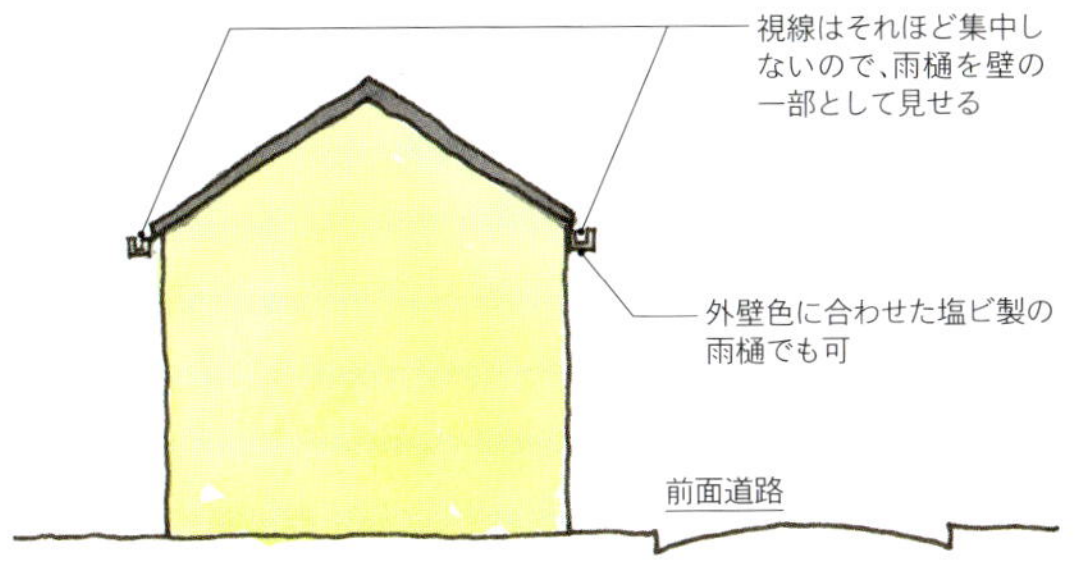
視線はそれほど集中し
ないので、雨樋を壁の
一部として見せる
外壁色に合わせた塩ビ製の
雨樋でも可
前面道路

住宅密集地の建物。軒が出せないケースが多いので、外壁と同色の塩ビ製の雨樋を使ってもよい。この建物では白を選択

❷軒の出がある勾配屋根の場合

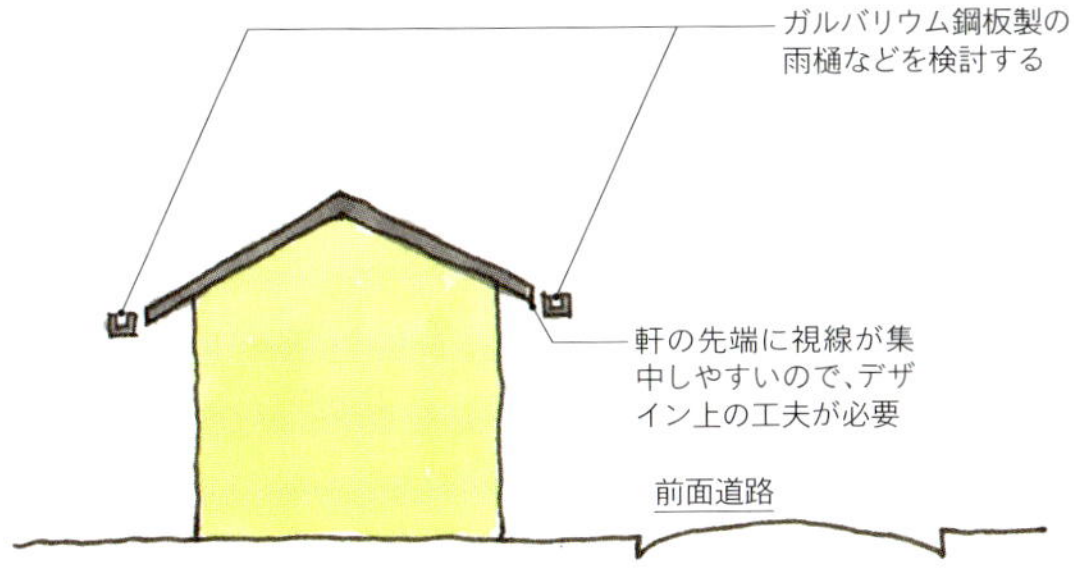
ガルバリウム鋼板製の
雨樋などを検討する
軒の先端に視線が集
中しやすいので、デザ
イン上の工夫が必要
前面道路

能が保証され、価格やバリエーションが豊富で、乾式で施工できる点で、「外壁」の主流と呼べるのがサイディングであろう。

サイディングは窯業系（セメント質と繊維質を主な材料として、板状にしたもの）と金属系（ガルバリウム鋼板＝アルミニウム・亜鉛合金めっき鋼板）に大別される。なかでも種類が豊富な窯業系サイディングは、ハウスメーカーや大手ビルダーに限らず、地場の工務店も広く採用している。

一般の住宅でよく採用されるのはタイル柄や木目柄だが、それらはデザインの主張が強く、それだけで外観の印象を決定してしまう。デザイン性を追求するのであれば、なるべくシンプルなものを選びたい。筆者のお薦めは「**モエンエクセラード16 フラットウォール**」（ニチハ）だ［図1❶a、*3］。プレーンな塗装サイディングで、モダンな外観には最適だ。アクセントに、羽目板張りや板金を組み合わせるとさらに効果的である。

納まり上のポイントはコーナー部［図1❶b］。同質の出隅役物を使用するのが原則である。意匠的にはシンプルに切り放しで仕上げたいところだが、シーリングやタッチアップ塗装をしていても、小口や裏面に雨水が回る可能性があるため、耐久性能上の弱点となる。役物を使用しない場合は、捨て板金など入念な防水対策が求められる。

一方、シャープな印象が得られる波板や金属系サイディング（ガルバリウム鋼板）も、コーナー部の納まりは重要だ。窯業系と同様に、コーナー役物は必須だが、既製品の役物を使うと段差が生じてしまうので、波板であれば、製品の形状に合わせて納まりを工夫したい［図1❷、*4］。

■雨樋の使い分け

次に、多くの設計者にとって悩ましい「雨樋」について。一般的には塩ビ製の雨樋が使用されるものの、シンプルなデザインのものは大型のものが多く、小規模な住宅では外観とのバランスが悪い。これに対して、軒先を加工して内樋を製作する手法があるものの、コストがかさむほか、長期的には防水性や取替えに不安が残る。

その点で、「**ガルバリウム雨とい**」（**タニタハウジングウェア**）は使い勝手がよい。最近はガルバリウム鋼板葺きの屋根が増えているため、この雨樋を採用すれば素材の一体感が生まれる。サイズもコンパクトなので、雨樋の存在が気にならない。ただし、ガルバリウム鋼板の雨樋は標準的な塩ビ製の樋に比べると高価なため、外観デザインを含めた工夫が必

*3：防汚機能（マイクロガード）が施されながら、価格も6,615円／枚（4,799円／㎡）と手頃だ

*4：小波板の場合は、折り曲げた波板を役物代わりにかぶせる方法が考えられるほか、角波ならば、山に合わせたコーナー役物を製作してすっきりと納めたい。一方、フラットな金属系サイディングであれば、既製品をカットしてフラットなコーナー部とする手法もある［16頁参照］

図3 開口部における防火規制と既製品の関係

❶玄関扉の場合

防火・準防火地域においては、玄関扉を防火設備にする必要がある。既製品の選択肢は、防火性能を有する製品に限定される

- 防火シャッターを付けない（住宅防火戸と組み合わせる）
  - スチール製 → アパート用玄関ドアなど。デザインや色が限られるので、ドアに合わせた外観のコーディネートが必要
  - アルミ製 → 各メーカーから多くの種類が発売されている。外観デザインとの相性を考えながら、主張しすぎないものを選びたい
  - 木製 → 防火試験認定品。バリエーションも少なく、高価

❷外壁開口部の場合

防火・準防火地域においては、「延焼のおそれのある部分」の外壁開口部を防火設備にしなければならない。既製品の選択肢は、防火シャッター、網入りガラス、耐熱ガラスなどに大別される

- 防火シャッターを付ける
  - シャッターサッシ → 木造用の住宅防火戸対応品であれば、サッシ障子・ガラスの防火性能は不要。幅1,650×高さ2,000㎜の手動タイプで約10万円（工事費は別途）
  - 外付けシャッター → 鋼製の防火シャッターで、サッシの防火性能は不問。シャッターサッシに比べて高価［36頁COLUMN参照］
- 防火シャッターを付けない（住宅防火戸と組み合わせる）
  - 網入りガラス → ワイヤー入りのガラスで、火災時の飛散を防止する。最も安価で広く普及している。幅1,650×高さ2,000㎜で約8万5,000円（工事費は別途）
  - 防火ガラス → 防火機能をもつ網のない防火ガラス。薄くて軽く、視界が開けるものの、網入りガラスに比べて価格は高い

要になる。

デザインとコストを意識するのであれば、屋根形状（計画）によって雨樋を使い分ければよい［11頁図2］。片流れ屋根の場合、ファサード側（前面道路側）を高くすれば、水上側に雨樋を付ける必要がない。しかも水下側で隣地境界線が近く、それほど目立たなければ、無理して高価な雨樋を使う必要はない。

切妻屋根の場合は、軒を出す場合と出さない場合で扱いが変わる。軒を出す場合は、軒の先端の納まりが印象を左右するため、シャープなガルバリウム鋼板の雨樋を採用するのがよいだろう［17頁参照］。一方、軒を出さない場合には、案外気にならないもの。コストの制約が厳しければ、シンプルな塩ビ製の雨樋でも支障はないだろう［*5・6］。

■網入りガラスでの工夫

意匠的には、玄関扉やサッシはできれば製作したいところだが、防火・準防火地域の「延焼のおそれのある部分」では、防火設備としなければならない［図3］。必然的に住宅防火戸の認定を受けた既製品を採用するケースが増えてくる。玄関扉については、既製品のなかから、外観テイストにあった建具本体や枠、ハンドルなどを含め、なるべくシンプルなものを選ぶほか、周囲のデザインを調整し、その存在感をコントロールするのがよいだろう。

一方、サッシについては既製品の住宅防火戸の構成にさまざまな選択肢がある。大きくは「雨戸・シャッターを付ける場合」と「サッシ単体の場合」に分けられる。前者については、認定仕様を満たす雨戸・シャッター付きサッシか、鋼製の後付けシャッターなどがある［36頁COLUMN参照］。後者については、網入りガラス入りの認定型式サッシとせざるを得ない。一般には、シャッター付きサッシか、網入りガラスの単体サッシが最も多く採用される。意匠的には悩ましいところだが、枠・ブラインドボックス（ロールスクリーンボックス）の納まりや色などで工夫できる余地はある［20・21頁参照］。

■サッシの納め方はさまざま

アルミサッシ（アルミ樹脂複合サッシ・樹脂サッシ）は住宅には必須のアイテムであり、その応用方法もさまざまある。難易度が低いほうから、❶プロポーションを変える、❷取付け位置を工夫する、❸納まりを工夫する、などの方法が考えられる［図4］。

*5：2014年には、パナソニック エコソリューションズ社からもガルバリウム鋼板製の雨樋「Archi-spec TOI」が発売されており、製品の選択肢が増えた

*6：軒樋と同様に注意が必要なのは、竪樋の納まり。特に集水器は無骨なデザインが多いため、自在ドレン（軒樋に竪樋を接続するための落とし口）を使用してすっきりと納めたい。また竪樋は極力横引きせず、ドレンからまっすぐ落とせるよう、事前に取付け位置を検討しておくことが重要である

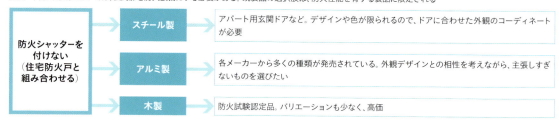

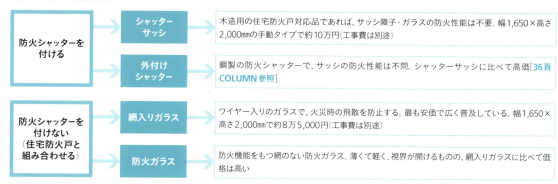

図4 住宅用サッシを使いこなす3つのステップ

最もポピュラーな住宅用サッシの応用方法は3パターンに分かれる。難易度が低いほうから、❶プロポーションを変える、❷取付け位置を工夫する、❸納まりを工夫する、である

STEP 1 プロポーションを変える

最も代表的なのは、縦長プロポーションの引違い窓。
まずは、プロポーションを変えることから始めよう

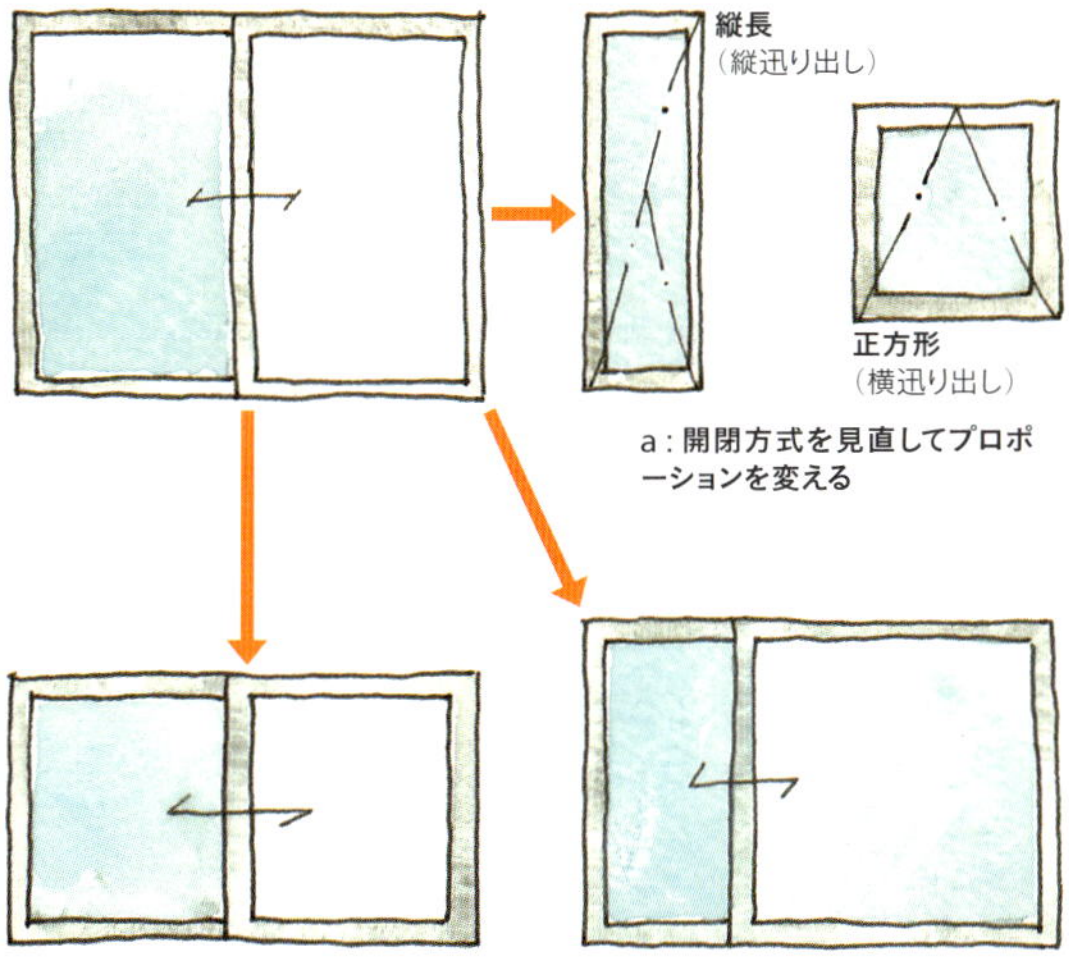

a：開閉方式を見直してプロポーションを変える

b：横長プロポーションとして、開口部の重心を下げる

c：方立の位置を中心からずらしてみる

cについては開閉可能幅が小さくなるので、必要換気面積が確保できるかを確認する

STEP 2 取付け位置を工夫する

開口部は、必ずしも壁面の中央付近に設けなくてもよい。部屋の用途や外部の条件に合わせて、取付け位置に変化をつける

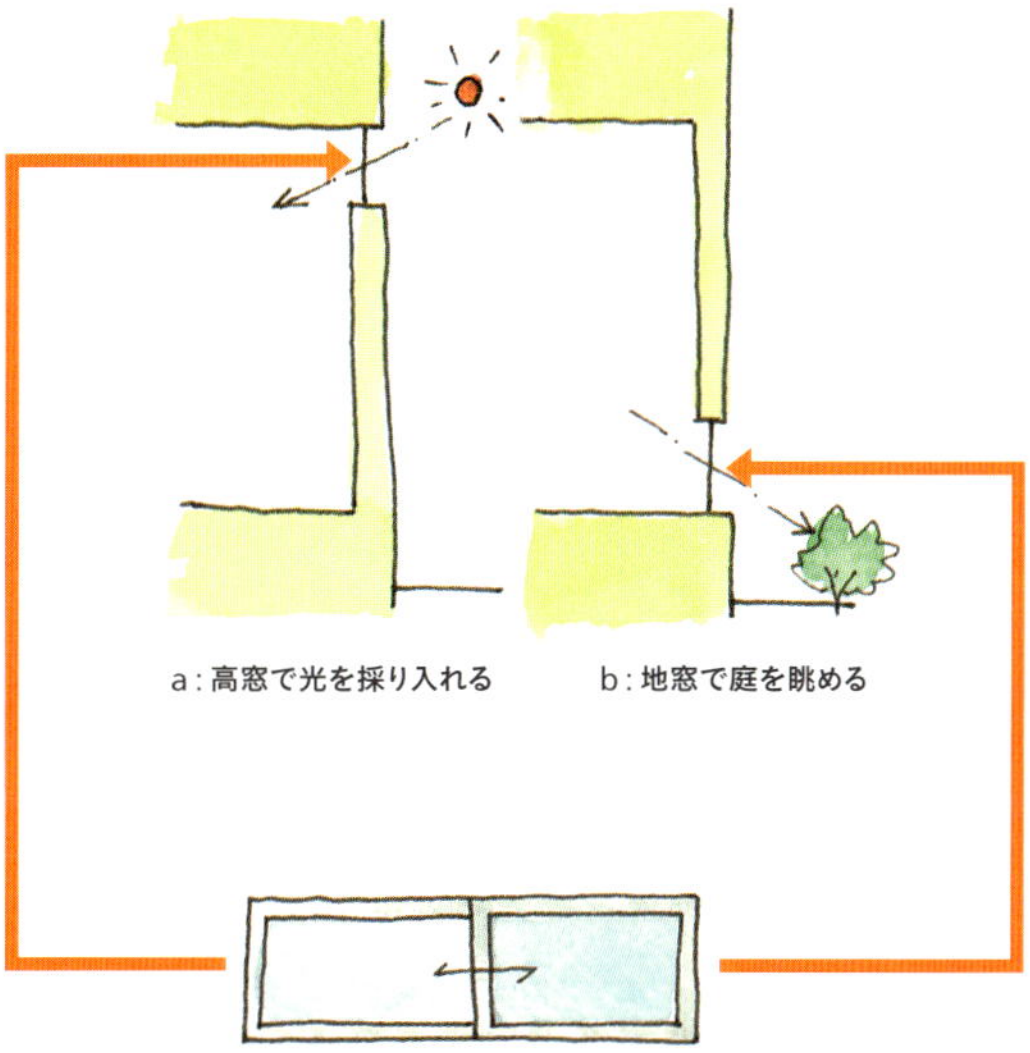

a：高窓で光を採り入れる

b：地窓で庭を眺める

c：高窓や地窓に利用する横長の窓

STEP 3 納まりを工夫する

納まりを工夫すれば枠の見え方を変えられるほか、枠そのものを視覚的に消去することも可能になる。ただし、防水やウィンドウトリートメントのケアが必須となるので、十分な検討が求められる

枠なし

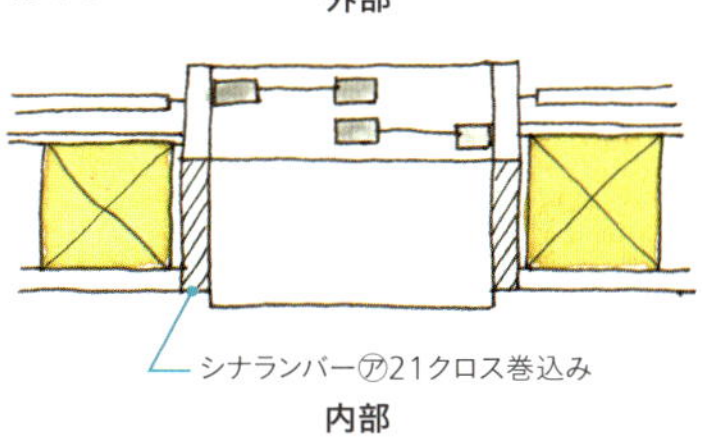

化粧枠を消去し、壁仕上げを枠まで巻き込む。結露防止のため樹脂アングルは外さないこと

障子枠隠し

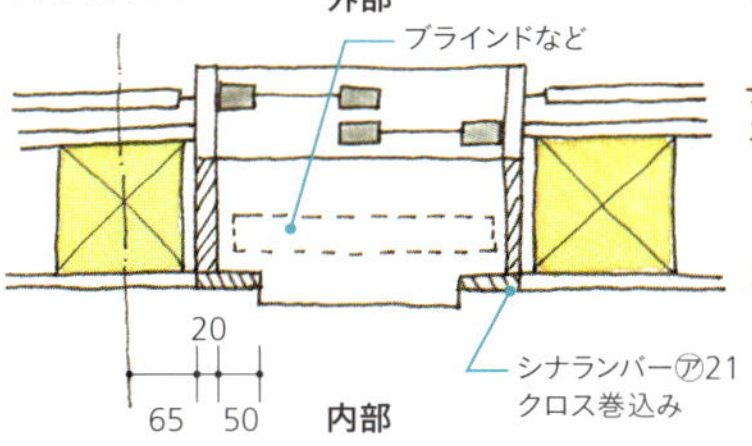

壁をふかして、室内側から障子枠を見えなくする。ふかしたスペースはウィンドウトリートメントに生かす

面そろえ

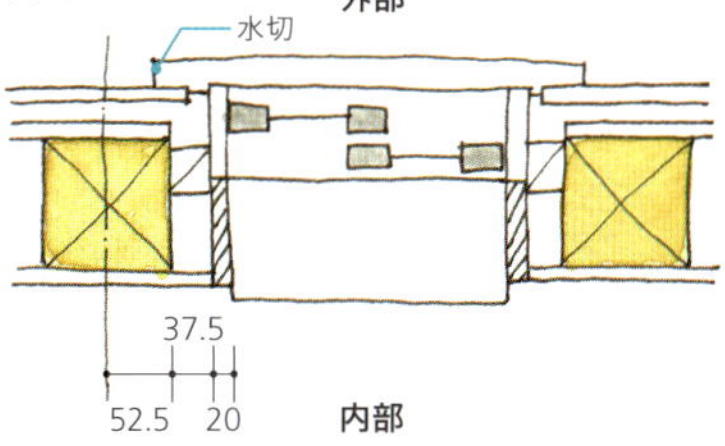

一般的な半外付けではなく、入隅用サッシなどを用いて面そろえとする。防水上、水切は必ず出すこと

❶については、たとえば1間間口に納めるからといって、幅1千690㎜の引違いサッシに固執する必要はない。縦すべり出し窓や横長の引違い窓など、プロポーションを工夫することで、外観の印象は大きく変わる［26・27頁参照］。また、独立窓を正方形に近い比率でまとめたり、引違い窓の方立の位置を中心からずらしたりするのも一手だ［25頁参照］。

❷は、地窓や欄間窓など、サッシの取付け位置を工夫することで印象を変える手法である。壁の入隅部に合わせてサッシを取り付ければ、余計な小壁ができず、すっきりとした印象が得られる［28頁参照］

❸は技術的な難易度が最も高い。枠なしでアルミサッシを納める場合には、結露防止の観点から、樹脂アングルは外さずに納めることが基本である。壁をふかして障子枠を隠す場合は、ブラインドやスクリーンの納まりをあらかじめ検討する必要がある。なお、木造住宅用のサッシは半外付けが一般的であるが（大壁納まりの場合）、外壁と面をそろえれば、アルミの軽量感が抑えられる［29頁参照］。ただし、水切だけは外壁面から出すなど、十分な防水対策が必要である。

窯業系サイディングでも可能な和風の壁

安価な窯業系サイディング（塗装品）に木製の横桟・付け柱を取り付ければ、和風の壁が実現する。プレーンな窯業系サイディングを選ぶのがポイント。実際に採用されている製品は現在、販売されていないが、「モエンエクセラード16 フラットウォール」（ニチハ）などが利用できる。ここでは横桟・付け柱に安価なベイツガを採用。木材を塗膜で保護しながら、木目を生かした自然な仕上がりが可能な「キシラデコール」で着色している

外壁に雨水がかからないようにすることも重要。この建物では、軒の出寸法（1,165㎜）を大きく確保した

サイディングの目地は見えない。ただし、木製の横桟・付け柱の取り付けで、窯業系サイディングを傷めないように、ディテールを工夫する必要がある［図］

図 サイディングを傷つけずに木枠を取付ける

❶付け柱の納まり［S=1:4］

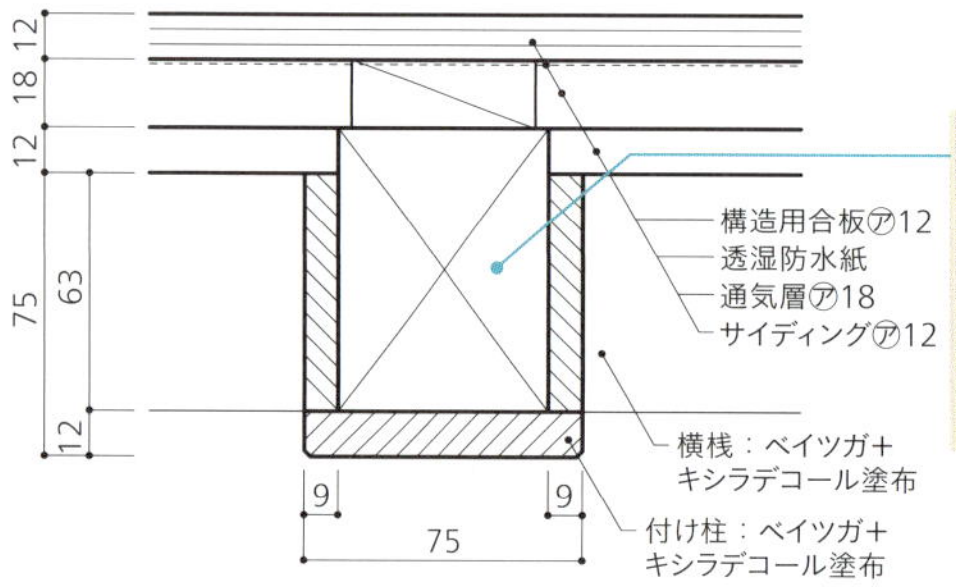

付け柱は、サイディングの縦ジョイント部に取り付け、シーリングで納める。横桟を取り付けるために、下地材に3面化粧材を取り付ける

❷土台かぶせの納まり［S=1:10］

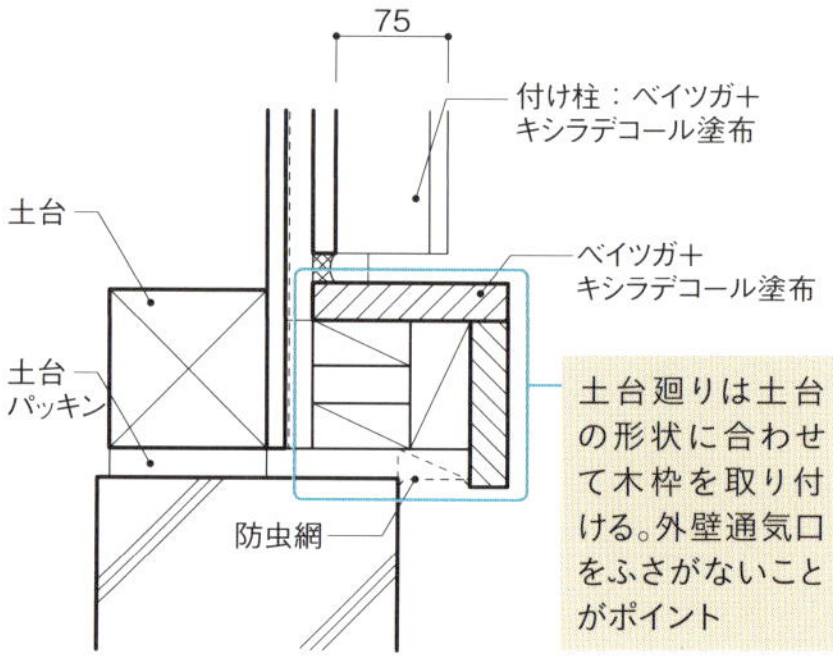

土台廻りは土台の形状に合わせて木枠を取り付ける。外壁通気口をふさがないことがポイント

❸横桟の納まり（一般部）［S=1:10］

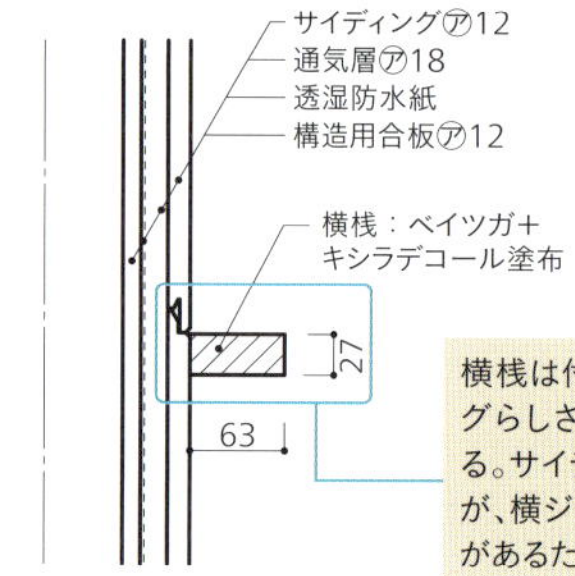

横桟は付け柱の下地材を溝加工して、サイディングらしさを消すために、はめ込むように取り付ける。サイディングの横目地に合わせて取り付けるが、横ジョイントは実《さね》加工となっており、多少動きがあるため、位置をずらして横桟を取り付ける

❹横桟の納まり（開口部）［S=1:10］

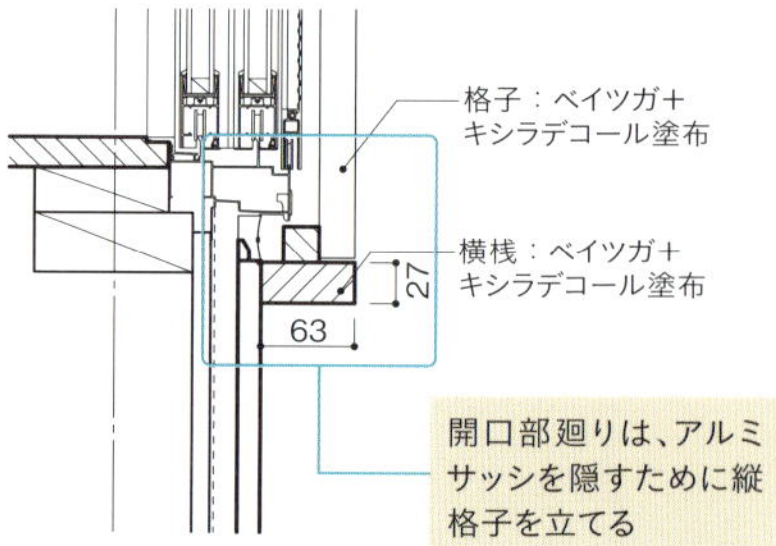

開口部廻りは、アルミサッシを隠すために縦格子を立てる

写真：牛尾幹太

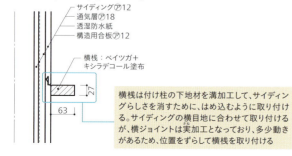

■サイディングに木枠をつける

壁で和風を表現したい場合、建物の周囲を囲む下屋の軒や、外壁の横桟などを設ければ、水平方向の伸びやかさが得られる。このとき、外壁は漆喰など左官仕上げとしたいところだが、予算がネックとなって、実現できないことも多い。

そこで、外壁に窯業系の塗装品サイディングを使い、そこに木製の付け柱や横桟などの木枠を取り付けると、あたかも塗り壁のように表現できる。窯業系サイディングは規格サイズ455×3千30㎜の横張りで、塗装品を使用する。木製の横桟・付け柱には、コストパフォーマンスのよいベイツガを採用し、仕上げは「**キシラデコール**」（**大阪ガスケミカル**）で保護着色すればよい。

横桟・付け柱は、窯業系サイディングの割付けに合わせて取り付ける。サイディングの目地を目立たないようすれば、既製品には見えなくなる。取付け上の注意点は、サイディングを傷めないこと［図］。横桟は付け柱に取り付けて、サイディングの性能を落とさないようにしたい。大きく軒を出して、外壁に雨水が直接かからないようにすることも重要である。［奥野公章］

サイディングのピッチを変えて表情に変化を

KANPEKI
ラップ14ハードタイプ
［東レACE］

シンプルなデザインの無塗装品。出隅用役物や開口部巻込み用の専用キャップが付属する。価格は2,520円／枚(税込)

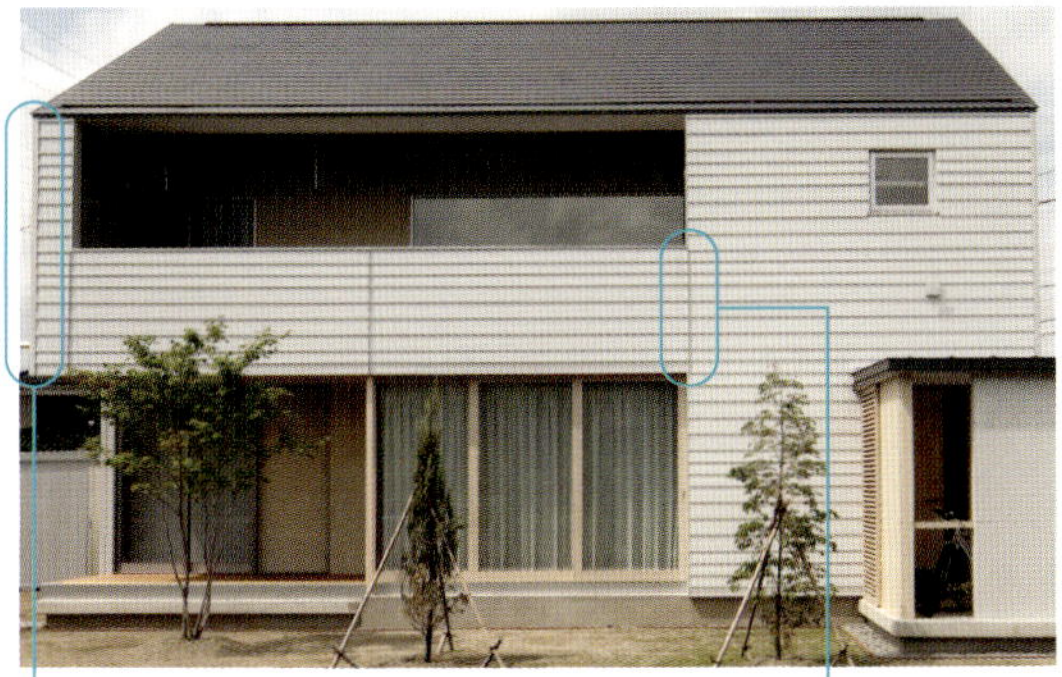

ピッチを変えると既製品の出隅用役物が使えなくなるので、ガルバリウム鋼板を曲げて納める。外壁の色はガルバリウム鋼板に合わせて塗装

ピッチは2パターン。180㎜と130㎜を全体のバランスを考慮しながら使い分ける

図 開口部はセットバックさせる［S＝1：15］

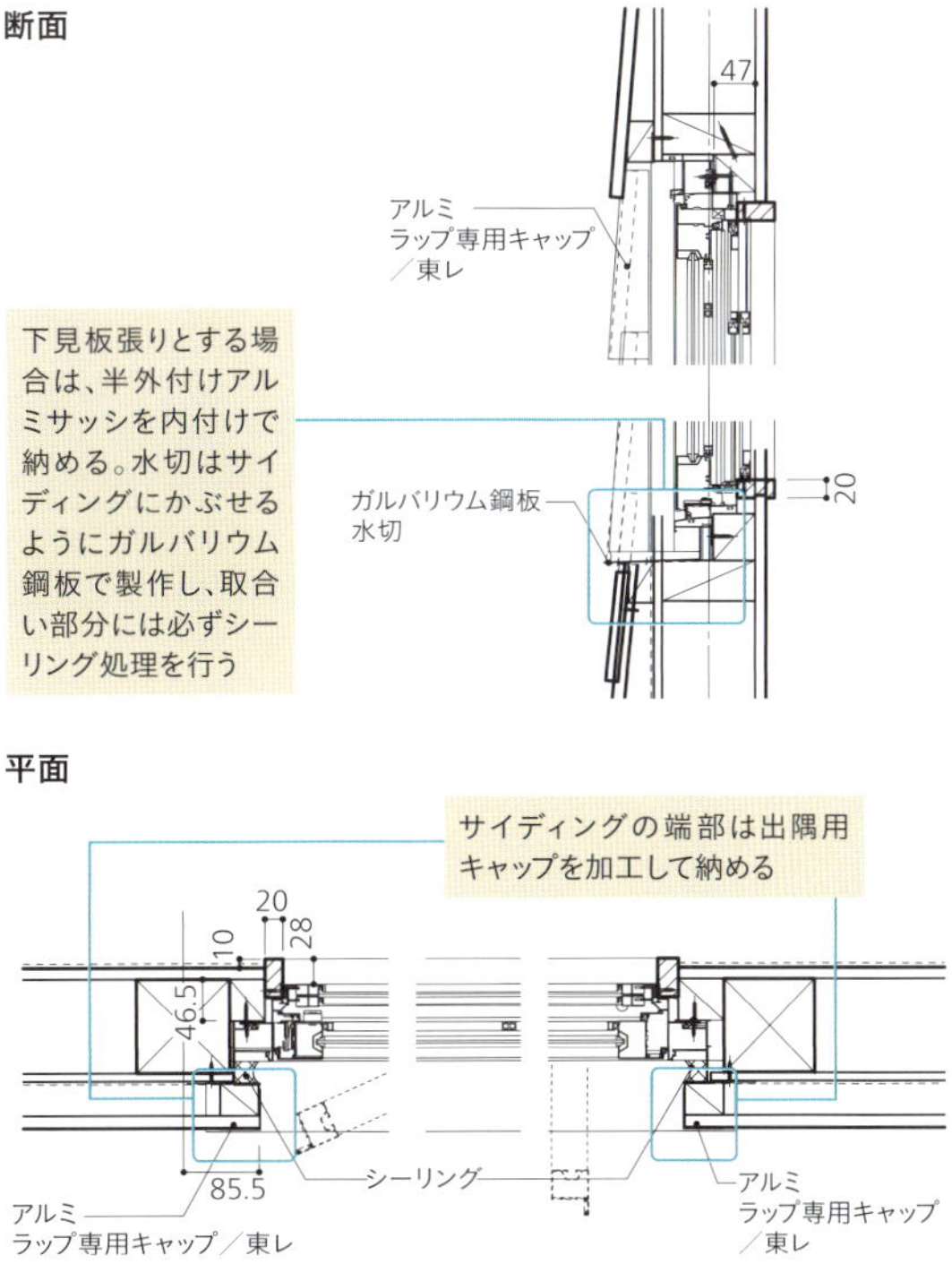

断面
47
アルミ
ラップ専用キャップ
／東レ
下見板張りとする場合は、半外付けアルミサッシを内付けで納める。水切はサイディングにかぶせるようにガルバリウム鋼板で製作し、取合い部分には必ずシーリング処理を行う
20
ガルバリウム鋼板
水切
平面
サイディングの端部は出隅用キャップを加工して納める
20
28
10
46.5
85.5
シーリング
アルミ
ラップ専用キャップ／東レ
アルミ
ラップ専用キャップ
／東レ

■縦7枚を1セットとする

窯業系サイディングには「**KANPEKIラップ14ハードタイプ**」のような下見板張りの製品もある。外壁の表情に陰影をつけたい場合などには、採用を積極的に検討したい。ピッチを変えて張れば、表情により変化をつけられる。

ピッチは4周でそろえるため、開口部やバルコニーの高さ、軒天の位置など、外観全体を考慮しながら、半端なものが出ないように割付けを行うべきである。施工性を考慮すれば、何枚かを1セットとしたパターンの繰り返しとするのがよいだろう。この建物では、階高、手摺高さ、開口部の位置をもとに、7枚を1セットとして割付けを行っている。

一方、ピッチを変えると、出隅部には既製品の出隅用役物が使えない。外壁と色合わせしたうえで、ガルバリウム鋼板で製作すればよい。下見板張りとする場合の開口部は、アルミサッシの見え方を考慮し、半外付けアルミサッシを内付けで納める［図］。

既製品のセットバック部材をつけ、水切は板金製作とする。開口部を巻き込む部分は、付属品のアルミキャップを使い、防水処理を行う。［奥野公章］

写真：牛尾幹太

フラットなスパンドレルはコーナーで捨て板金を兼ねる

スパンドレル 目地なしタイプ
［セキノ興産］

働き幅は最大150㎜。通常の角スパンドレルとは異なり、凹凸がほとんど目立たない。建物全体をシャープにデザインしたいときには最適

スパンドレルをカットして取り付けた捨て板金。この後、スパンドレルを曲げてコーナー部を覆うと、右写真のようなコーナー部の納まりが完成する

スパンドレルを捨て板金にして納めたコーナー部。段差がほとんど目立たないので、コーナー部がフラットに見える

■コーナー役物は使わない

外壁仕上げに使用されるガルバリウム鋼板は、湿式仕上げに比べて施工性がよいこと、汚れにくいことが強みである。デザイン的には、シャープな印象を与える。ただし、角スパンドレルの場合は、細かい線（凹凸）が目障りな印象を与えてしまうこともある。外壁をより平滑な面に見せたいときには「**スパンドレル目地なしタイプSP-150J**」（働き幅は150㎜）のような、フラットで継ぎ目のないスパンドレルを選ぶとよいだろう。

このとき、コーナー部の納まりには一工夫が必要である。図❶のように、既製品の役物を上からかぶせてしまうと、一般部との間に凹凸が生じてしまう。図❷のように、スパンドレル（同製品）を一部カットして、それ自体を捨て板金としたうえで、その上に現場で加工した同じ材料の板金を化粧の仕上材として接着によって留め付ければ、シームレスな仕上げが実現する。

一般部との間に生じるわずかな凹凸もほとんど目立たず、すっきりとしたコーナー部が実現できる。捨て板金（既製品）で防水性能を確保したうえで仕上げているので雨仕舞いも問題ない。

［直井克敏＋直井徳子］

図 コーナーをフラットに納める［S=1:10］

❶役物を使った一般的な納まり

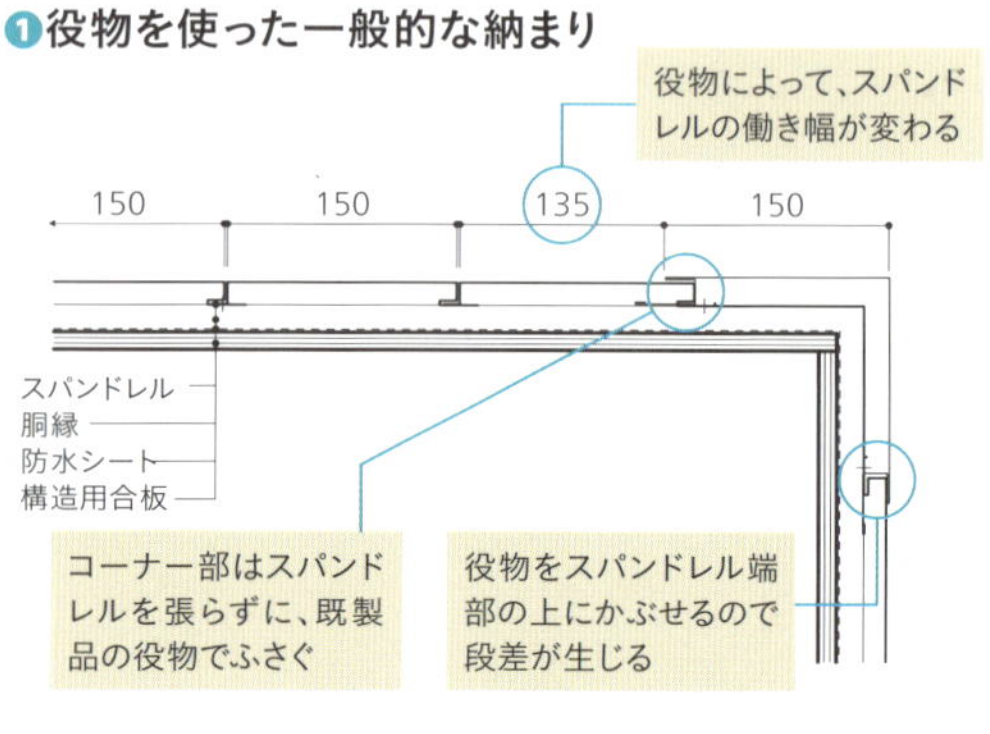
役物によって、スパンドレルの働き幅が変わる
150
150
135
150
スパンドレル
胴縁
防水シート
構造用合板
コーナー部はスパンドレルを張らずに、既製品の役物でふさぐ
役物をスパンドレル端部の上にかぶせるので段差が生じる

❷ガルスパンを捨て板金に利用する納まり

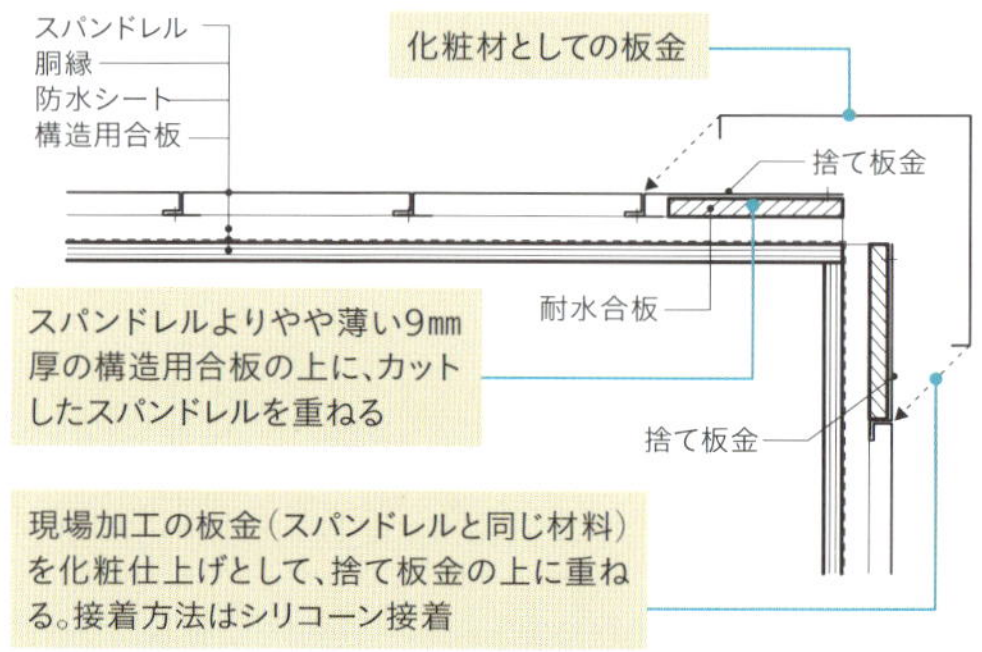
スパンドレル
胴縁
防水シート
構造用合板
化粧材としての板金
捨て板金
耐水合板
スパンドレルよりやや薄い9㎜厚の構造用合板の上に、カットしたスパンドレルを重ねる
捨て板金
現場加工の板金（スパンドレルと同じ材料）を化粧仕上げとして、捨て板金の上に重ねる。接着方法はシリコーン接着

右下写真：上田宏

金属系の屋根にはガルバの雨樋がお似合い

ガルバリウム雨とい スタンダード半丸105
［タニタハウジングウェア］

金属製の特徴を生かして、シャープな印象が得られる。金具が見えない取付け構造を採用していることも特徴。メーカー参考設計価格は3,800円／m（材工）

軒先の納まり。軒先全体で換気を行うようにし、換気口のスリットをより狭く見せている。幅は10㎜

屋根（ガルバリウムカラー萠／銀黒）と雨樋（タニマットカラー／ガンメタ）の色を合わせて、雨樋を屋根に同化させる。光の当たり具合によって見え方が多少変わるものの、素材としてはほぼ同じ色

基壇の仕上げには、墨モルタルのような「カラクリート」（エービーシー商会）、スギ下見板張りの塗装には「オスモカラーワンコートオンリー」（オスモ＆エーデル）を採用。色はヘムロックファー

図 軒先をすっきり見せる方法［S＝1:10］

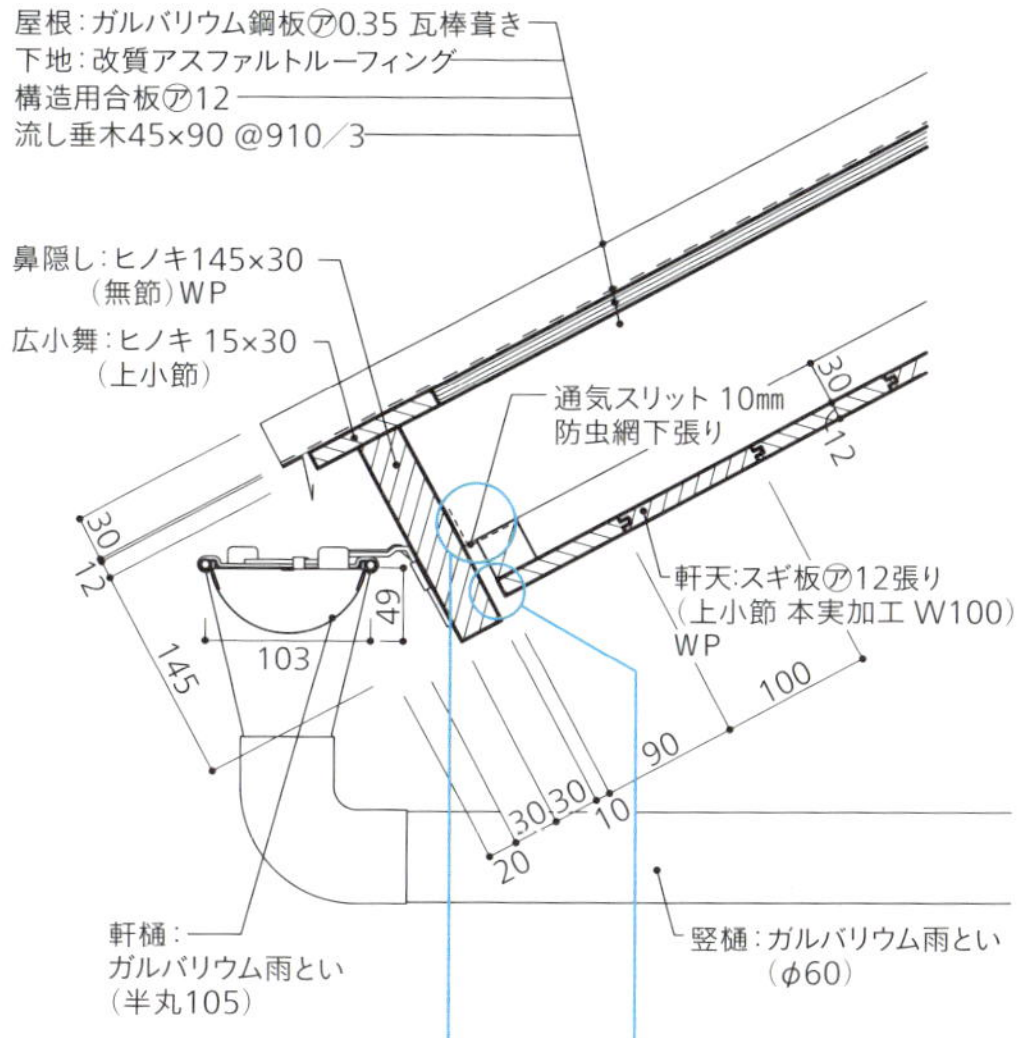

防虫網として、左官用の副資材である亜鉛めっきのコーナービードを代用する。ステンレスや亜鉛めっきのメッシュなどで製作してもよいが、既製品のコーナービードのほうが安価

屋根裏換気の流入口を軒先に設置。鼻隠しと軒天スギ板張りの間にスリットを通した

■金属屋根と相性抜群

夏期の日射遮蔽などを考慮すると、軒（特に南面）は長く出したい。ただし、軒を長く伸ばすと軒先の納まりに視線が集まり、雨樋の存在が気になりだす［11頁参照］。

そんなときには塩ビ製の雨樋よりも、ガルバリウム鋼板の雨樋が好ましい。屋根がガルバリウム鋼板であれば、同系色の製品を採用することで、雨樋の存在感をぐっと抑えられる。

写真の建物は床から2千400㎜を桁の上端に設定し、長さ1千500㎜の軒を設けている。屋根に銀黒の「**ガルバリウムカラー萠**」（淀川製鋼所）を採用し、雨樋の「**ガルバリウム雨とい スタンダード半丸105**」はタニマットカラー／ガンメタとして屋根に同化させ、水平ラインをきれいに見せた。軒先をよりすっきりと見せるため図のような納まりとして、屋根裏換気用の流入口も目立たないよう工夫している。

この建物では、切妻屋根の水平ラインを強調する要素として、基壇や外壁のデザインにも注意を払った。基壇を一体型無機系硬質床仕上げとして着色したほか、外壁は木目を生かす塗装仕上げを採用したスギ下見板張りとしている。［木村智彦］

横葺きの板金を1枚で張ることができるって知ってた⁉

0.4㎜厚（屋根用）の板金を採用した木造2階戸建住宅のファサード。この板厚であれば、板幅は最大1,219㎜までの加工が可能である。外壁の幅は最長で8,739㎜なので、板幅はそれに合わせた。色はSブルーを採用。妻側の外壁は塗装仕上げとしてコントラストを強調

接合部をなくして外壁をすっきり見せるのであれば、開口部の枠やベントキャップの色にもこだわりをもちたい。既製品アルミサッシ枠の色は妻側の外壁色と合わせて白色とする一方、ベントキャップは板金の色に合わせて存在感を小さくした。ただし、ベントキャップは工場塗装となるので、納期や施工者への発注指示に注意が必要となる［*］

①ニスクカラー
［日鉄住金鋼板］
ガルバリウム鋼板の塗装鋼板。屋根や外壁に使用される。耐候性能や遮熱性能に優れる

②ICだんぶき ダンビー303
［稲垣商事］
ガルバリウム鋼板の屋根材。303㎜のワイドな働き幅が特徴。JFE鋼板の「JFEカラーGLきわみ」で成型されたもの表面はさざ波加工されている

0.35㎜厚の屋根用板金を採用した木造2階建て戸建住宅のファサード。建築主との相談の上、軒樋を付けずに屋根・外壁との一体感を強調している。雨水による汚れや、幅広・長尺であることによる伸縮・歪み防止、板鳴り現象への対処から、表面にさざ波加工を施した板金を採用している

開口部の割付けは、板幅が11mの板金のため、303㎜の倍数で納まる位置にできるだけまとめた。開口部の欠けが大きいと11mの板金が折れてしまうので注意が必要。板金と開口部の取合いは、水が回り込まないように四方にコの地板金を廻してダンピーを差し込み、シーリングで納めている。妻側の吹付け仕上げ外壁との取合いは、平側の板金と同等の材料で役物を製作して取り付けた

普通の折り板金ではなく、鎧張りにすることで、立体的な陰影の意匠性と強度を高める効果を得ている

■板金の加工業者を探せ！

横葺きのガルバリウム鋼板で屋根・外壁を一体として見せる場合に悩ましいのが、水平ラインに直交する板金の接合部。通常、既製品の板金はある程度の長さにカットされて現場に搬入されるため、必然的に外壁には目地が通る。ただし、長さのある板金を利用して、目地のない納まりを実現するのは不可能ではない。

前面道路の幅員による搬入経路の確保など、敷地の条件にもよるが、長尺材を加工できる板金業者（工場）に相談すれば、受注生産が可能である。ここでは、接合部のない板金の納まりを実現した2つの事例を取り上げる。

［編集部］

*：納期の目安は2週間程度。現場塗装も可能だが、工場塗装に比べて塗膜の性能が劣るため、長期的に見た場合、塗装の表面が剥がれ落ちる可能性がある
❶：の事例はナフ・アーキテクト＆デザイン（設計：中佐昭夫／写真：矢野紀行）、②の事例は田口建設（設計：田口彰／写真：今村壽博）

図 板金を安全に納める方法

A：板金と開口部の取合いは漏水を考慮して決める［S＝1:15］

板金と開口部の取合いは、シャープに見せるのが理想的だが、そこには漏水のリスクが常につきまとう。サッシとの取合いは慎重に検討したい。ここでは、❶の開口部詳細図をもとに説明を行う

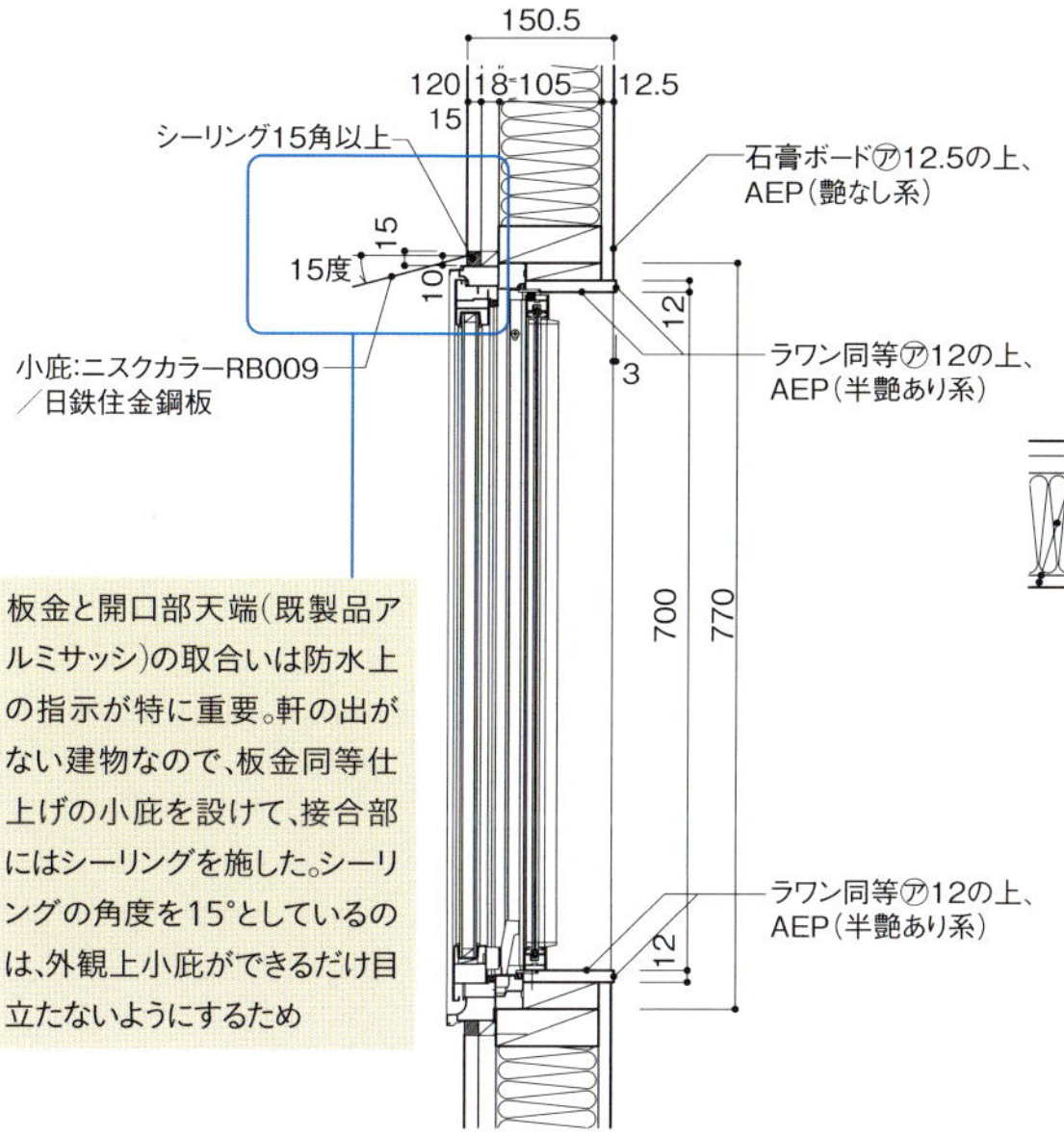

板金と開口部天端（既製品アルミサッシ）の取合いは防水上の指示が特に重要。軒の出がない建物なので、板金同等仕上げの小庇を設けて、接合部にはシーリングを施した。シーリングの角度を15°としているのは、外観上小庇ができるだけ目立たないようにするため

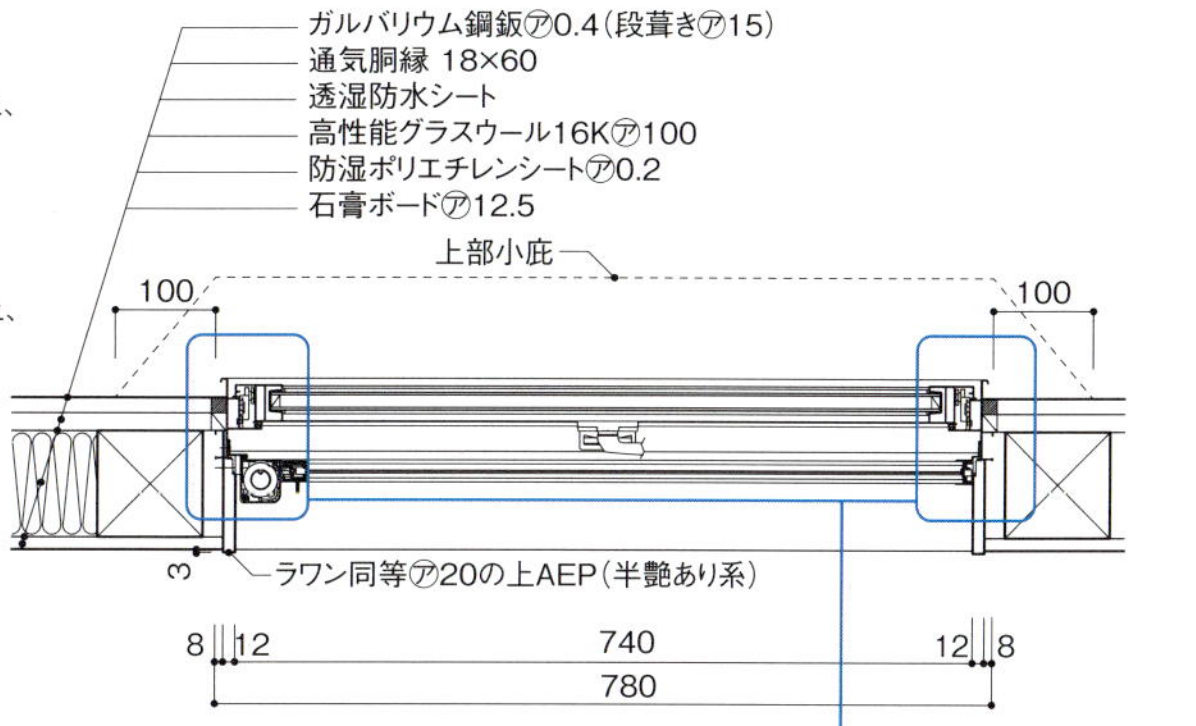

開口部の左右は、板金と既製品アルミサッシを突き付けて納めるのではなく、板金をアルミサッシの手前で止めて、シーリングを打つように納めた。小庇の幅はアルミサッシの幅よりも広くし、室内への漏水のリスクを最小限に留めている

B：外壁の防水や通気ルートの確保は細かく指示［S＝1:8］

軒の出がない家型のファサードを実現するには、外壁下地での防水が重要な検討事項となる。それは、棟換気を行うための通気ルートの確保と合わせて検討しなければならない。ここでは、❷の断面詳細図をもとに説明を行う

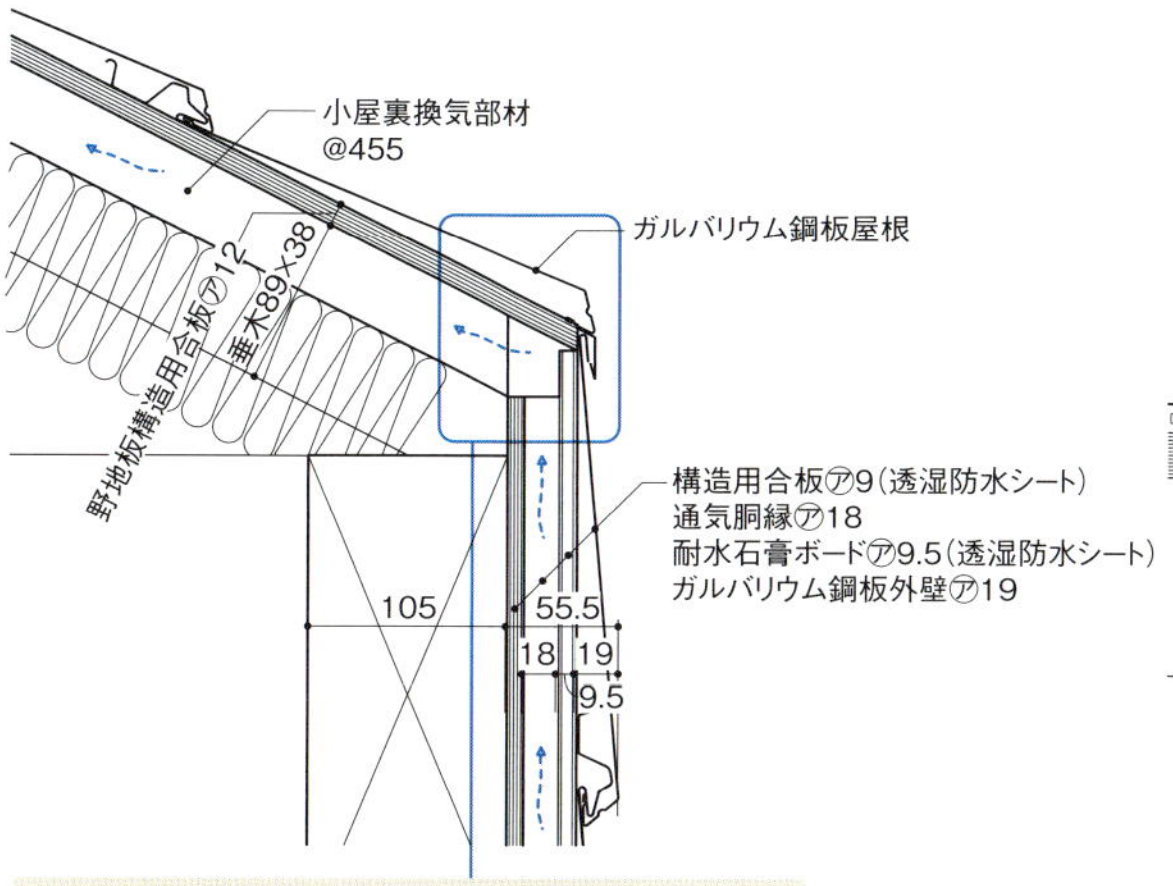

屋根と外壁の取合いで板金を折り曲げなくてよいように板金を割付けた。ただし、屋根材を外壁に使用しているので、水が内部に回り込む可能性がある。ここでは、室内側から、柱→構造用合板→透湿防水シート→胴縁→耐水ボード（目地を防水テープ）→透湿防水シート→板金という納まりで外壁を施工。手間はかかるものの、防水層を2重に形成し、安全性を高めた

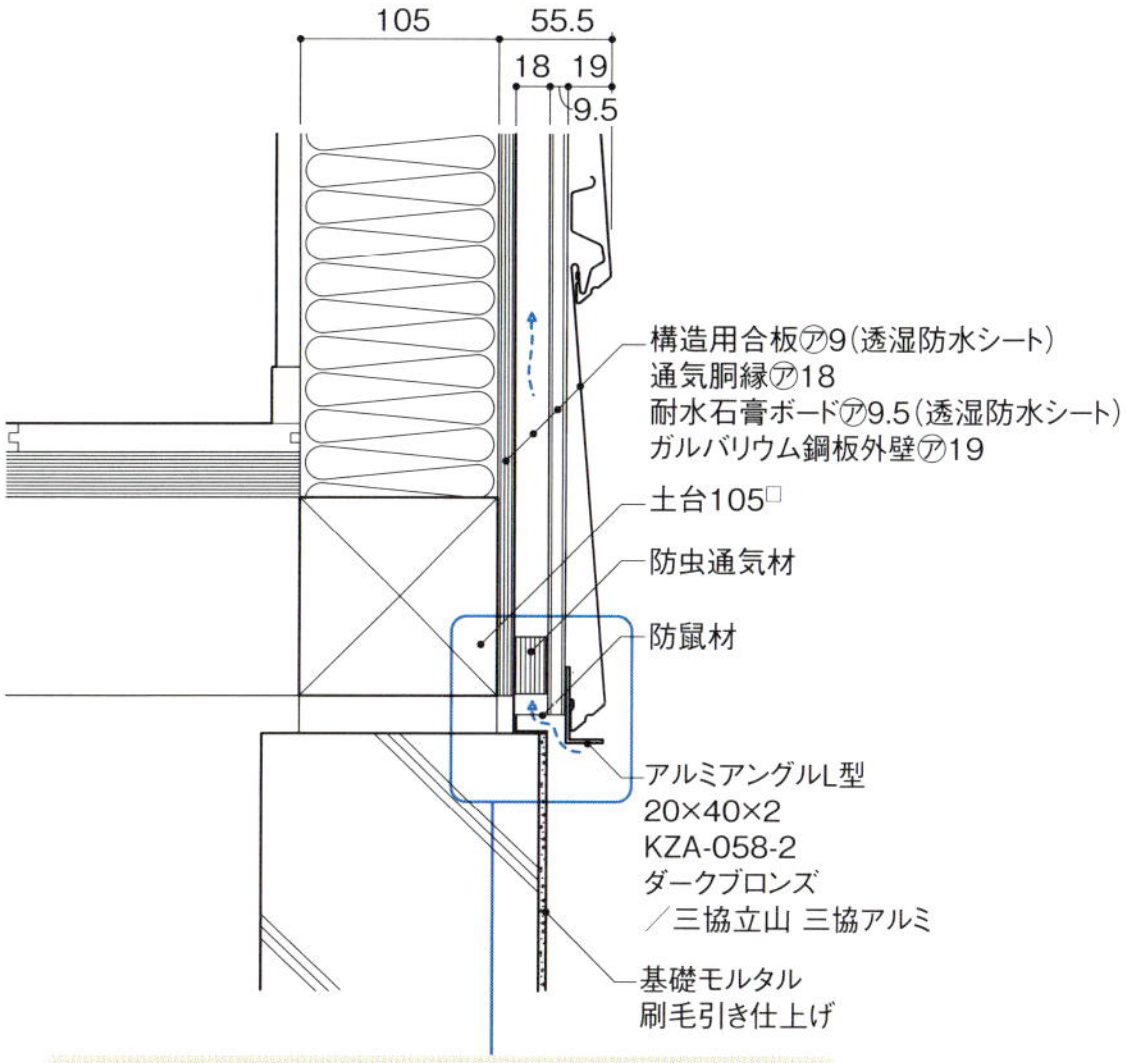

通気は通常の棟換気。外壁の足下をスッキリ見せるため、通気口部分には、外構のアルミ汎用材の不等辺Lアングルを使用した（外構用のものはLの長尺5,500㎜なので継ぎ目なく施工できる

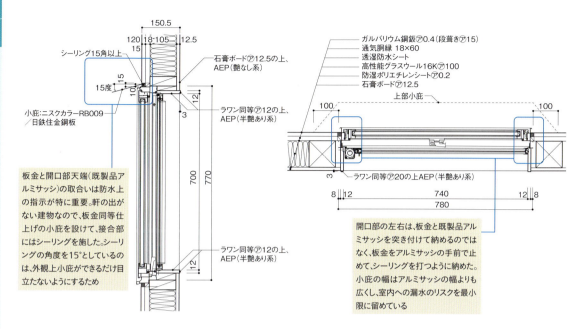

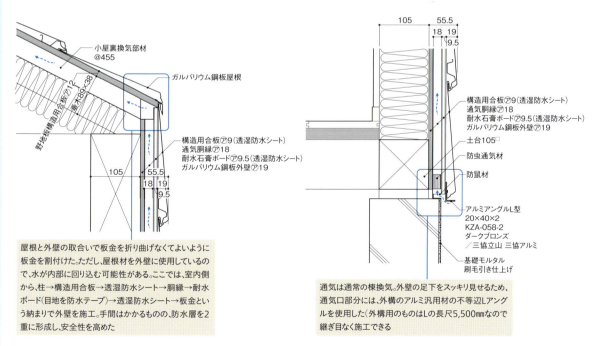

防火設備の枠・色に合わせてつくる統一感のある玄関

アイランドプロファイル FIX
［アイランドプロファイル］
連窓や段窓に最適な木製サッシ。材質はベイマツ、ベイヒバ、ニヤトーの3つ

RE-DOOR アガチス
［阿部興業］
リフォーム用に最適な玄関用単体ドア。既存の枠を生かしながら、扉のみを交換できる

隣地境界線から3m以下の範囲は「延焼のおそれのある部分」に当たるので、既製品の網入りガラスを採用

木製建具の玄関扉を取り付ける位置は「延焼のおそれのある部分」に当たらないように計画

開口部を製作した部分については、防水性能を高めるために軒を出している

網入りガラスの個所には鉄筋のブレースを取り付けるなど、細部のデザインは統一していない

■ 枠寸法と色をそろえる

防火・準防火地域では「延焼のおそれのある部分」［＊1］の開口部を防火設備としなければならない。そのため、これに該当しない部分と比べると、コスト・デザイン面でさまざまな制約を受ける。意匠的な観点でいえば、これに該当する場合は、建物の外観で最も目立つファサードのデザインについて、自由度が損なわれることを意味する。

費用がかけられる場合は、告示（平12建告1360号）［＊2］に沿った内容でサッシや玄関扉を特注製作するか、耐熱強化ガラスを使うなどして、防火性能とデザインの両立を図ることもできるが、コストの制約が厳しい場合は、防火認定を取得した安価な既製品を活用しながら、デザインをどう処理するかがポイントとなる。

たとえば、ファサードの一部だけが「延焼のおそれのある部分」に該当する建物ならば、次に掲げるような3種類の開口部を組み合わせて、統一感のあるファサードを構成するという手法が成り立つ［写真］。

❶防火認定を取得した網入りガラスの木製サッシ（「**アイランドプロファイル FIX**」。素材はベイマツで無塗装品）

❷防火認定を取得した木製サッシ（❶）のディテールに意匠を似せて製作した非防火設備の木製サッシ（造作）

❸非防火設備で、無塗装品の木製ドア（「**RE-DOOR アガチス**」）

ここで重要なのは、既製品を軸に全体のデザインを調整するということである［図］。まずは、見た目がチグハグにならないように部材寸法（見付け、見込み、面取り、押縁位置など）を可能な限りそろえること。❶はベイマツ製なので、❷もベイマツを採用し、見付け寸法を❶の66㎜で統一する。

玄関扉は、ベイマツなどで製作してもよいが（建具工事）、表面の凹凸や金物廻りの加工を勘定すると、コストアップにつながってしまう。その場合は❸のような既製品を活用するのがよいだろう。

❸を❶と❷の間にすっきり納めるには、全体の枠寸法を不均一にするドア枠は設けない。気密性と施工性を保つための最低限の部材（緩衝ゴムなど）の追加にとどめる（可能であれば大工工事で行う）。

色合わせについては、❶と❸の色がポイントになる。可能であれば無塗装品で入手して、現場で調整したいところ。写真の建物では、塗装品として流通している❸を特別に無塗装で出荷してもらったうえで、❶❷❸をすべて同じ塗料

写真：矢野紀行

＊1：道路を挟む場合は道路中心線からの水平距離、隣地境界線を挟む場合は隣地境界線からの水平距離で測られる。1階は3m以内、2階以上は5m以内

＊2：「防火設備の構造方法を定める件」の告示で、防火設備の構造方法が具体的に示されている。一例として、第1第2号ハでは「鉄及び網入ガラスで造られたもの」とある

図 既製品木製扉と造作木製サッシの取合い

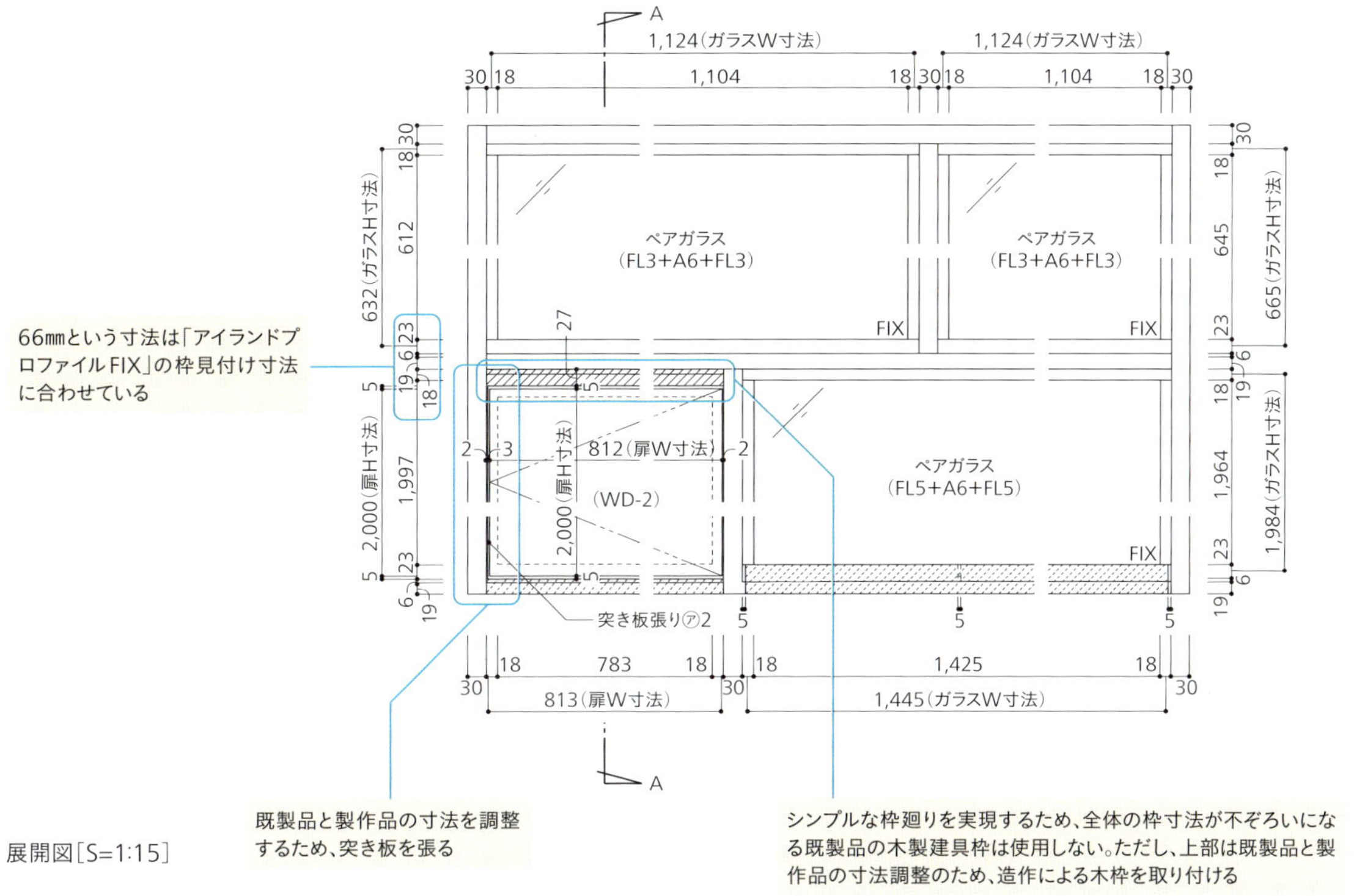
A
1,124（ガラスW寸法）
1,124（ガラスW寸法）
1,104
1,104
ペアガラス
（FL3+A6+FL3）
ペアガラス
（FL3+A6+FL3）
FIX
FIX
632（ガラスH寸法）
665（ガラスH寸法）
66㎜という寸法は「アイランドプロファイルFIX」の枠見付け寸法に合わせている
812（扉W寸法）
2,000（扉H寸法）
2,000（扉H寸法）
（WD-2）
ペアガラス
（FL5+A6+FL5）
FIX
1,984（ガラスH寸法）
突き板張り㋐2
783
1,425
813（扉W寸法）
1,445（ガラスW寸法）
既製品と製作品の寸法を調整するため、突き板を張る
シンプルな枠廻りを実現するため、全体の枠寸法が不ぞろいになる既製品の木製建具枠は使用しない。ただし、上部は既製品と製作品の寸法調整のため、造作による木枠を取り付ける

展開図［S=1:15］

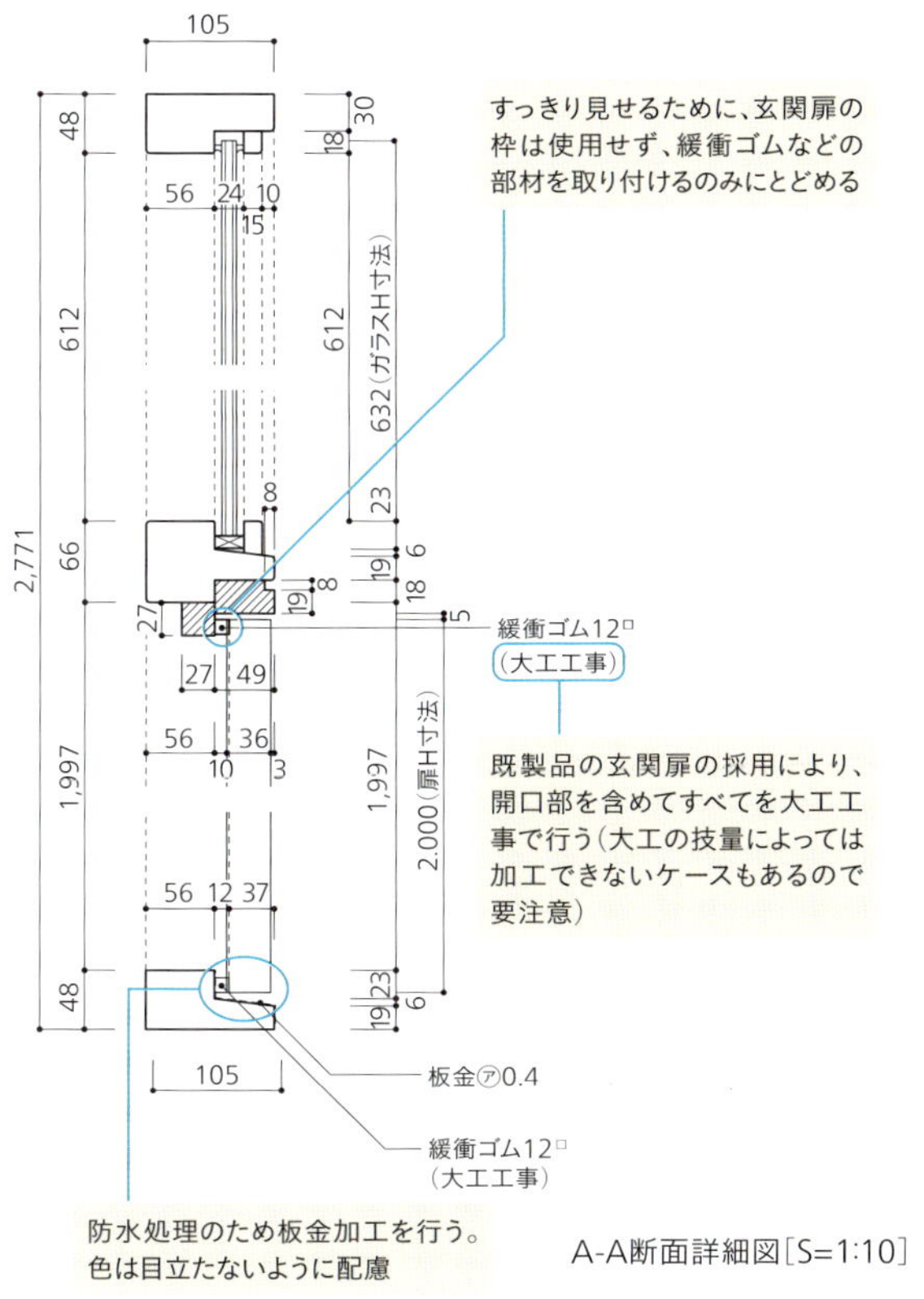
105
2,771
632（ガラスH寸法）
すっきり見せるために、玄関扉の枠は使用せず、緩衝ゴムなどの部材を取り付けるのみにとどめる
緩衝ゴム12□
（大工工事）
2,000（扉H寸法）
既製品の玄関扉の採用により、開口部を含めてすべてを大工工事で行う（大工の技量によっては加工できないケースもあるので要注意）
板金㋐0.4
緩衝ゴム12□
（大工工事）
防水処理のため板金加工を行う。色は目立たないように配慮

A-A断面詳細図［S=1:10］

「リボス」（**イケダコーポレーション**）で仕上げ、全体としてシンプルで統一的な印象を与えられる開口部とした。

■軒と袖壁を巧みに使う

意匠上のポイントは以上であるが、既製品と造作物を組み合わせる場合には、性能のばらつきに要注意だ。特に防水性能ついては十分な検討が求められる。❶は既製品なので、防火性能に加えて防水性能も十分に有するものの、❷は大工工事による製作なので、防水性能は既製品と同等であるとはいえない。

そこで、写真の建物では上部に軒を張り出して、直接の雨掛かりになることを避けている。軒は、❶から❷に向かって徐々に張り出し幅を大きくした三角形で、建物外観のアクセントにもなっている。張り出し幅が最も大きくなる端部には袖壁を設け、下から支えている。

［中佐昭夫］

防火扉の材料・高さを軸に玄関を構成するなら

DD（ディーディー）
［LIXIL（TOSTEM）］

シンプルなデザインながら高性能な玄関扉。防火戸としても使用できる。枠見付けは23㎜と薄く、ハンドルやシリンダーなども装飾性を極限まで排除している。価格は31万7,000円

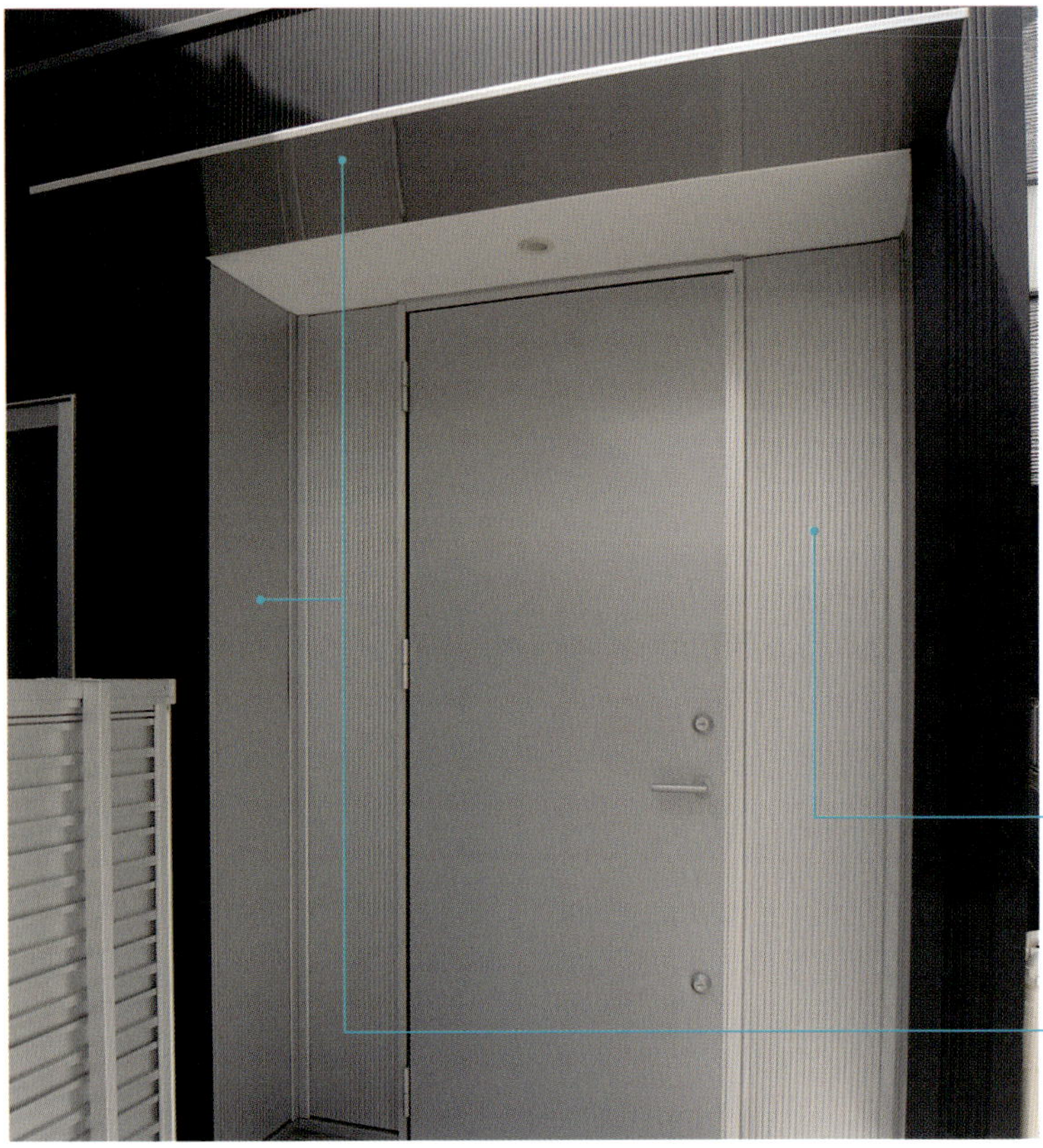

限られた面積のなかで、玄関扉を外壁からセットバックさせ、庇と併せてエントランス空間の「溜まり」をつくる

玄関扉が取り付くセットバックした壁をシルバーにして、黒い外壁（いずれもアイジー工業の「ガルステージ」）とコントラストをつける。コーナーは既製の役物を使用するが、軒天井との取合いには役物を使わず、サイディングを箱折加工してシーリングで納める

■ 扉はセットバックさせる

防火・準防火地域内の延焼のおそれのある部分にある玄関扉は、防火設備としなければならない（法2条9号の2）。デザインにこだわるなら、木製や鉄製の防火戸（防火設備）を特注で製作したいところだが、コストが割高に感じられるのは否めない。そのため、防火認定の取れている既製品を採用するケースが多いのが実状である。

既製品については、外観との調和が図れ、扉自体が主張しすぎないデザインのものを選びたい。たとえば外壁を金属サイディング仕上げとする場合は、シャープな印象を与える「DD」が最適だ。建具本体はアルミ形材／塗装鋼板で、ガルバリウム鋼板とのなじみがよく、枠の見付け寸法も23㎜と薄いので、既製品のなかでもひときわシンプルな印象だ。

重要なポイントは既製品に合わせてデザインを調整すること［図］。この建物では玄関扉が取り付く壁を外壁面からセットバックさせ、既製品扉の高さに合わせた軒天井を設け、空間の「溜まり」をつくった。そこにダウンライトを取り付けている。製作で庇も取り付け、建物との一体感を高めている。

［中西ヒロツグ］

図 玄関扉をセットバックさせる［S＝1:40］

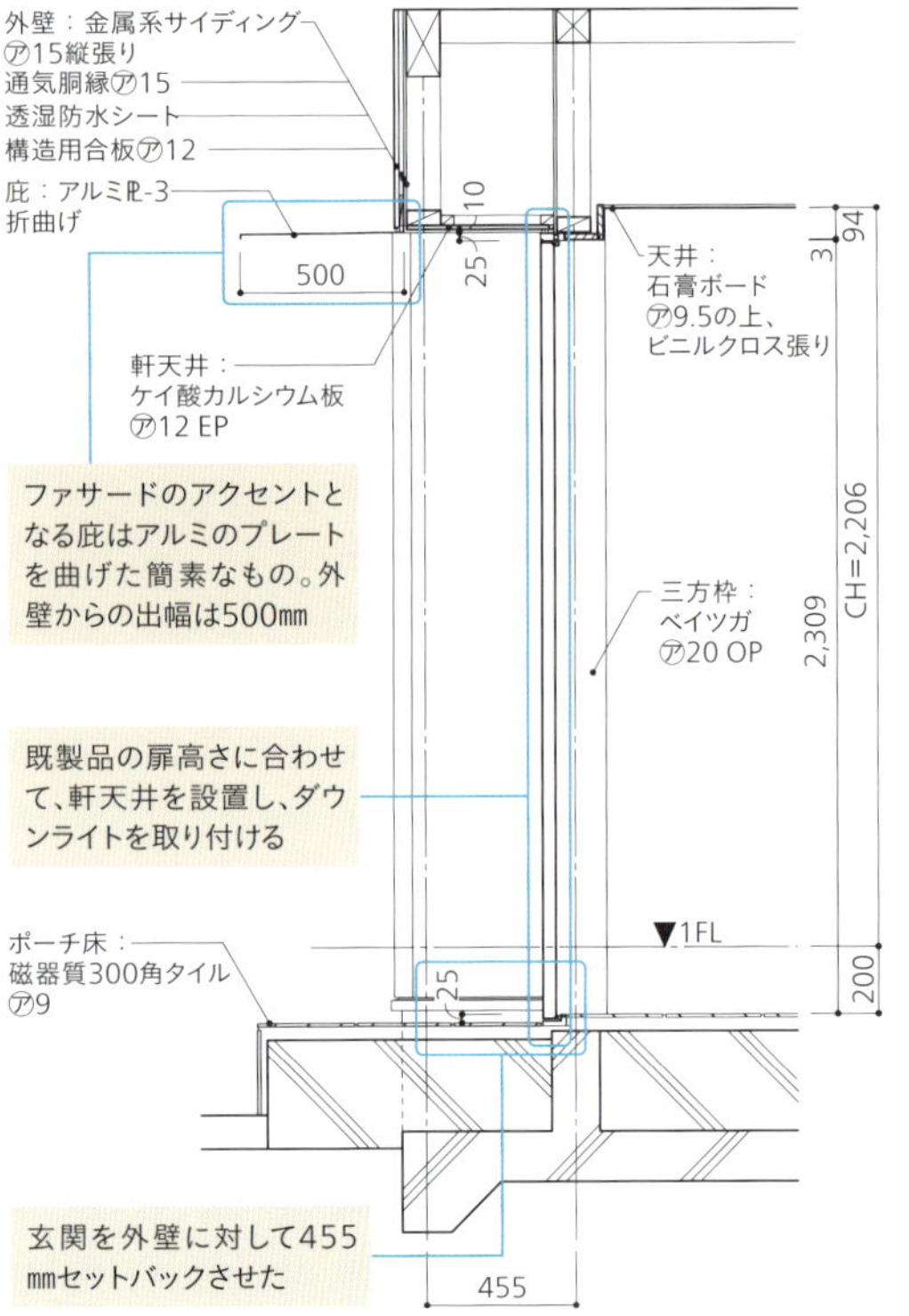

既製品の引戸をスギ板で覆ってみる

店舗引戸／16522
ランマなしテラス（通し障子）
［LIXIL（TOSTEM）］

シンプルなデザインで使いやすく、防犯性能も高い。店舗用ではあるが、戸建住宅でも使用できる。価格も安い（定価で6万5,800円）

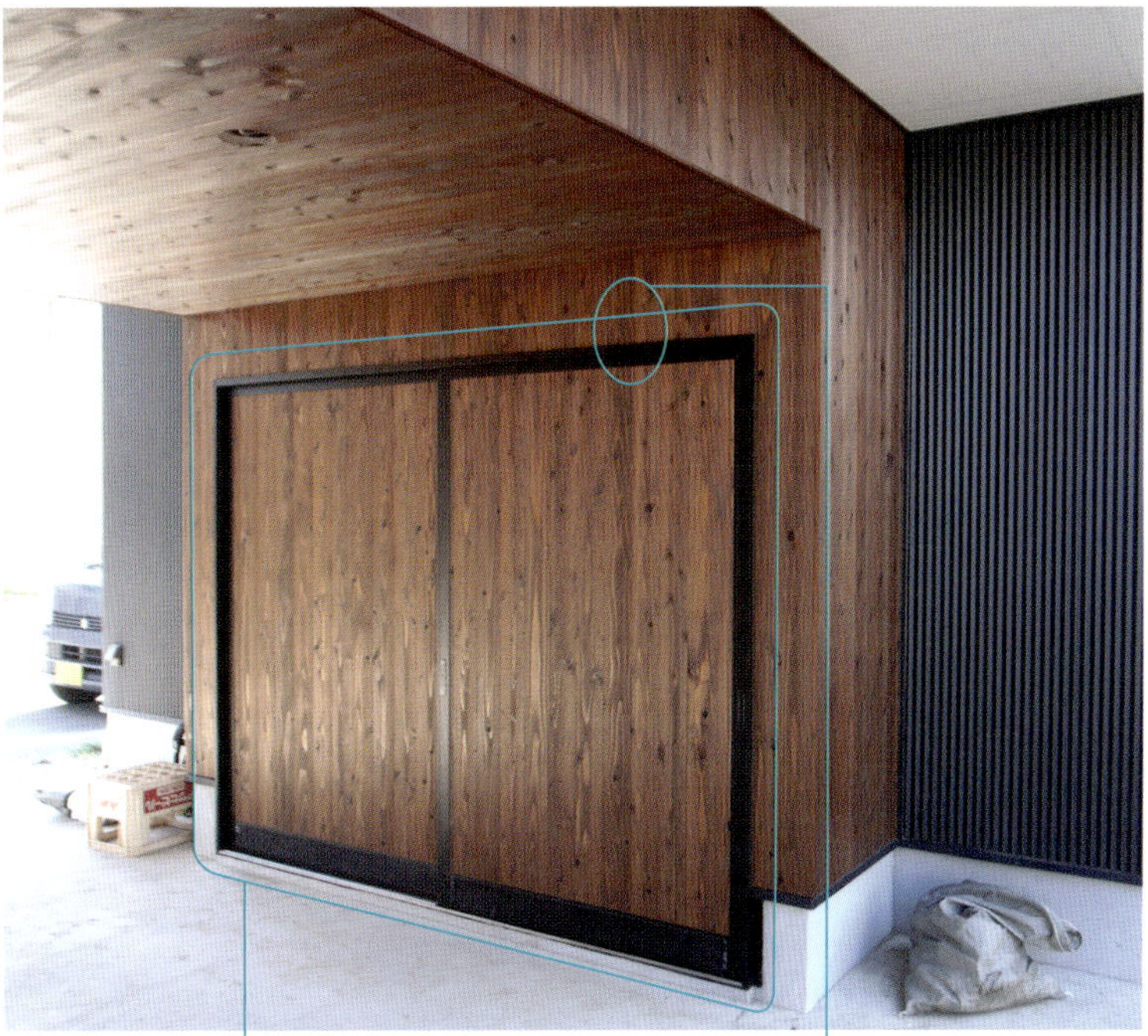

大工工事で壁・扉ともに羽目板張りを行えば、目を合わせることが可能である。スギの表面は耐候性塗料「シッケンズ木材保護塗料」（トーヨーマテリア）仕上げ

引違い戸の場合は、戸の開閉ができなくなるため、枠を消すことはできない［下図参照］

MEMO｜工事費の比較

引違い戸の木製建具（建具工事）

通常で**20万～25万円**

防火扉をスギ板で覆う（大工工事）

約10万円→引戸代（定価で6万5,800円）、羽目板代（約1万円）、大工手間（約2万円）、塗装手間（1万円弱）

■ 大工工事による木製外部扉

防火・準防火地域以外であれば、人目につきやすい外部扉は造作の建具としたいところ。ただし、コスト、隙間の処理（モヘヤやピンチブロックなどに頼る）といった課題が生じる［＊1］。

こうした課題の解決策の1つが「既製品の玄関扉を羽目板張りで仕上げる」という方法。羽目板張りを大工工事とすれば、工事費は抑えられる。外壁仕上げの羽目板と同材で張れば、目を合わせられるというメリットもある。

施工は、❶枠の内側にアルミパネルを取り付ける、❷アルミパネルの上に実《さね》付きのスギ板を張る、という手順で進める。ポイントは、通常はガラスとする部分をアルミパネルとすること。スギ板の固定・接着が容易になり、反りなども最小限に抑えられる［＊2］。なお、戸車の耐荷重については現場での検証が必要で、支障なく動作できるかを必ず確認する。

引違い戸について注意点を1つ［図］。本来、枠全面を羽目板張りとしたいところではあるが、開閉できなくなるので、枠が見える納まりにならざるを得ない。それでも、大幅なコストダウンが実現できるというメリットは大きい。

［井川一幸］

図 枠を消せない理由（引違い戸の場合）

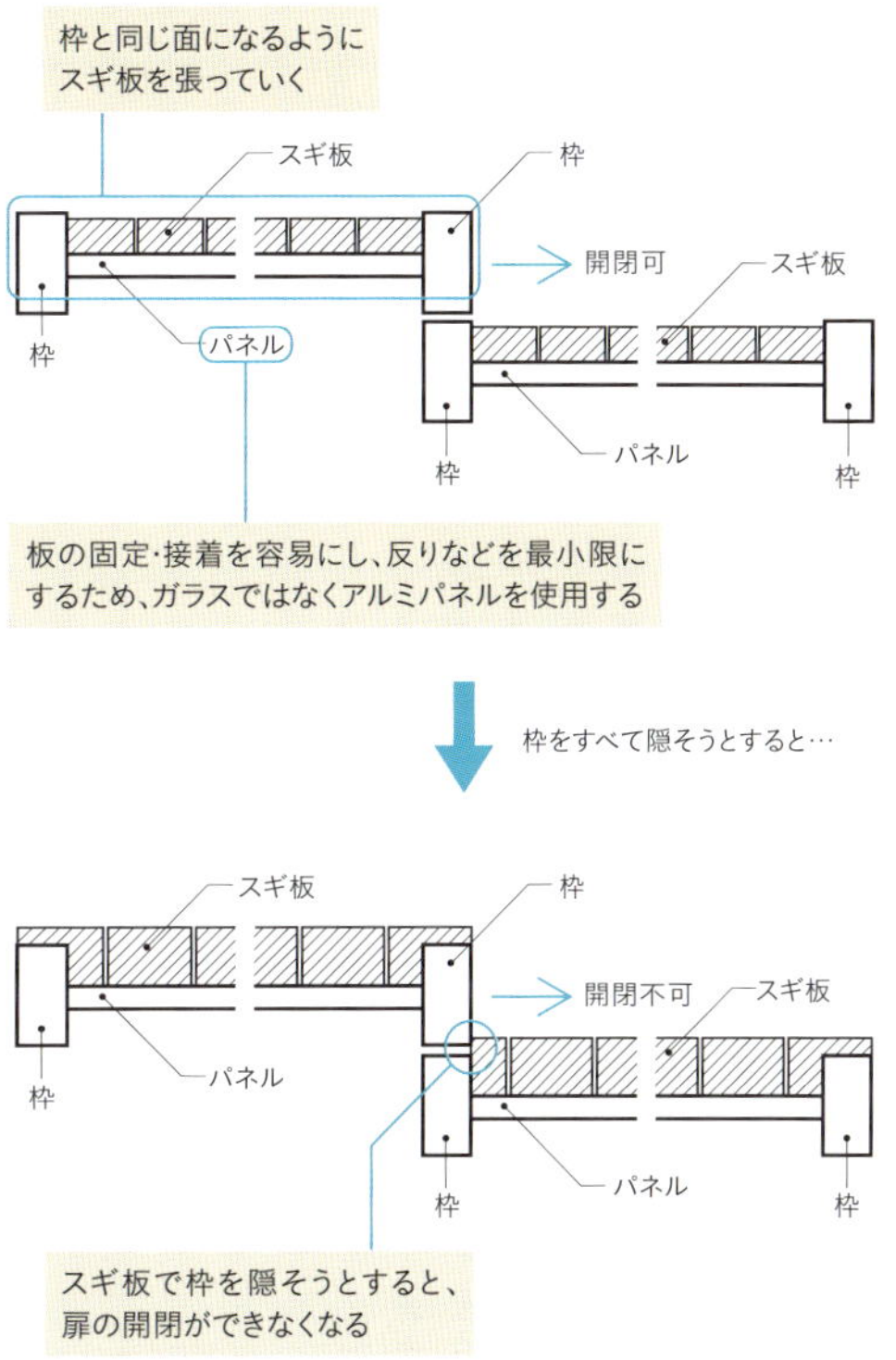
枠と同じ面になるように
スギ板を張っていく
スギ板
枠
開閉可
スギ板
枠
パネル
枠
パネル
枠
板の固定・接着を容易にし、反りなどを最小限に
するため、ガラスではなくアルミパネルを使用する
枠をすべて隠そうとすると…
スギ板
枠
開閉不可
スギ板
枠
パネル
枠
パネル
枠
スギ板で枠を隠そうとすると、
扉の開閉ができなくなる

＊1：モヘヤやピンチブロックはゴム製やポリプロピレン製なので、時間とともにすり減ってしまう。当初は気密性や防水性が保たれていても、経年により性能が確保できなくなる場合があり、定期的な張替えなどが必要となる

＊2：木は季節に応じて伸縮するものの、アルミパネルがあれば伸縮による隙間が生じても使用上の問題は生じない

インターホンを「隠す」ステンレス製のカバー

戸建て用インターホンカバー GP-092
［カワジュン］

複数の戸建住宅用インターホンに対応しているのが特徴。価格1万2,000円

インターホンの本体を隠す手法としては、特注プレートの製作や、ニッチを設けて半埋込みとする方法が考えられるが、コストや施工手間を考えると、どちらもあまり合理的とはいえない。

こうした悩みを解決してくれるのが、インターホンカバー「**GP-092**」である。取付けの際、プレート周囲に5㎜の隙間ができるものの、内部のボックスは防水仕様となっており、問題はない。［関本竜太］

カバーの幅120㎜に合わせて表札を製作

図 インターホンカバーの取り付け［S＝1:8］

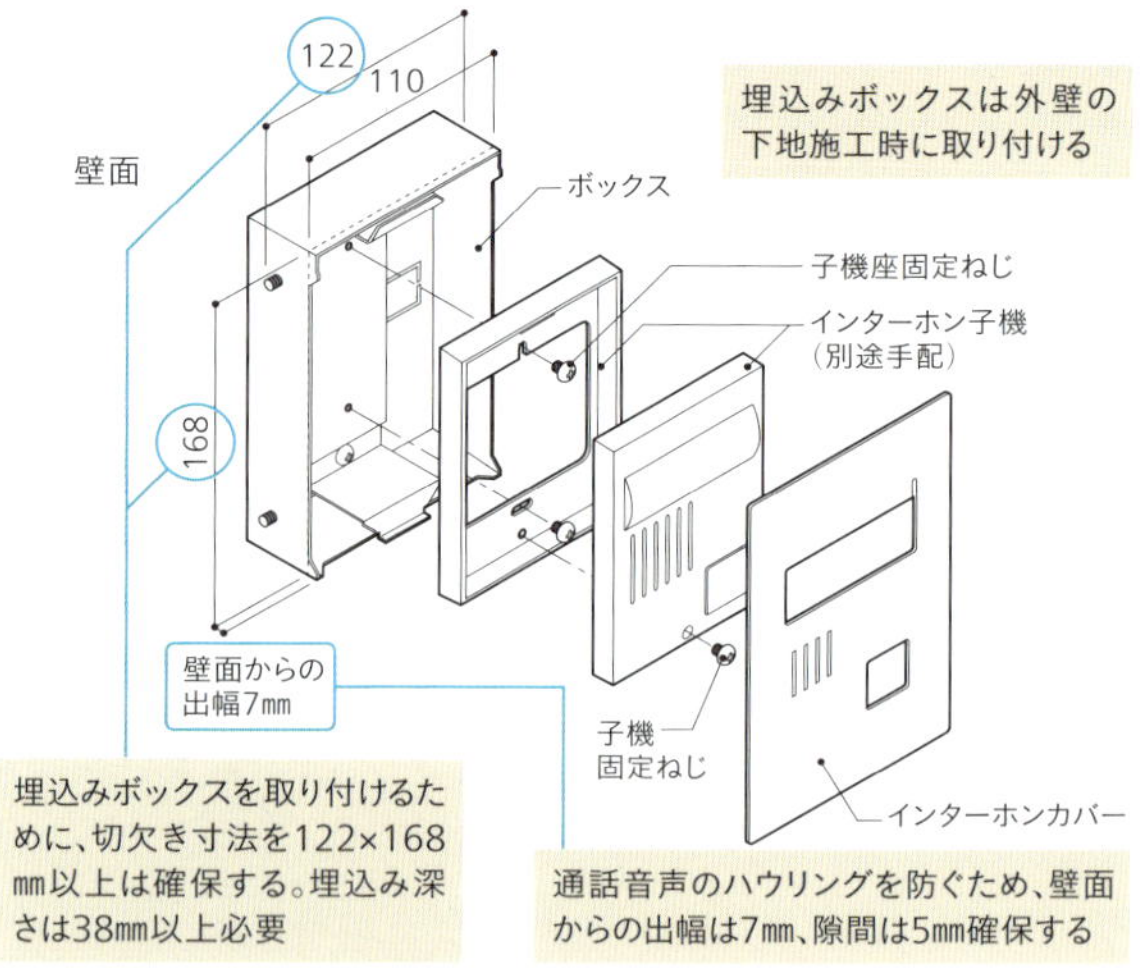

壁と同面で納める既製品収納

ゲタボックス トール収納フロート
ゲタボックス セパレート用吊戸棚のみ［＊］
［サンワカンパニー］

造作家具でもある程度のコストダウンは可能だが、既製品のほうが圧倒的に安くできる。たとえばこの建物では、幕板をナラ合板、筐体をポリ合板とした簡素な玄関収納としても、見積りを取れば約24万円程度（家具工事）になる。これを既製品の採用へと切り替えれば、価格は3分の1程度に抑えられる。既製品に見えないようにするには、収納と壁面を同面で納めることが重要だ。［石川素樹］

図 既製品収納と壁の取合い［S＝1:40］

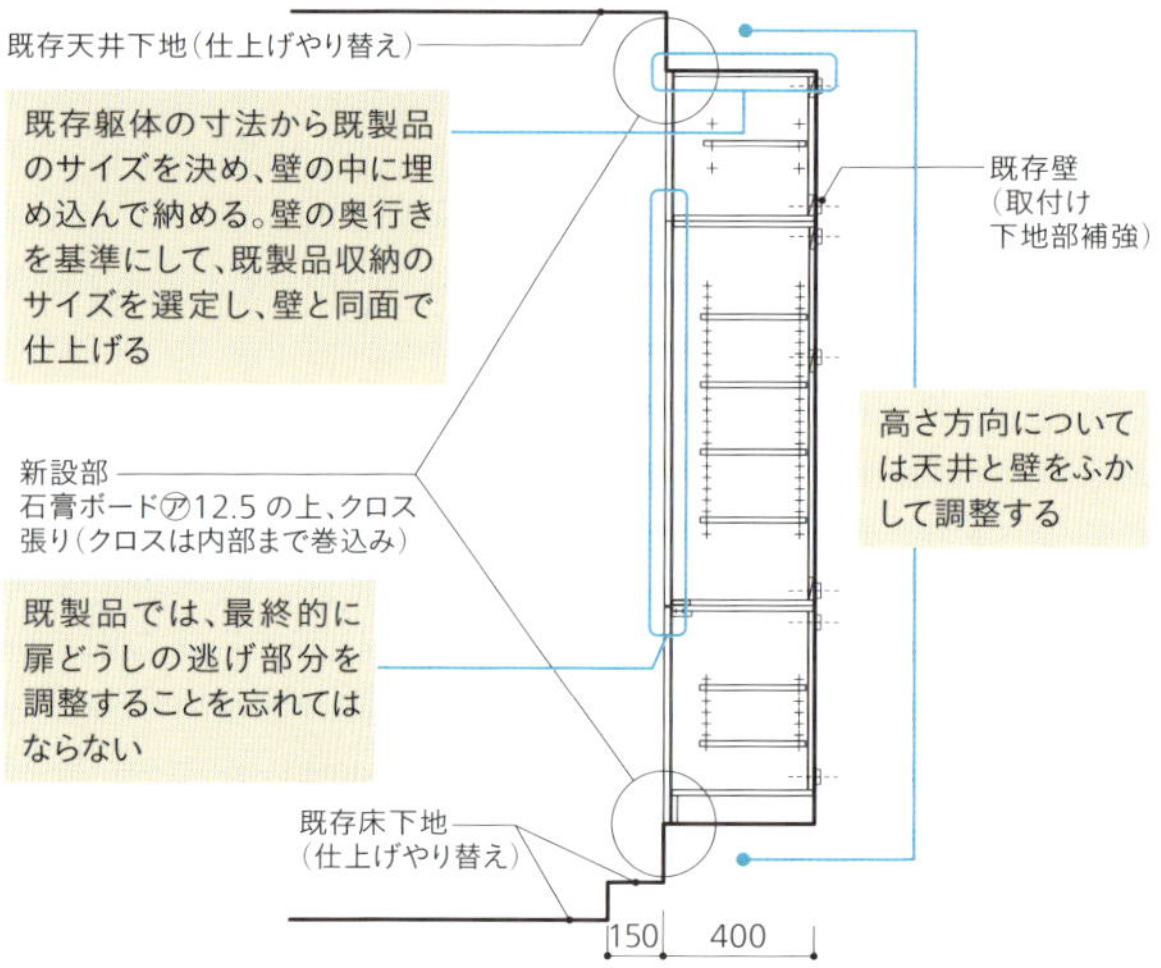

写真（下）：西川公朗

＊：「ゲタボックス トール収納フロート」はW1,200×D400×H1,750㎜を採用し、「ゲタボックス セパレート用」は吊戸棚のみの採用で、サイズはW1,200×D400×H400㎜。合計約8万円。ただし、吊戸棚のみは通常は販売されていない

引違い窓の方立をずらしてみると…

デュオPG
［LIXIL（TOSTEM）］
単体で半外付け型のポピュラーなアルミサッシ。写真の建物では幅1,500㎜・高さ1,100㎜のものを採用している

小さいほうの窓の開閉によって、必要換気面積が確保できるかどうかを確認する。ここでは2階の床面積は27.00㎡で、小さい窓の面積の合計は1.49㎡。よって、下記の条件を満たす

サイコロ形状（総2階）の建物では、大きいほうのアルミサッシも正方形に近いプロポーションを選択する

方立の位置をずらすことで通常とは違った印象を与える。黒い網戸が開口部の見え方を引き締める

MEMO｜**必要換気面積とは?**

建築基準法28条2項で定められている。換気に有効な部分の面積は、その居室の床面積に対して、1／20以上とする必要がある

図 方立の位置をずらす［S＝1:20］

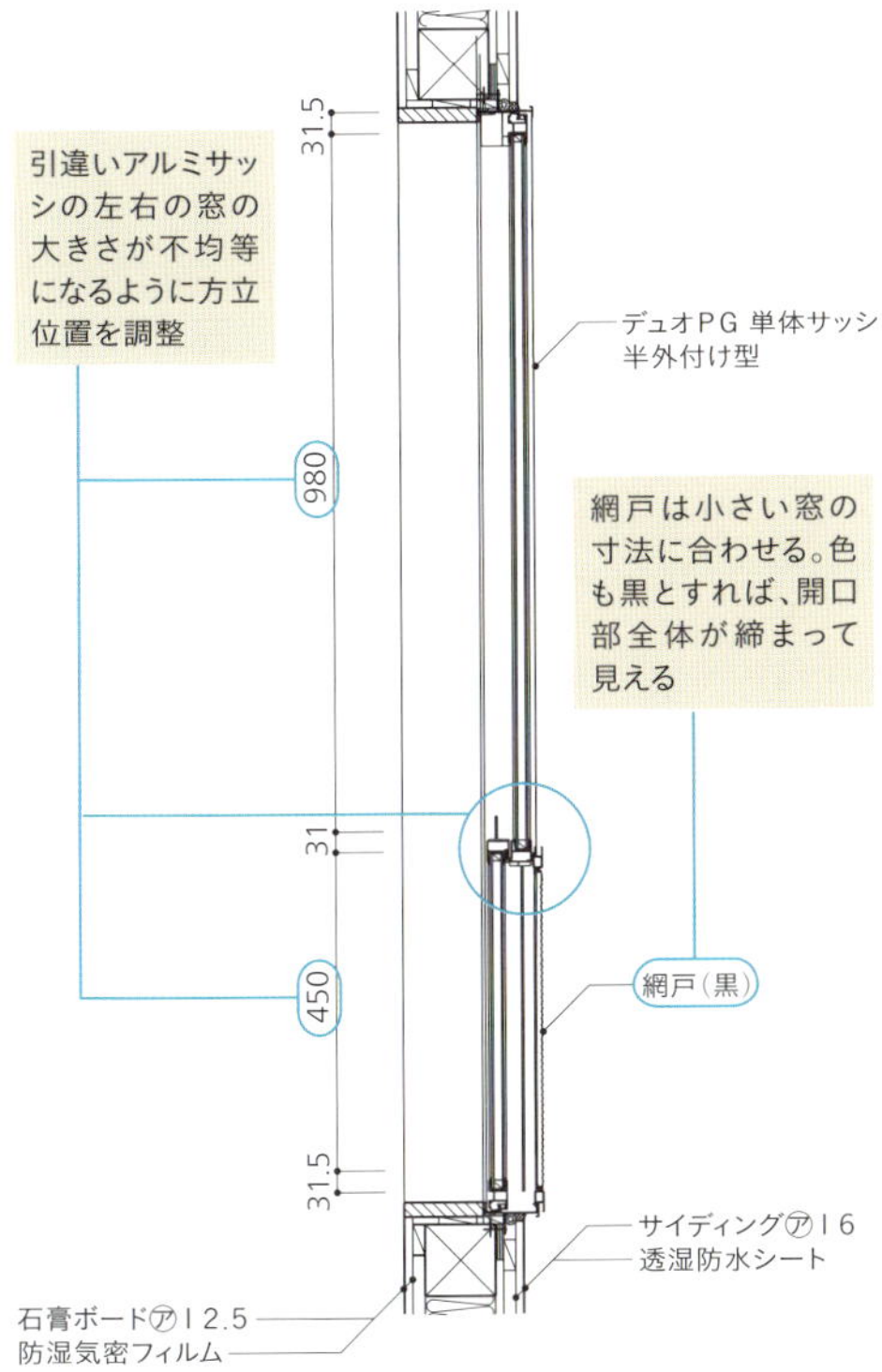
引違いアルミサッシの左右の窓の大きさが不均等になるように方立位置を調整
デュオPG 単体サッシ
半外付け型
網戸は小さい窓の寸法に合わせる。色も黒とすれば、開口部全体が締まって見える
31.5
980
31
450
31.5
網戸（黒）
サイディング㋐16
透湿防水シート
石膏ボード㋐12.5
防湿気密フィルム

■サッシ発注の「ついで」に

引違い窓は、アルミサッシのなかでおそらく最もポピュラーな既製品だろう。値段が安く、開閉に余計な場所を取らないほか、網戸が外にあって防虫面に優れるなど、日本の住宅事情に合っている。ただし、ポピュラーすぎるので、デザイン的に生かすには少々工夫が必要である。

1つの手法が、引違いサッシの方立を、中心ではなく左右どちらかにずらし、外観を構成するというもの［図］。方立を左右にずらせば見え方が変わり、特段の費用もかからない。発注時の〝ついで〟にできる簡単な方法だ。

ポイントは網戸。小さいほうの窓の寸法を網戸に合わせ、黒のサランネットを選択すれば、小さい窓が引き締まる。開閉に使うのは、もっぱら小さいほうの窓だが、サッシ全体を少し大きめにしておけば、必要換気面積［MEMO］は十分に確保できる。通常はサッシ幅の半分が換気の有効面積になるが、方立をずらすと換気面積が減るので、その分を考慮する必要がある。

この建物では、方立をずらし、大きい窓をほぼ正方形、小さい窓を縦長のプロポーションとしている。これは、建物外観がサイコロ状で正方形に近い形であるため。大きい窓のほうを相似になるようにしたのだ。［中佐昭夫］

写真：矢野紀行

引違い窓は横長のプロポーションを選ぶとよい

幅2,520㎜の横長引違い窓を設置。高さは1,900㎜で、1,355㎜の垂壁を設けているので、重心の低い落ち着いた開口部が実現する

カーテンレール・カーテン溜まりの位置にも注意（この建物ではケースメントカーテンを採用）。カーテンレール については1本レールを採用し、カーテン溜まりについては開口部枠の外に設置するなど

エイピアJ 引違い窓
［YKK AP］

樹脂複合枠（下枠2重断熱）を採用。枠見込み寸法は86㎜で、ガラス溝幅26㎜のアルミ複層障子も凹凸がない。この建物では幅2,520㎜、高さ1,900㎜のものを採用

■引違い窓による大開口の現実

日本の住宅では、根強い尺貫法による柱割りのために、1間間口に納まる引違い窓（アルミサッシ）が最も多く採用されているという。同じ1間でも、関東、関西、九州で若干の違いがあるが、およそ1千800㎜を基準とした幅となっている。

高さについては、テラス戸タイプであれば2千㎜もしくは2千200㎜が一般的であろうか。したがって、幅よりも高さが大きいやや縦長のプロポーションのアルミサッシを採用している住宅が多く、結果的にこのサイズの既製品は廉価である。

コストをかけずに大きな開口部をつくる場合、このサイズの引違い窓を連窓とする方法をよく目にする。しかし当然ながら方立の数が増えてしまうので、若干大らかさに欠ける印象を与えるかもしれない［図1a］。

これに対して、高さ方向に開口部を大きくするという手法がある［図1b］。既成寸法の上限を超えて、特注寸法限界の範囲（2千500㎜程度）まで高くすることも可能だが、1枚の障子の面積に対する制約（具体的にはガラスの厚さと耐風圧性能や、その重さと戸車の耐荷重で決まる）があるので、サッシの背を高くすればする

図1 大きな開口部のつくり方

a：引違い窓の連窓

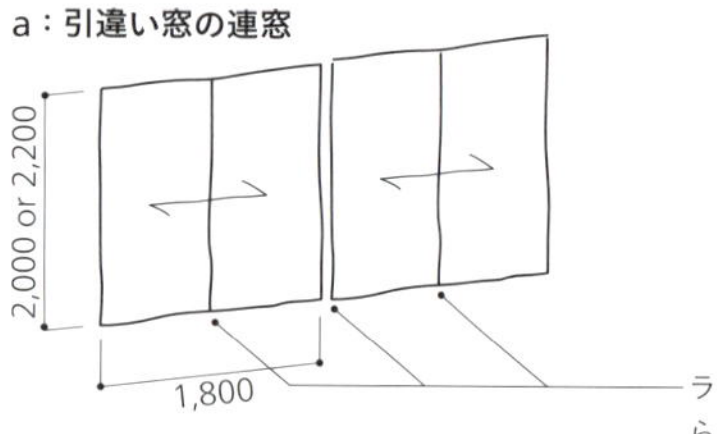

ラインが増えることで大らかな印象が損なわれ

b：高さ方向に拡大

標準的な住宅用サッシでも、高さは最大で2,500㎜程度にできるが、障子の面積に対する制約から、高くすれば幅に制約が生じる

提案

c：横長の引違い窓をつける

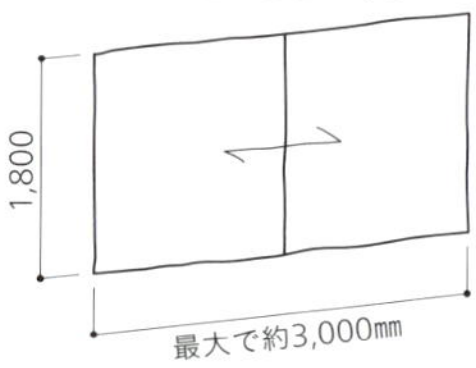

引違い窓であれば、幅は最大で3,000㎜程度にできるので、方立の数は1本で済む。あえて高さを抑えることで、ワイド感の強調された重心の低い開口部が実現する

図2 横長引違い窓をゆったり、すっきり見せる

❶垂壁の寸法とカーテンのレイアウト［S=1:80］

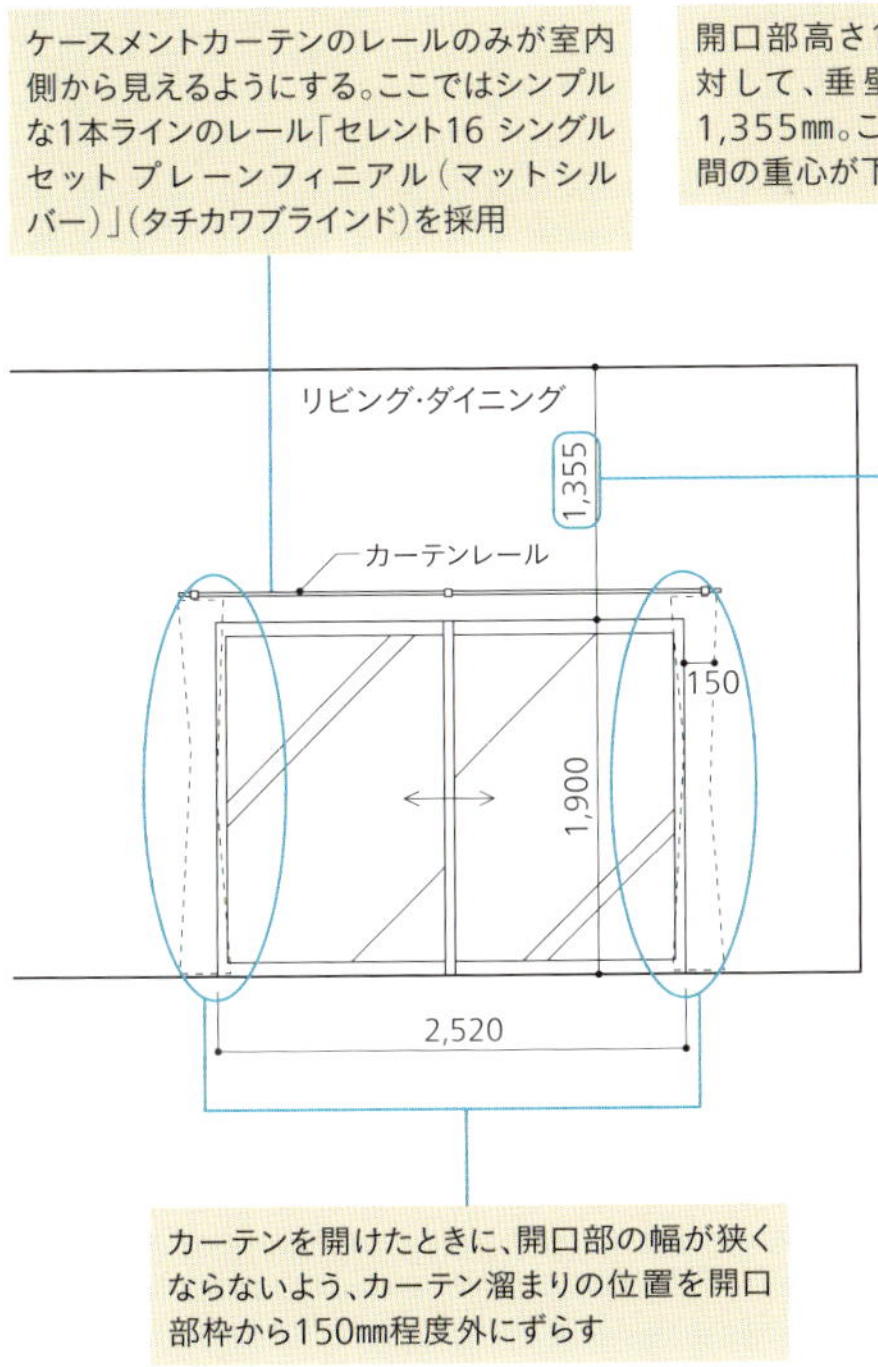
開口部高さ1,900㎜に対して、垂壁の長さは1,355㎜。これにより空間の重心が下がる

❷レース用カーテンレールを隠す［S=1:10］

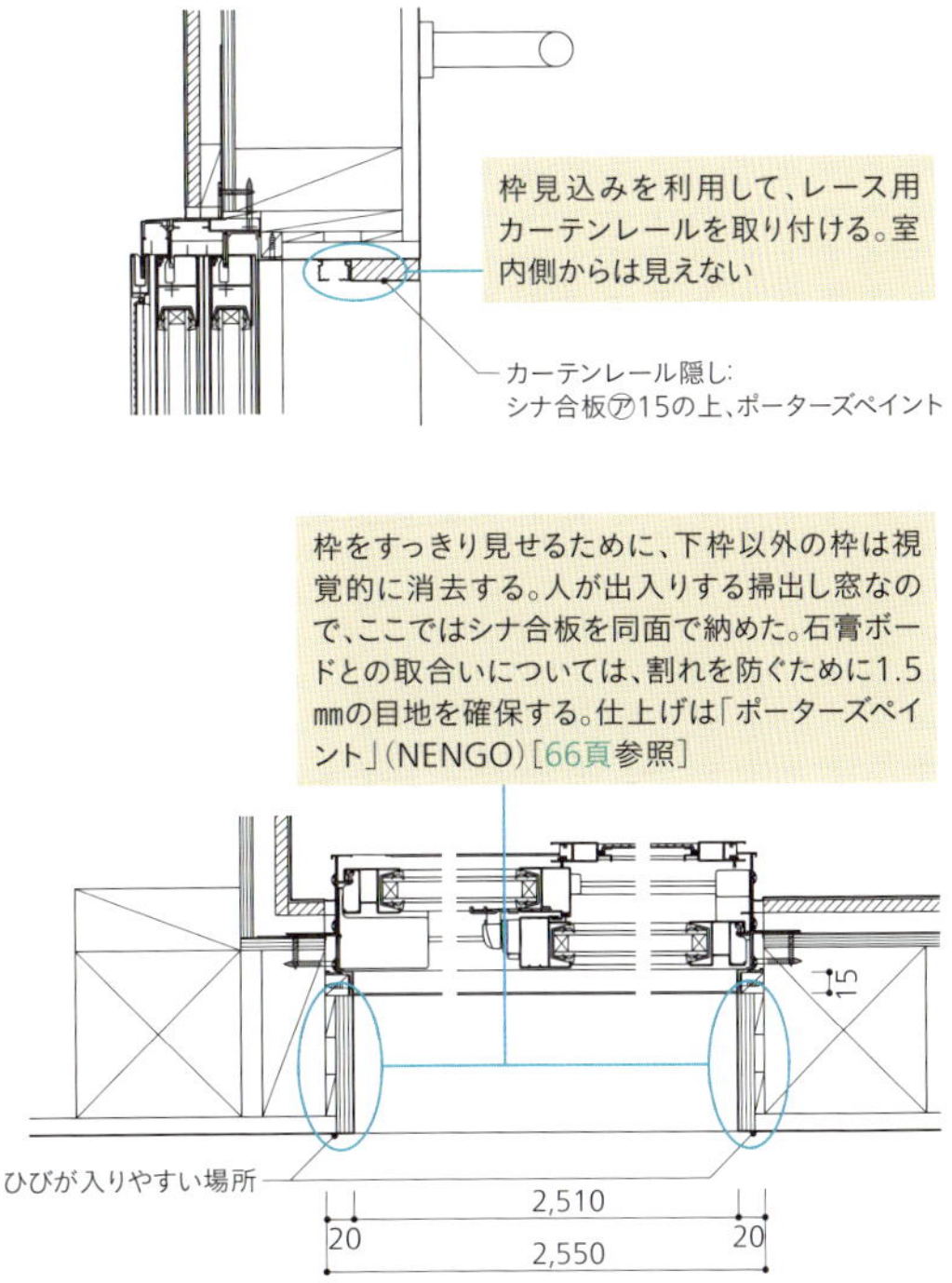

ほど、幅は制約を受けてしまい、広げることができない。

■横長プロポーションの有効性

以上に挙げた問題をクリアしながら、コストをかけることなく既製品のアルミサッシを活用し、大きく伸びやかな開口部を実現する手立てはないだろうか？その答えの1つとして筆者は「横長のプロポーション」を意識することが有効であると考えている［図1c］。開口部の幅を可能な限り大きく取りながら、あえて高さを使い勝手に支障が出ない範囲内で抑えることで、ワイド感が強調され、ゆったりとした大らかな表情が得られるようになる。

しかしながら、横長プロポーションの引違い窓を採用するだけでは工夫が足りない。より大らかな表情を得るためには、開口部廻りのデザインにもこだわりたい。そのポイントは大きく2つに分けられる。

1つ目は「開口部に対する袖壁や垂壁のバランス」を最適なものにすること。具体的には、高さを抑えた開口部に対して大きな垂壁を設けると、その対比によって重心の低い、落ち着いた空間が実現する。

この建物では、1千900㎜のサッシ高さに対して、1千355㎜の垂壁を設けている。これには、天井高をむしろ高く感じさせる効果もある。同様に袖壁についても、後述するカーテンなどとの関係を考慮しつつ、壁全体のなかでのバランスに留意したい。

2つ目は「ウィンドウトリートメントの量感のバランス」である。カーテンを開けたときに、ガラスがカーテン溜まりでふさがれてしまうことがないように、また、そのボリュームが袖壁のなかに余裕をもって納まるように、カーテンレールの取り付け方や、カーテン溜まりの位置について、細心の注意を払いたい［図2❶］。

カーテン溜まりの位置は、カーテンを開けたときに、枠の外側の適切な位置になるよう設定するのがよいだろう。カーテンレールは、シンプルな水平ラインを乱さぬように、1本レールとするのが好ましい。レース用レールは、枠見込み部分に汎用品を取り付けながら、正面からは見えないような工夫（木で隠す）を施して、開口部廻りの要素を可能な限り減らす。枠廻りは、図2❷のように下枠以外の化粧枠を設けず、枠を視覚的に消去するのもよいだろう。ひび割れのリスクを抑えるように納まりを工夫すれば、よりすっきりとした開口部が実現することができる。［山中祐一郎］

結露の不安がないサッシの「枠なし」納まり

WIDE WIN

［LIXIL（TOSTEM）］

幅は最大3,600㎜、高さは最大2,830㎜まで対応する大型のサッシ。外網戸でありながら、使わない時には収納できる。サッシを閉めたときに網戸が見えないのも大きな特徴

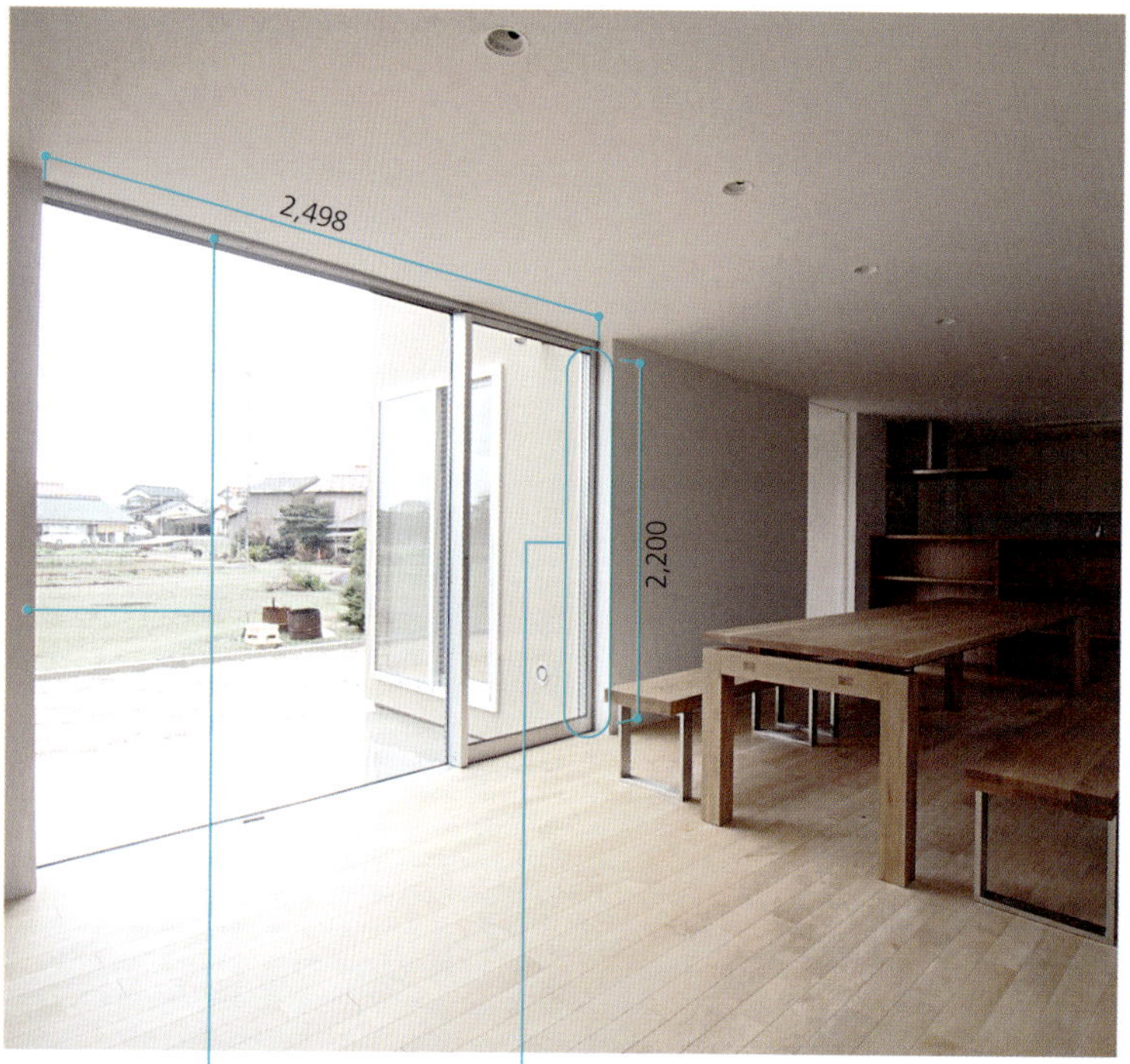

2,498
2,200

既製品のサッシ寸法に天井高を合わせてサッシを納める。小さな垂壁をつくらないための工夫

枠なしの納まり。石膏ボード（壁）と合板（枠）の取合いを合板勝ちとして、孔あき＋テープ付きのビニルコーナー（石膏ボードのひび割れを防ぐもの）を取り付け、パテしごきのうえAEP塗装とする

アルミニウム色のランバー
樹脂アングル

壁（石膏ボード）よりも樹脂アングルがはみ出す。凹凸をなくすためにランバーを取り付けて塗装し、サッシと一体に見せた

■樹脂アングルを一体に見せる

サイズが限定されている既製品のアルミサッシを使い、シンプルですっきりした内装を実現するには、目障りな要素を減らすことが肝要だ。筆者は「小さな壁を極力つくらない」「3方の化粧枠は省略する」［＊1］ことを念頭に設計を行っている。

「小さな壁」については、天井高やアルミサッシの取付け位置を工夫する。写真のように、大きな開口部は天井いっぱいとしてなるべく垂壁をつくらない。小さな開口部は外壁面の入隅部に寄せ、小さい壁を設けない。

「化粧枠」は省略し、開口部に向かって壁の仕上げを巻き込む。ただし、枠なしで納める場合に悩ましいのが、樹脂アングルの存在だ。外壁の入隅部にサッシを配置すると、内装の仕上げに対して、サッシがはみ出すケースがある［図］。意匠的には樹脂アングルを外して平滑に納めたいが、結露が心配になる［＊2］。この場合、樹脂アングルに面合わせでランバーを立てて凹凸をなくし、サッシと同色（アルミニウムペイント）で塗装すれば、サッシと一体に見える。納まり上の不具合の解消には、設備配管などの隠蔽も考慮して、壁をふかすのもよいだろう。

［木村智彦］

図 枠なしで納める［S＝1：10］

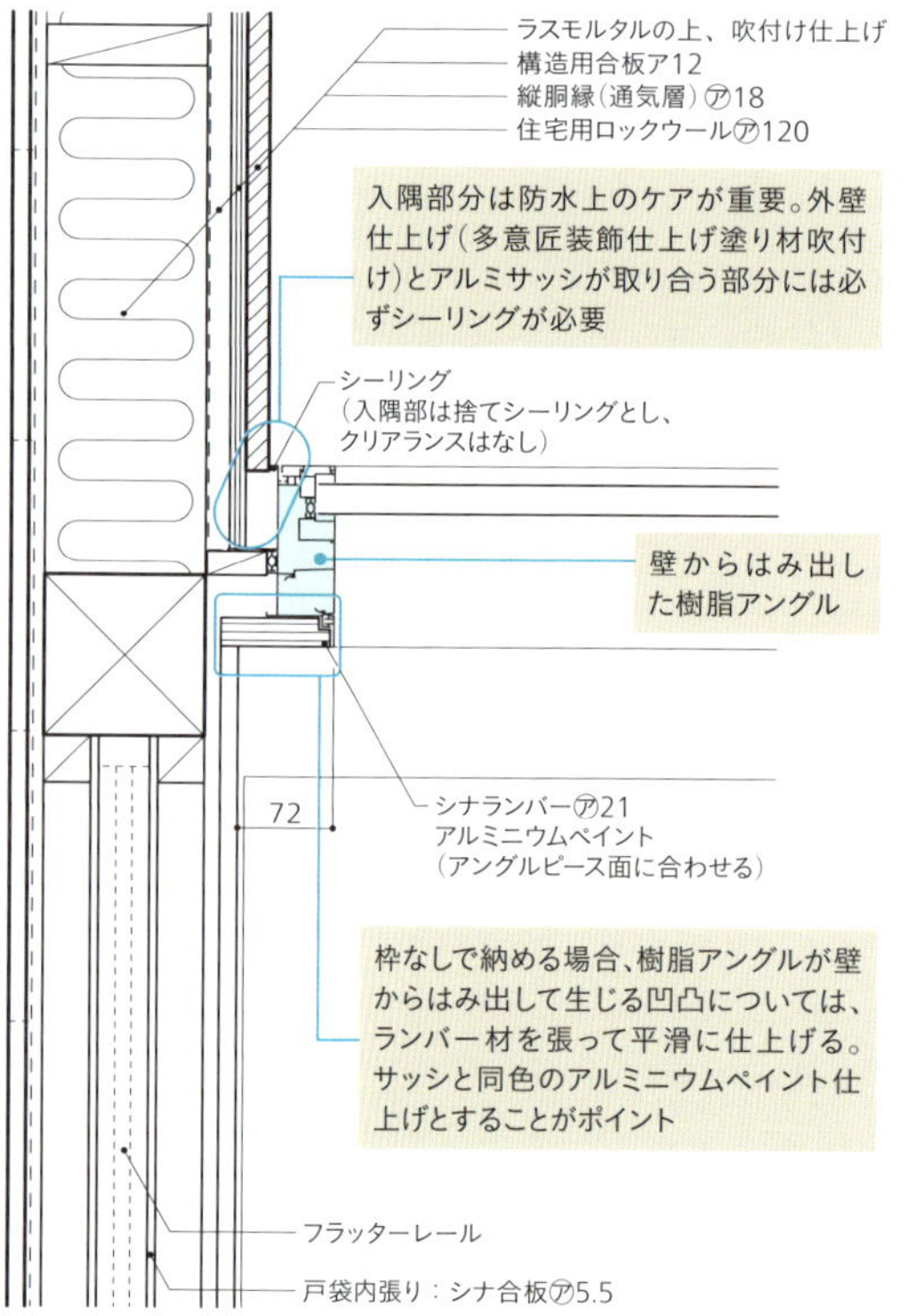

ラスモルタルの上、吹付け仕上げ
構造用合板ア12
縦胴縁（通気層）㋐18
住宅用ロックウール㋐120
入隅部分は防水上のケアが重要。外壁仕上げ（多意匠装飾仕上げ塗り材吹付け）とアルミサッシが取り合う部分には必ずシーリングが必要
シーリング（入隅部は捨てシーリングとし、クリアランスはなし）
壁からはみ出した樹脂アングル
72
シナランバー㋐21 アルミニウムペイント（アングルピース面に合わせる）
枠なしで納める場合、樹脂アングルが壁からはみ出して生じる凹凸については、ランバー材を張って平滑に仕上げる。サッシと同色のアルミニウムペイント仕上げとすることがポイント
フラッターレール
戸袋内張り：シナ合板㋐5.5

＊1：埃が溜まりやすい下枠は、清掃性を考慮して、6㎜の見付けに加工した木枠を付ける

＊2：筆者が設計活動を行っている地域（鳥取県米子市が拠点）は、決して温暖な土地ではない。樹脂アングルは結露と壁仕上げの緩衝材として必要なものと考え、外さずに使用している

外壁とサッシ枠を同面で納めても安心な方法

外壁面が白色系の場合(この建物では吹付け仕上げ)には特に、雨垂れによる汚れが懸念される。出幅約15㎜の水切を設けるとよい

アルミサッシを面付けにすると、半外付けの場合に見えるアルミの型材が見えにくくなり、すっきりとした印象が得られる

アルミサッシと外壁の面をそろえれば、壁の薄っぺらい印象がなくなり、外壁の重厚感が増す

■水切の出幅は約15㎜

住宅用の既製品サッシの納まりには外付け、半外付け、インセット金物を用いた内付けなどがある。モルタル塗りやサイディングなどで納める場合は半外付けが一般的である。この場合、アルミの型材が外壁の外側に18~25㎜見えることになる。

そこで、半外付けアルミサッシを外壁と同面で納めれば、ビル用の面付けサッシのように、開口部廻りをよりシンプルに見せられる[図]。面付けで納める場合は、外壁の下地合板ではなく、出寸法を調整したサッシの取付け用下地材に取り付ける。

ただし、防水処理には細心の注意が必要だ。面付けは変則的な納まりになるため、透湿防水シートの裏側に水が入るリスクがある[*]。水の排出とサッシ面からの雨垂れによる外壁の汚れ防止のため、板金製作の水切を取り付ける。水切の大きさはサッシのツバまでの幅でつくり、外壁からの出幅は15㎜程度とする。これにより、雨水とサッシにある結露水の排出口からの排水による外壁の汚れは防止できる。水切の形状は比較的自由。写真の建物では、水切の効果をより高めるために先端を斜めに加工している。

[奥野公章]

図 同面に納めて水切をつける[S=1:10]

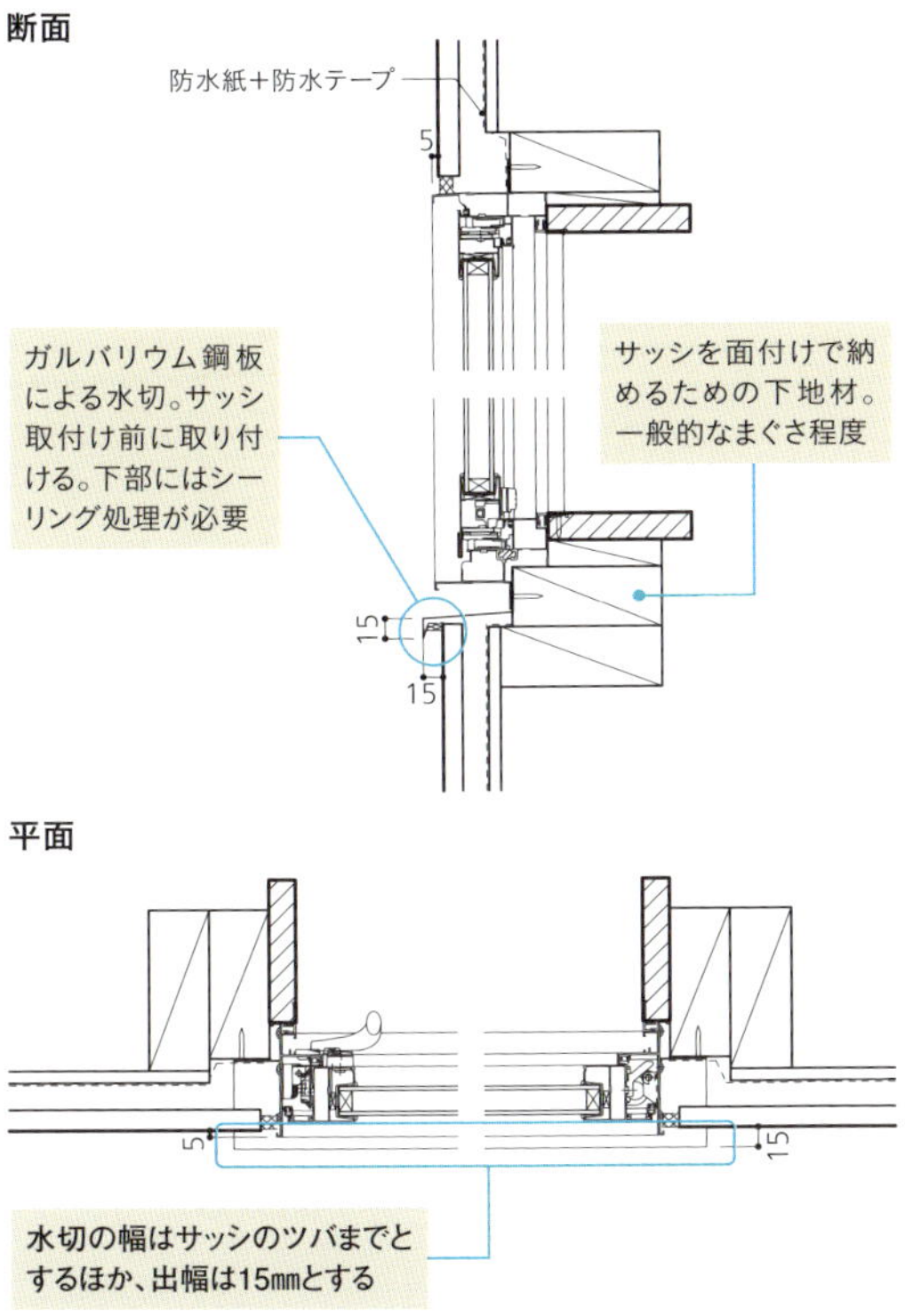
断面
防水紙+防水テープ
5
ガルバリウム鋼板による水切。サッシ取付け前に取り付ける。下部にはシーリング処理が必要
サッシを面付けで納めるための下地材。一般的なまぐさ程度
15
15
平面
5
15
水切の幅はサッシのツバまでとするほか、出幅は15㎜とする

*:一般的な納まりでは、サッシの取付け用ツバ部分に透湿防水シートを納めればよい

［朗報］連窓方立は化粧柱で隠せばよいことが判明

デュオPG
［LIXIL（TOSTEM）］

アルミサッシの連窓部材。連窓・段窓のジョイント方法は、連結する枠の釘打ちフィンを切り離してはめ込む簡単なもの

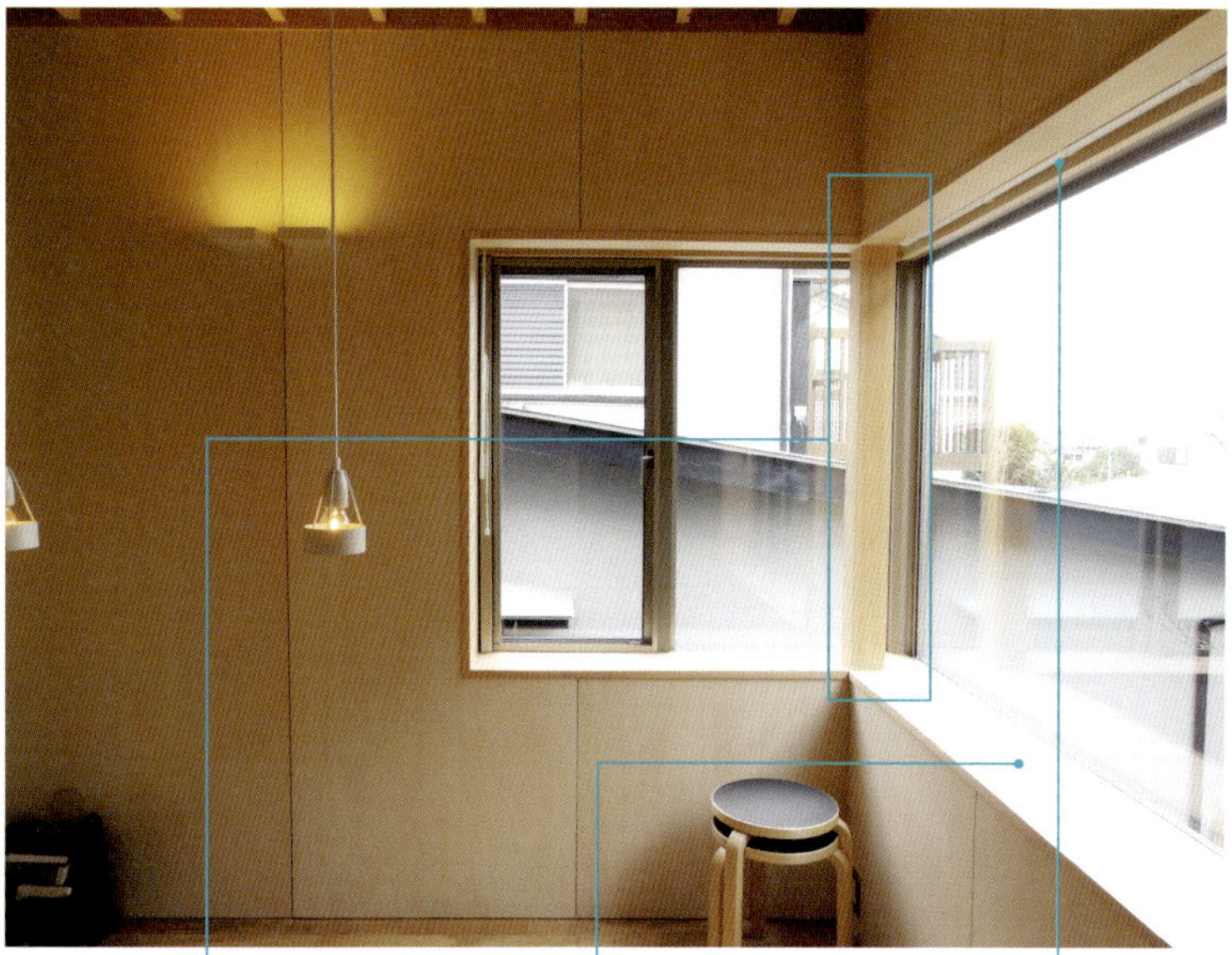

ダイニング側からコーナー窓を見る。化粧柱の奥に既製品アルミサッシの連窓方立が納められていることが分かる。角度によっては、連窓方立は室内側からまったく見えない

開口部の枠は4方枠あり納まり。4方ともにチリを6mmで設定し、シナ合板で仕上げた内壁と軽やかに見切っている

出窓を利用してブラインドボックスを設け、横型ブラインド（「ユニーク25（パンチングカラー）／ニチベイ」）を納めた。小さな穴が開いており、うっすらと光や気配をこぼしてくれるブラインド

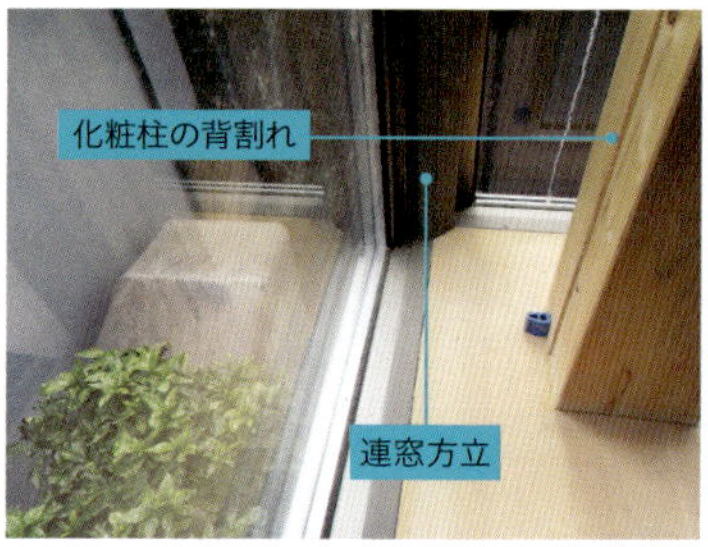

出隅部の納まり。化粧柱の背割れ位置は外側に設定しているので、室内側からは見えない。窓台は出隅の形状に合わせて加工

■コーナー窓をつくる納まり

建物の四隅にあるダイニングに、目線の高さを想定したコーナー窓（腰窓）を設けることがある。木造戸建住宅（在来軸組構法）において、コーナー窓を計画する場合は、主として以下の方法が考えられる。

ⓐ：隅柱（化粧柱）にサッシを突き付けて納める方法

ⓑ：隅柱をなくしてサッシを突き付けて納める方法（既製品の連窓部材を用いる）

ⓒ：隅柱をなくしてサッシを突き付けで納める方法（既製品の連窓部材を用いない）

この中で最も一般的な手法はⓐではないだろうか。特に、半外付けの既製品サッシを用いる納まりは単純で、施工も容易である。ただし、サッシのツバが丸見えになるので、思いのほかすっきり見えず、柱に小さな化粧枠を取り付ける、などの工夫が求められる。ⓑ・ⓒは、隅柱を移動する必要があるので、上階（屋根）の梁の掛け方を若干工夫する必要があるので、構造計画上ⓐよりは難易度が高い。意匠的にはⓒが理想的。最もすっきり見える。ⓑでは、連窓方立が目立つので、柱を移動するメリットが損なわれてしまう。ただし、アルミアングルなどを召し合わせた納まりが多いⓒには、雨水が室内に浸入するリスクが付きまとうので、納まりの検討や現場監理が最も煩雑なものになる。

■出窓にするメリット

そこで筆者がお薦めしたいのが以下のⓓである。

ⓓ：壁をふかして出窓とし、既製品の連窓部材を用いてサッシを納め、室内側からは見えないように化粧柱で隠してしまう方法

この方法は先に挙げたⓐ～ⓒの問題をすべて解決できる。ⓐでは、化粧柱の奥に連窓部材が位置するので、室内側からは目立たず、化粧柱がすっきり見える。ⓑ・ⓒでは、柱を移動する必要がないため、構造計画が単純化され、ⓒでの防水上のリスクを避けられる。

ポイントになるのが出窓の納まり。出窓の出幅は、ある程度自由に調整可能だが、ここでは、ブラインドボックス（ロールスクリーンボックス）が柱と連窓部材の間に納まるように、枠見込み部分を長くしている［図］。窓は、網戸のないFIX窓が理想的であるが、換気も考慮する必要があるので、FIX窓に縦辷り出し窓を組み合わせるというのが落としどころであろう。

［関本竜太］

図 連窓方立を化粧柱で隠すときの出窓のつくり方［S＝1:10］

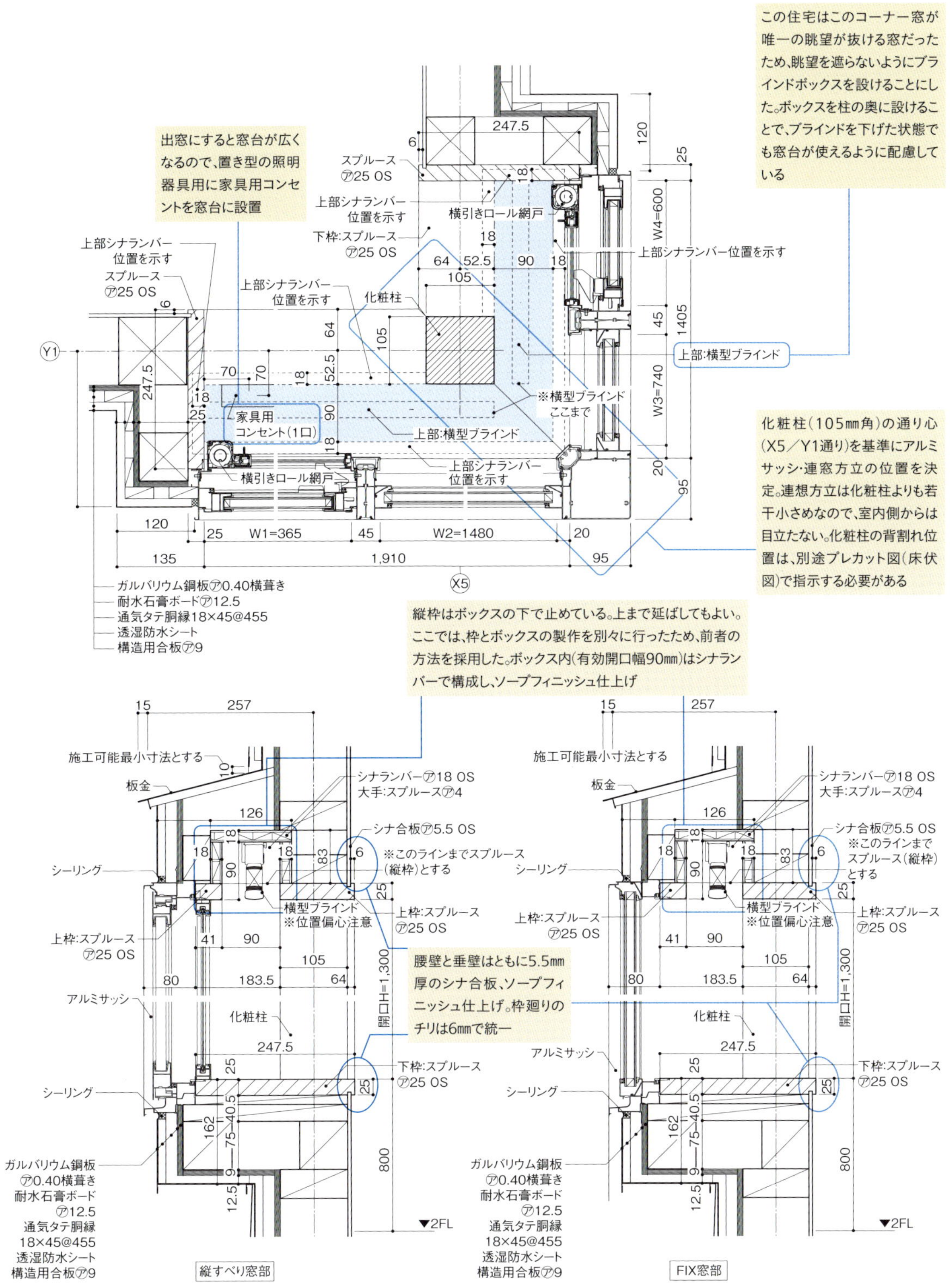

四角なトップライトを丸く納める

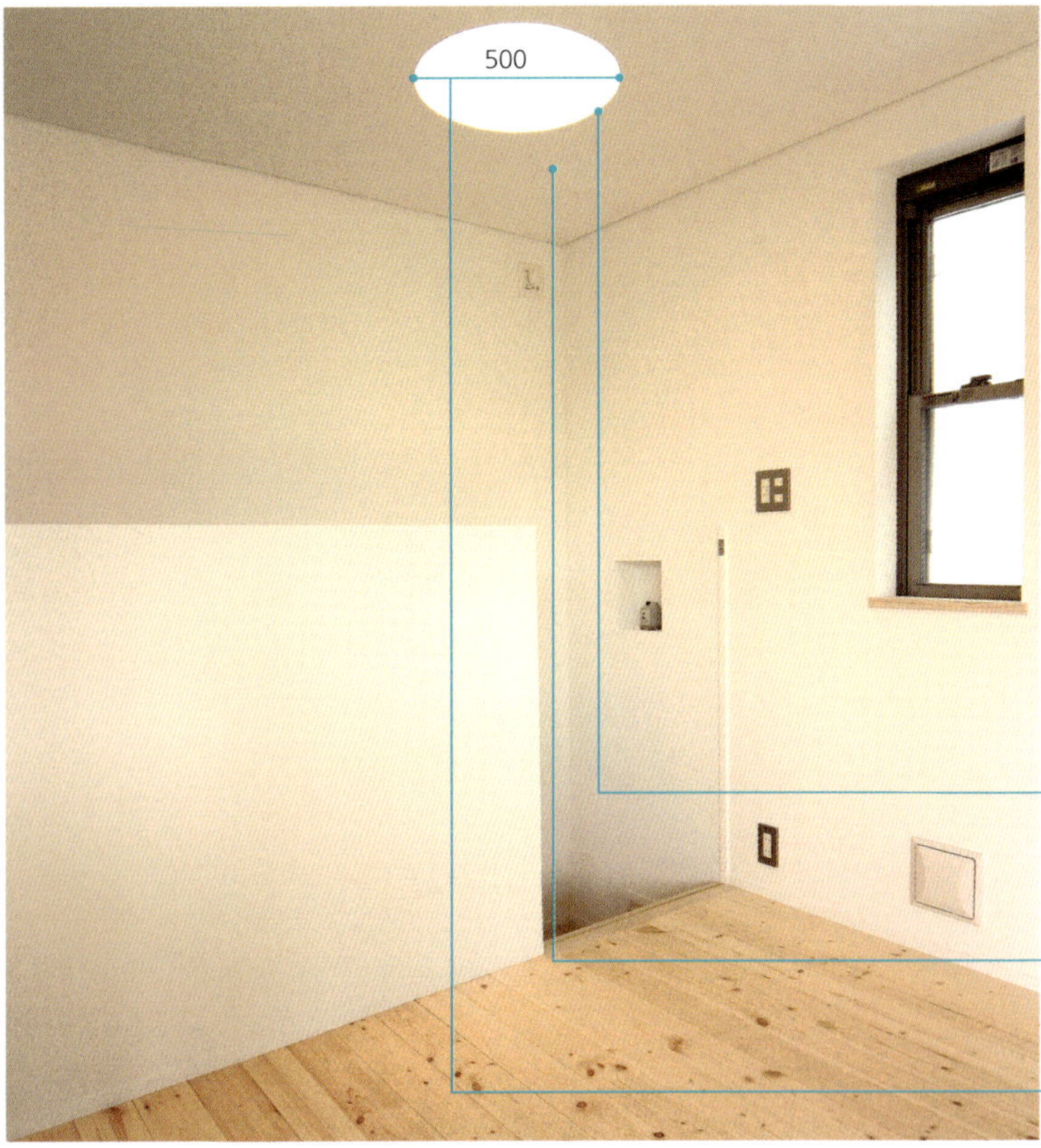
500

固定式トップライトQK-606（高断熱タイプ）
［菱晃］
躯体にビスで留められるほか、陸屋根など平坦な場所への設置が容易。価格は定価で8万3,000円

トップライトの形状と網入りガラスは乳白アクリルで隠す

天井・円筒ともにAEP塗装（白）仕上げ

曲げ合板加工によって実現した直径500㎜の丸いトップライト。陸屋根の階段室に、昼夜を問わず光を導く［図］

図 曲面合板でかたちを変える［S＝1:30］

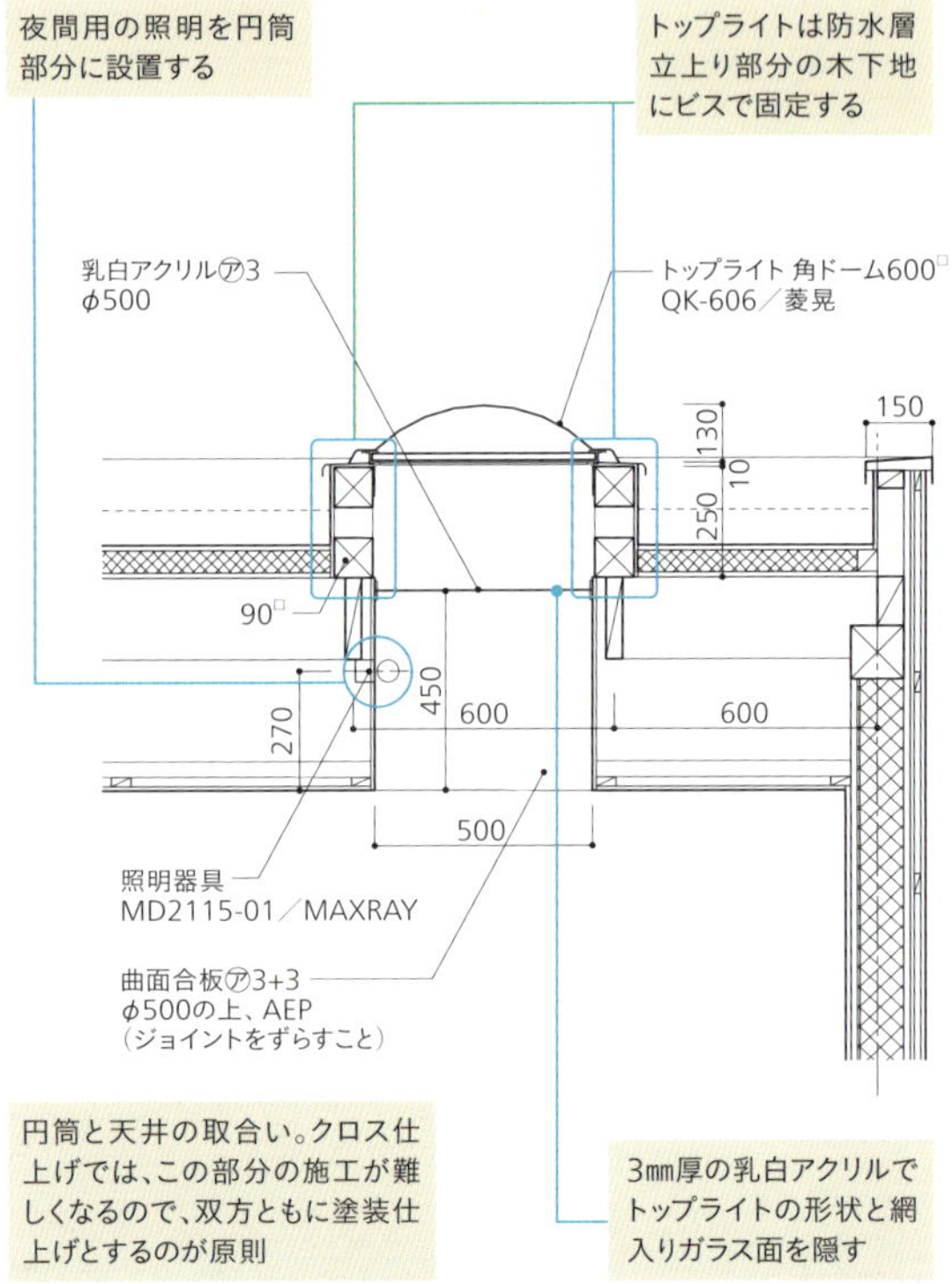
夜間用の照明を円筒部分に設置する
トップライトは防水層立上り部分の木下地にビスで固定する
乳白アクリル㋐3
φ500
トップライト 角ドーム600□
QK-606／菱晃
150
130
10
250
90□
450
270
600
600
500
照明器具
MD2115-01／MAXRAY
曲面合板㋐3+3
φ500の上、AEP
（ジョイントをずらすこと）
円筒と天井の取合い。クロス仕上げでは、この部分の施工が難しくなるので、双方ともに塗装仕上げとするのが原則
3㎜厚の乳白アクリルでトップライトの形状と網入りガラス面を隠す

■ 陸屋根ではドーム型を選ぶ

採光条件のよくない階段や玄関に、トップライトを設置するのは合理的な策である。しかし、設置面が平坦な陸屋根などの場合は、雨仕舞いの都合上、トップライト面を傾ける必要があるなど、納まりがやや複雑となる。

こうしたときに重宝するのが、工場や教育施設などで採用されているドーム型トップライト。ガラス面をドームで保護しているため、漏水のリスクが少なく、納まりも極めて単純だ。「**ホームトップライトシリーズ**」は、躯体にビスで留めることができる木造住宅仕様となっている。

ただし、そのまま設置するのでは芸がない。内側は自由にデザインしてみよう［図］。トップライトの内側に合板を曲げた円筒を設ければ、円形トップライトとなる［*］。

ポイントは曲面合板の加工と仕上げ方法。曲面合板は曲げやすい3㎜程度の薄いものを、クラックの発生を考慮して2枚重ねとする。ジョイント部をずらして張り、パテでよくしごき、平滑にならしてから、円筒部分と天井部分を塗装で仕上げる。

［関本竜太］

*：円形トップライトはフィンランド生まれで20世紀を代表する建築家のアルヴァ・アールト（1898～1976）が多用した。ヴィープリ図書館などが有名

マンション開口部を特注に見せるテク

■窓を生かす2つの打開策

マンションの開口部は、区分所有法の共用部分に該当するため（区分所有法2条）、基本的に改造できない（開口部は建物の外観保全の観点から利用制限を付すべき建物の部分）。しかし、一般にアルミサッシの障子枠や方立、オレフィンシート［＊1］巻きの枠材といった素材は、インテリアデザインの検討時に目障りな存在となりやすい。マンションの既存開口部は〝究極の既製品〟といえるだろう。

枠などの存在感を隠す手法は、大きく分けて2つある。1つは、窓前面（室内側）に新しく壁を立てるという方法［写真❶］。もう1つは、開口部自体に大きなフレームをつくり、壁や梁と一体化させるという方法である［写真❷、34・35頁参照］。

■断熱材を入れて窓をつぶす

壁を立てる方法は、室内からの景色がよくない窓をつぶすという狙いだけではない。新しい壁をつくることで、造作家具を取り付けたり、収納スペースを設けたりすることができるという副次的なメリットがある。マンションでは、家具レイアウトの自由度が必ずしも高いとはいえない。必要ない窓であれば、思い切ってつぶしてしまうのも一つの選択肢だ［＊2］。

ポイントは、断熱材を施工すること（断熱性能の確保）、断熱材のロゴが丸見えとなるなど外観を損ねないよう、窓外から断熱材が見えないようにガラスにシートを張ること［写真❶下］。サッシの種類を確認することも重要だ。

結露対策の水抜き孔がある場合には、それほど注意する必要はないが、ない場合には下地ボード材の手前に防湿シートも忘れずに施工しておきたい。サッシのツバまでは共用部分と考えられるので、「壁下地をどのように立てるか」の工夫も設計者側で考える必要があるだろう。

フレームについては、隣接する窓のサイズが異なる場合、ポツ窓［＊3］がランダムに並ぶことでインテリアデザインをまとめにくい場合に有効。写真❷では既存の塗装枠を撤去し、新規にムクのナラ枠材を入れ、同じ材質で幅広のナラフローリング材を、壁面、梁下、柱の横面に張り、全体を1つの木製フレームにまとめている。

フレームの材料としては、異なる樹種の木材や金属材を使用することも可能だ。予算的に厳しい場合は、印刷化粧フィルム［＊4］やアクセントクロスを使用してもよいだろう。

［各務謙司］

写真 窓を生かす2つの手法

❶窓をつぶす

壁一面が全面開口の場合、家具を置くことができないという問題がある。そこで、可動窓を一部残すかたちで壁を立て、腰レベルの造作収納棚をレイアウト

窓をつぶすときは、断熱材を充填して断熱性能を高める。サッシは共用部分に当たるので、壁下地はサッシのツバの内側に建てること。この建物では木下地を採用している（LGSの場合は、サッシツバに固定するなどの細かい作業が難しい）

❷大きなフレームでまとめる

既存の2つの開口部をひとまとめにするために、幅180㎜のオーク・フローリング「オーク40クリアブラッシュド」（IOC）を使用してフレームを組み立てる

＊1：MDFなどでつくられた枠を覆う化粧材。最近では高級マンションで採用されることが多い｜＊2：居室の採光面積を確保することが条件。住宅では、有効採光面積は居室床面積の1／7以上となる（令19条）。また、「窓前に造付けのものを設置固定してはいけない」というマンションの管理規約において認められないケースがある。カーテンウォールのマンションにおいて、こうした制限を課しているケースもあるので注意｜＊3：外壁に独立的に設けられた窓のこと。ポツンとして見える｜＊4：「3Mダイノック フィルム」（スリーエムジャパン）が代表的

マンション開口部は「ふかし壁」で見え方が変わる

カーテンボックスを利用して、ブラインドを設置。製品は「ウッドブラインド」（ナニックジャパン）

既存開口部に、位置をずらしながらふかし壁を立てると、開口部の位置と改修後のプランが整合しているような錯覚をもたらす

■ふかし壁で窓の位置を調整

マンションのリノベーションにおける既存開口部の生かし方の1つとして「既存開口部の前に新しいフレームをつくる」という方法がある［33頁参照］。具体的なアイデアを2つ説明してみよう。

1つ目は、既存開口部の前にふかし壁を立てるというもの［図1］。床以外の3方にカーテンボックスを内蔵させる要領で、壁をふかしていく。壁の位置は任意に設定できるので、既存の窓に一切触れることなく、室内側から見た場合の開口部の位置を一定の範囲まで調整することができる。

壁をふかすことによって生まれたスペースは積極的に活用したい。ふかし壁と開口部の間のスペース（3方のカーテンボックス）を利用して、室内側から見えないようにカーテンレールなどを取り付けるなど、何らかのウィンドウトリートメントを施せば、既存開口部との視覚的なズレはほとんど気にならなくなるに違いない。

POINT 1 壁をずらす

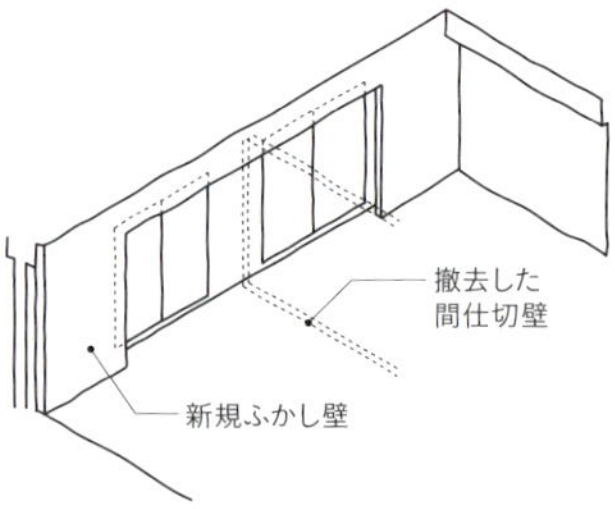

ふかし壁の位置を開口部に対してずらすことで、改修後のプランとの整合性を図る

POINT 2 ブラインドを下げる

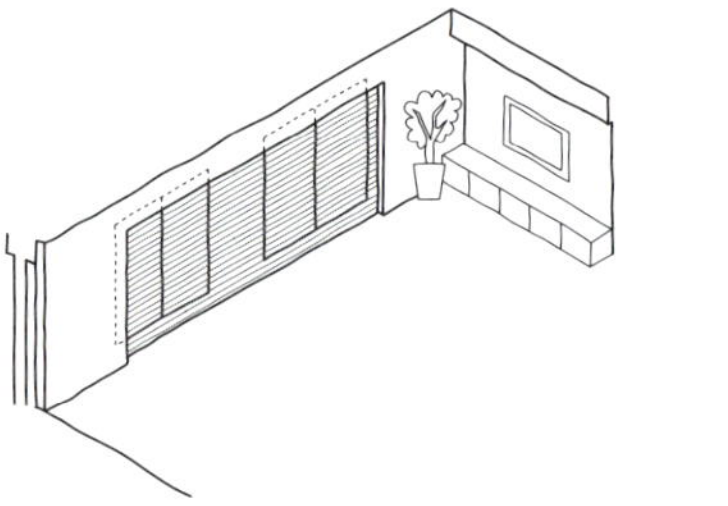

ふかし壁と開口部の隙間をカーテンボックスとして利用。既存開口部との視覚的なずれを隠す

■柱・梁をフレームに見立てる

2つ目は、既存躯体の柱形や梁形を利用して、壁面全体を大きなフレームに見立てるという手法。特に、羊羹《ようかん》型のマンション（RCラーメン構造）では、柱形や梁形が壁や天井の仕上げに納まらずに突出していることが多い。この凹凸を積極的に生かすのである。

図2も例外ではない。もともと2室だったものを1室としたので、並んだ2つの窓はサイズも位置も微妙に違う。そこで、壁面両端の柱形のサイズに合うように梁形の前面をふかし、2つの窓をひとまとめに囲む大きな門形フレームを構築した［＊］。

予算に余裕があれば、ふかし壁の奥行き（約170㎜）を活用して、内窓をつけたい。室内側から既存開口部が見えなくなるほか、アルミサッシと木製のガラス格子戸によって2重窓が実現し、断熱性能も高められる。

［山中祐一郎］

＊：同時に前述したふかし壁の手法でフレーム内の開口のサイズと位置を調整している

サイズと位置が異なる2つの開口部をひとまとめにするため、開口部脇の柱形2つを生かす。柱と梁が同面の納まりでない場合は、梁形を柱形面までふかして、大きな門形フレームを構築する

統一感のない2つの窓の存在感を消すために、内側に木製のガラス格子戸を取り付ける。断熱性能も高まる

POINT 1 フレームをつくる

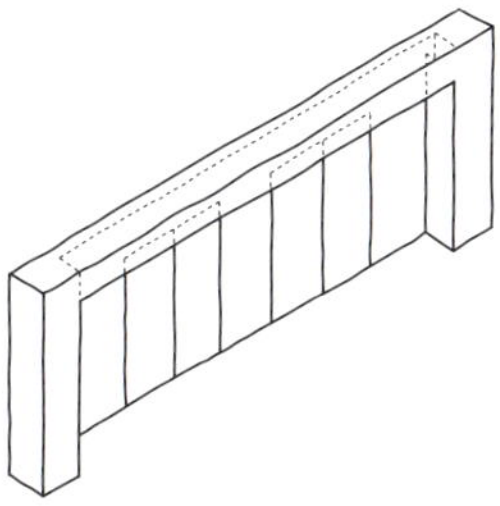

「区画の隅に柱形が露出する」という羊羹型のマンション（RCラーメン構造）の特徴を生かして、あえて大きなフレームをつくる

POINT 2 内窓をつける

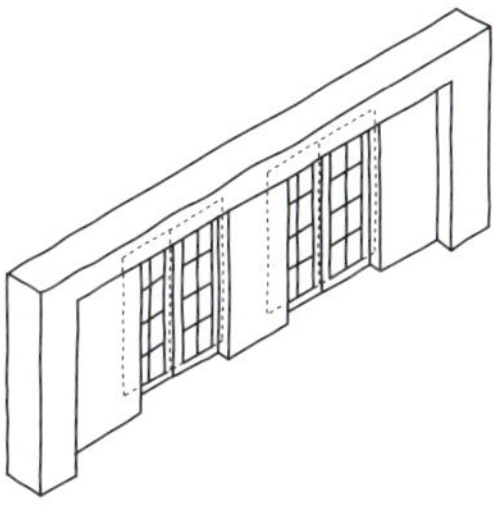

ふかし壁の開口を調整して、プランと整合をとり、素材感の合う内窓をつけると、既存開口部への違和感は消える。断熱性能も高められる

平面［S=1:150］

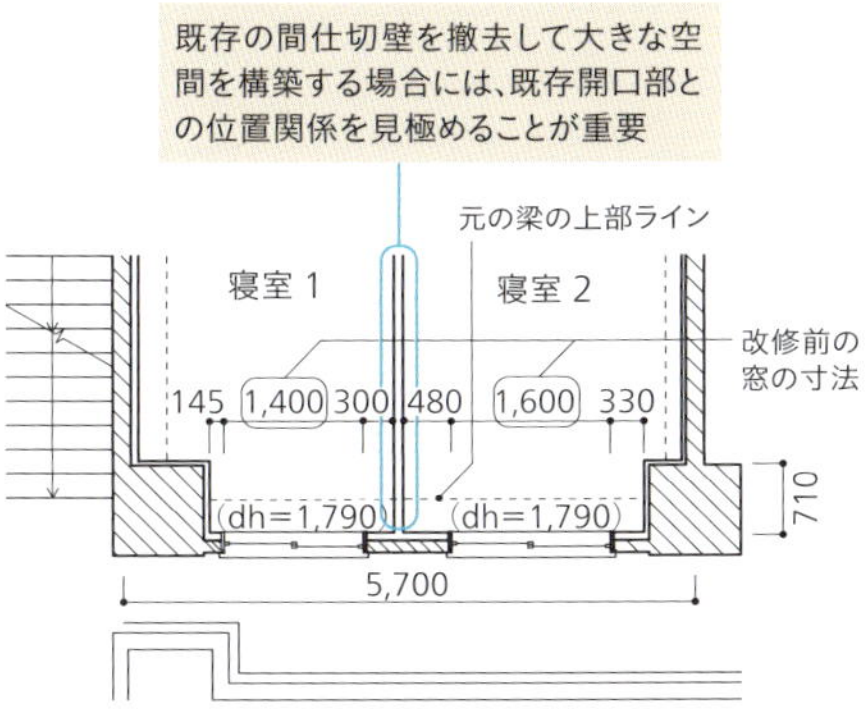

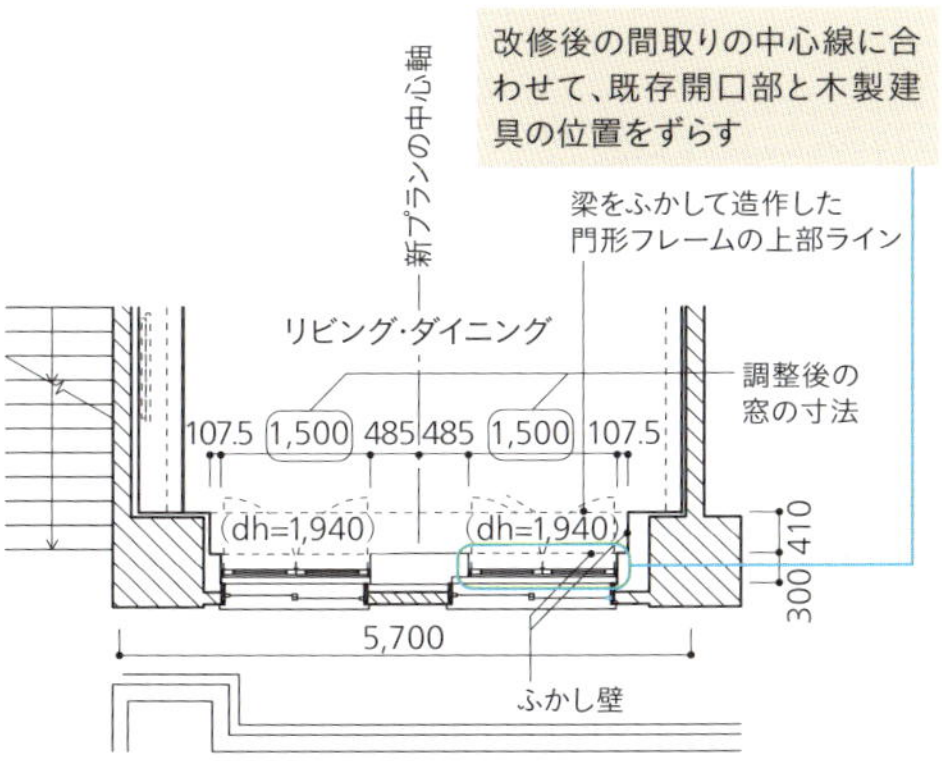

開口部断面図［S=1:100］

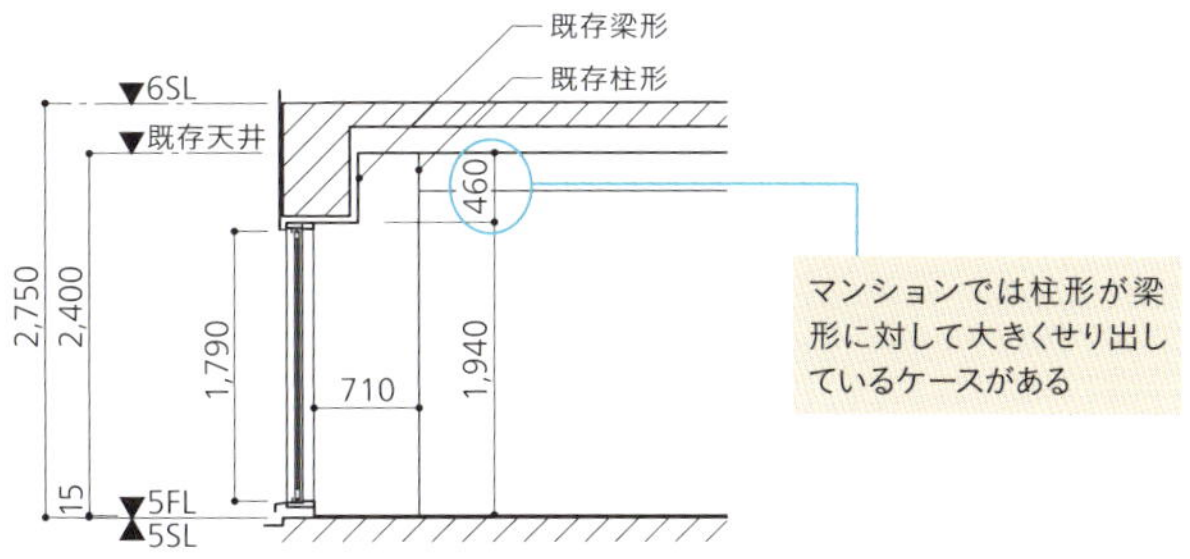

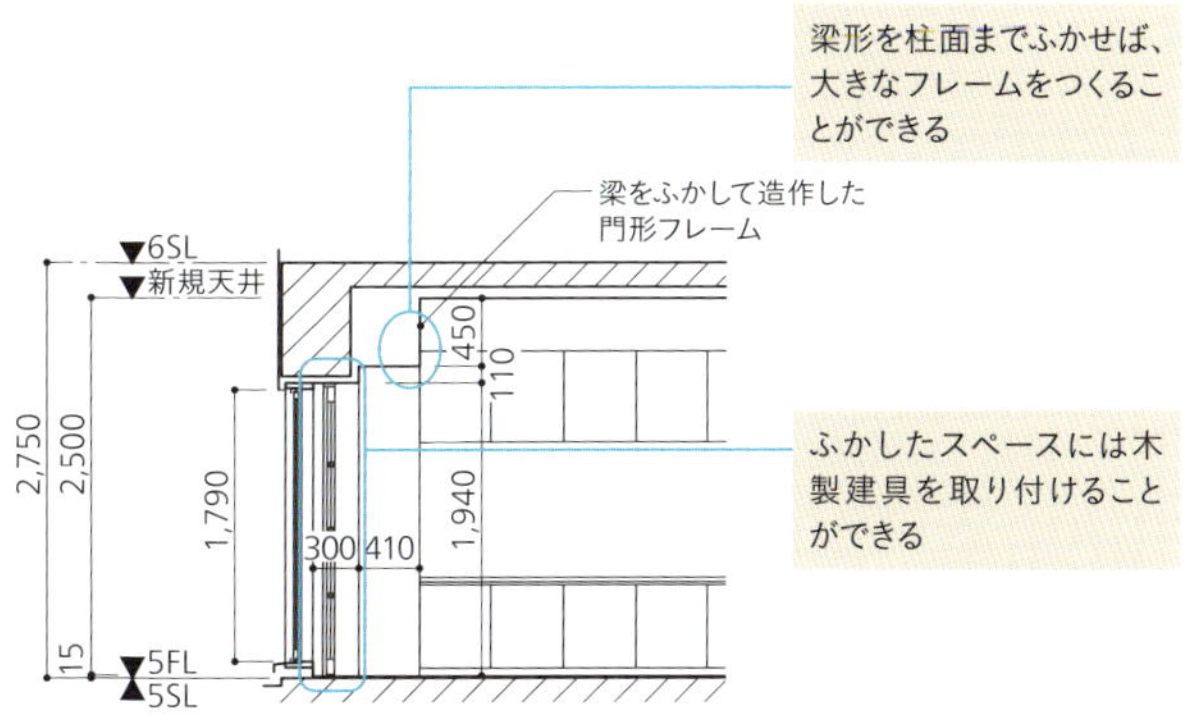

COLUMN

防火シャッターを使えば、どこでも木製建具にできる

木建を実現するには?

防火・準防火地域において、「延焼のおそれのある部分」に該当する開口部では、基本的に木製建具は使用できない。都市部では、開口部が「延焼のおそれのある部分」の範囲外に位置することはまれで、一般的には予算の要請もあり、必然的に網入りガラスの既製品アルミサッシを用いることが多くなる（予算があれば、防火認定の取れた木製サッシを使用するという手法もあるが、サイズや形状の制約は免れない）。

こうした問題を解決する1つの手法として「防火シャッターと木製建具を組み合わせる」という選択がある。写真❶のように、隣地境界ギリギリのところに開口部を計画する場合は防火性能が求められるが、防火シャッターを利用すれば、その内側の建具には防火性能が求められないので、木製建具とすることが可能になる。

2重構造の利点

防火シャッターと木製建具の組み合わせにはどんなメリットがあるのだろうか？ 1つは、すっきりとした納まりが可能であるということ。この建物（生産緑地に面している）のように、3面を緑地に向けて大きく開放できる空間とする場合には、連窓（3面）を計画したくなるが、サイズが限定される枠とセットのサッシ（既製品）では、すっきりとした納まりになりにくい。

その点、防火性能をシャッターで確保すれば、建具枠は、建築工事として家具や壁面と一体感のある納まりにできるほか、防火シャッターに合わせながら、建具の大きさも自由に決められる（防火性能も求められないので、網入りガラスにも、耐熱ガラスにもする必要がない）。

この2重構造にはもう1つの利点がある。防火シャッターには、悪天候から木製建具の弱点を補う役割もあるのだ。多少の隙間がある木製建具には、不完全な気密性能という弱点があり、台風・豪雨時の防水性は必ずしも万全ではない。その点、シャッターを設置すれば、台風・豪雨時にはシャッターを閉めてしまえばよい。防犯面でも大変有効である。

納まり上のポイントは、防火シャッターと木製建具（框戸）という素材感の異なるものの調和を図りながら、室内の天井・床との連続性を高めるために、フラットな納まりを実現するということ。具体的には図で示すとおり。

写真 防火シャッターと木製建具

❶「延焼のおそれのある部分」にある開口部

防火シャッターで防火性能を確保しつつ、普段はその存在感を感じることはない。ガラス框戸を通じて借景を楽しむことができる

❷防火シャッターを閉めた時の状態

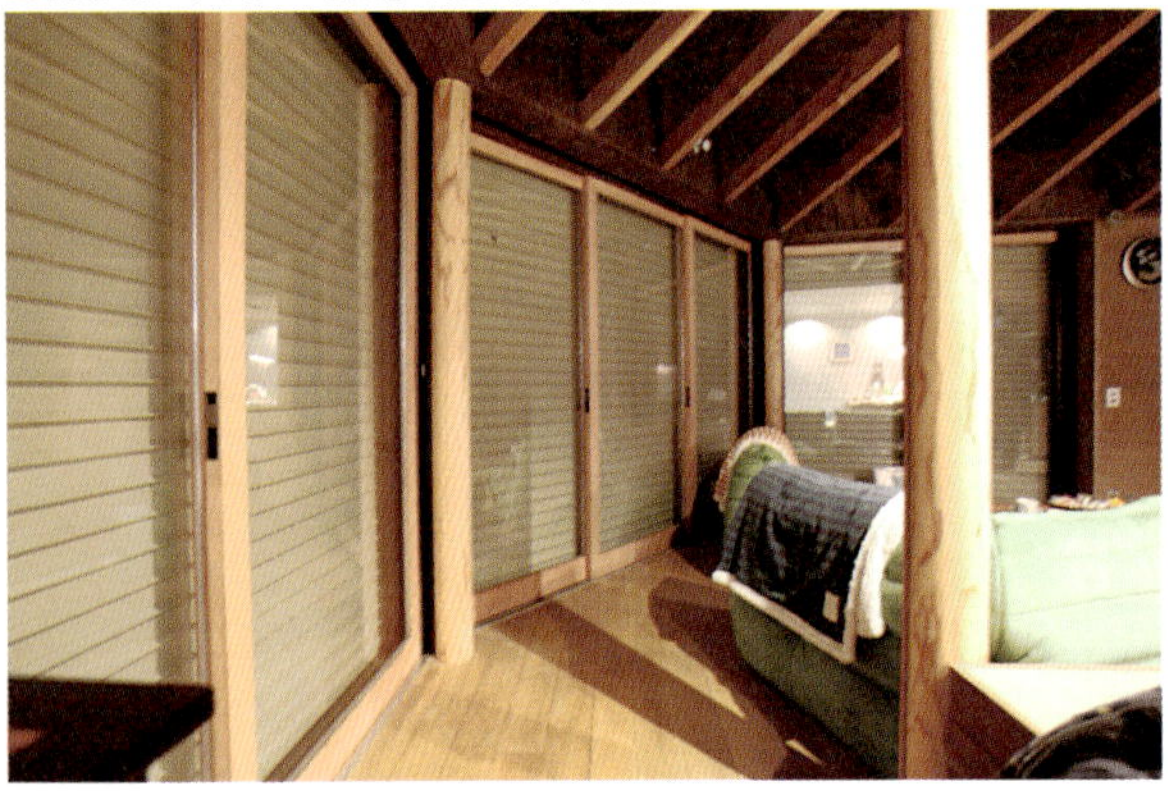

台風・豪雨時などには、防火シャッターを閉めればよい。この建物では「ファイター」（文化シヤッター）を採用

MEMO 文化シヤッターの「ファイター」

店舗・工場・倉庫・戸建住宅など幅広い用途で使用できる軽量防火シャッター。電動タイプと手動タイプがある。特徴は以下の3つ

防火性能と強度	防火設備（旧乙種防火戸）に適合する0.8㎜厚の鋼板製スラットを採用。強度も高い
横長開口部への対応	2間間口（3.65㎜）までなら一連で対応することが可能
高い安全性能	電動タイプの場合は、挟まれ事故を防ぐ障害物感知装置（光電管センサ形式）を標準装備。写真の建物では電動タイプを採用している

図 防火シャッターボックスの隠し方と木製建具（木部）との取合い［S＝1:15］

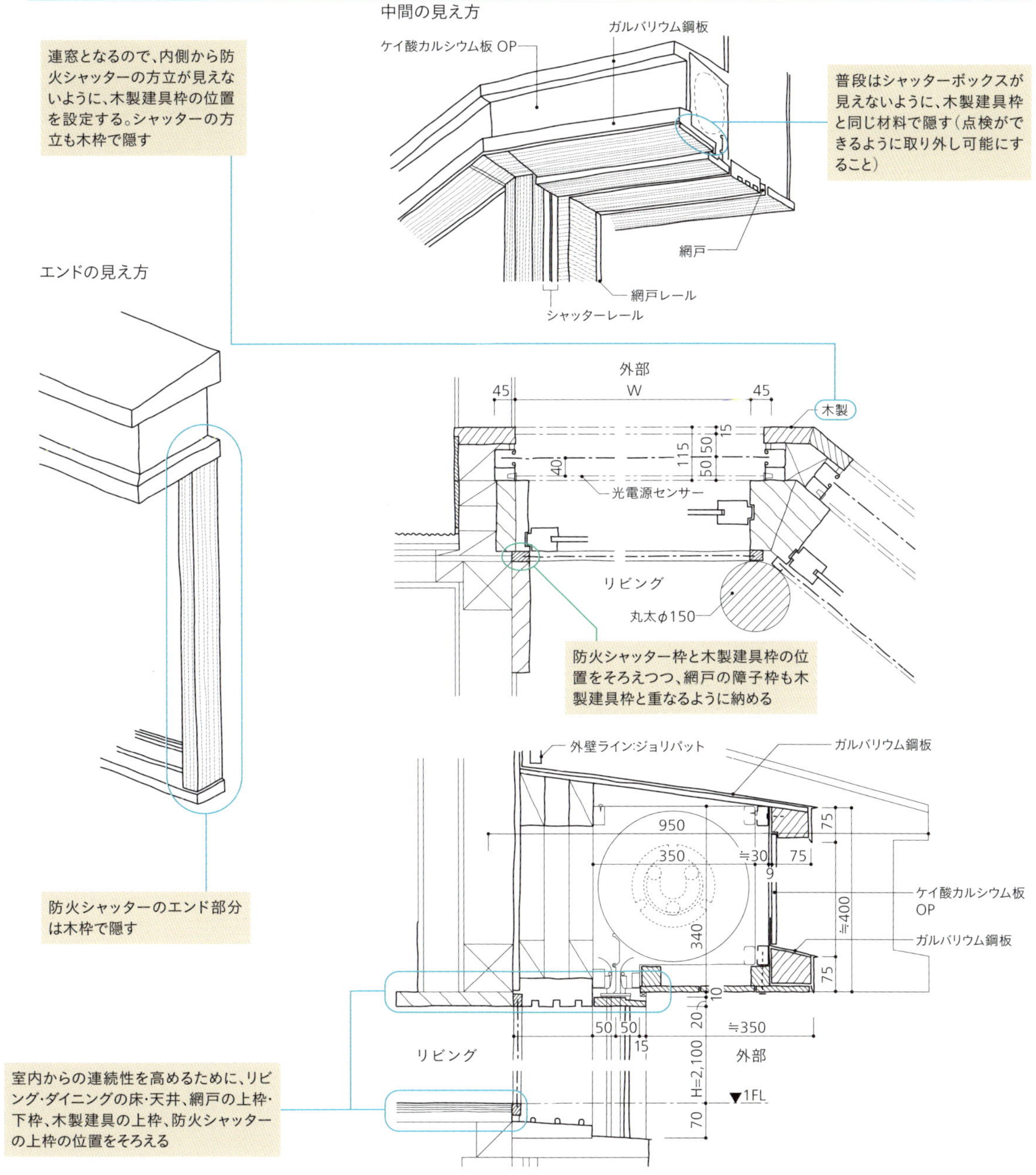

ただし、「防火シャッターの枠やシャッターボックスを木枠で隠す」という手法については、防火性能上必ずしも一般解とは言い切れない部分がある。こうした手法を用いる場合には、建築主や施工者との綿密な打ち合わせはもちろんのこと、確認検査機関や特定行政庁との密な連携も求められるであろう。

既製品で欠点を補う意義

昨今の流れとして、建築を含めたものづくり全般において、性能的な保証・保険を気にするあまり、手づくりのものや昔ながらのものが排除されがちという傾向がある。ここで取り上げた木製建具にしても、木造住宅のムクの構造材にしても、工業製品としての実験やデータを持たないものは、避けられがちである。

確かにそれらは、魅力に満ちているものの、欠点もはらんでいる。が、少しの欠点があるから排除するのではなく、その欠点を既製品（ここでは防火シャッター）で補うという考えも必要ではないか？ そうすれば自由なものづくりの可能性が広がるのではないかと考えている。 ［西久保毅人］

READY MADE PRODUCTS

1

EXTERIOR MATERIAL

RECOMMEMDED

本当に使える［外装］の既製品

金属系サイディング＋窯業系サイディング

ガルスパン［アイジー工業］打ちコンフラット（OPA048188 D）［神島化学工業］

32戸が建ち並ぶ共同住宅。外壁には単一の材料ではなく、2階の外壁をガルバリウム鋼板スパンドレル、1階の外壁を窯業系サイディング（白）にすることで、シンプルななかに、アクセントをつけている。建物のかたち（正方形・長方形・その中間形）ごとに、ガルスパンの色を変えていることもポイント。正方形をライトグレーメタリック、長方形はホワイト、その中間形はシルバーメタリックである。

［納谷学＋納谷新／納谷建築設計事務所］

凹凸のある吹付け仕上げ

ジョリパットアルファ JP-100 小粒ロックS［アイカ工業］

2棟の建物で構成されている重層長屋。2棟の間にある階段室の壁面には、異なる仕上材を採用している。左側の壁仕上げに採用したのは、外装用のアクリル樹脂吹付け仕上げ「ジョリパットアルファJP-100 小粒ロックS」で、表面の凸凹が印象的である。平米単価3,300円（設計価格）と、非常に安い。左側の内壁はAEP（白）。

［古谷野裕一／古谷野裕一建築設計事務所］

防犯性・デザイン性に優れる玄関錠

シリンダー彫込引戸錠（TRシリンダー）・沈み型サムターン［堀商店］

ピッキングが極めて難しい「トライデント・シリンダーキー」（鍵穴の部分に3列のピンが並び、その凹凸で鍵の刻みの凹凸を検知する仕組み）を採用した玄関錠。見た目も美しい。写真の例では、網戸を玄関扉の内側に設置するために、サムターンが扉とほぼ同一面に納められる「沈み型サムターン」を採用している。レバーハンドルも同じく堀商店の「LAR」。素材はSUSヘアラインで、曲面的なデザインが印象的。

［木村智彦／グラムデザイン一級建築士事務所］

写真（左下）：西川公朗

不燃ボードでつくる外壁

三菱フレキシブルボードN

［三菱マテリアル建材］

防火・準防火地域においては、外壁に防水性能だけでなく、防火性能も求められる。「三菱フレキシブルボードN」はこうした性能を満たす外壁下地材料。セメントと補強繊維を原料として高圧プレスで成形されたその表面は、フラットな質感が魅力で、仕上げ材としても価値がある。写真の建物では、フレキシブルボードをVPで塗装し、意匠的な理由でステンレスビス留めを行った。仕上げを省略しているので、大幅なコストダウンが可能になった。

［井上洋介／井上洋介建築研究所］

表情が豊かで耐久性の高い外壁材

スーパー白洲《しらす》そとん壁W

［高千穂シラス］

シラスと呼ばれる火山灰を原料とした外壁材。防水性能や透湿性能に優れるだけでなく、左官仕上げのような風合いが得られる。「W-121」を採用したこの建物では、スチロゴテ仕上げとした。手前に見えるのは「bobi」（セキスイエクステリア）。

［直井克敏＋直井徳子／直井建築設計事務所］

カラフルな玄関ポスト

bobi［セキスイエクステリア］

ビビッドなカラーが特徴で、色の選択肢が多いポスト。玄関のデザインにアクセントをつけられる。間口が狭く、ビルトインタイプのポストが玄関に付けられない住宅では、非常に重宝するアイテム。

［関本竜太／リオタデザイン］

READY MADE PRODUCTS
2
UTILITY MATERIALS
水廻り編

既製品活用上の心得

水廻りで既製品を採用する機会が多いのは、システムキッチンとシステムバスであろう。外装と同様、コスト・施工性も重要なファクターであるが、空間としてのトータルなデザインや機能性（使い勝手）が大きなテーマとなる。

文＝中西ヒロツグ
（イン・ハウス建築計画）

写真 既製キッチンを使うときの3つのテクニック

❶収納の面材に内装デザインを合わせる

背面収納の面材（「クラッソ・カフェブラウン」TOTO）の色に、露しとした梁の色を合わせた（「オスモカラー」［オスモ＆エーデルコ］）のウッドワックス・チーク）。リビング・ダイニングからキッチンを見たときにテイストのばらつきがない

❷見えなくなれば中は自由

キッチンがリビング・ダイニングから見えなくなれば、内部の面材や色は自由に選択することができる

❸隠して収納スペースを確保する

キッチンを腰壁で隠すだけでは物足りない。ふかし壁のスペースを有効に活用し、手前側を食器収納としてもよい

■機能や防水は既製品に任せる

水廻りで既製品を採用するメリットは、「性能」「コスト」「施工性」だけではない。日常的に人が接する部分なので、「デザイン」と「機能性（使い勝手）」も大きな意味をもつ。

その点、システムキッチンやシステムバスは、専業メーカーが商品開発しているので、優れた機能をもつものが少なくない。特注（造作）でも同様の機能を実現できなくはないが、コスト面では、既製品のメリットには到底敵わない。予算に応じてフレキシブルに対応すべきだ。

■システムキッチンの生かし方

システムキッチンは「見せる」か「隠す」かによって、デザインのアプローチが異なる。

まずは「見せる」について。見せ方には内装として扱う方法と、家具として扱う方法がある。面材の種類やデザインの選択肢が限られているシステムキッチンでは、適当なものが見つからないケースも多い。そこで逆に、システムキッチンに合わせてインテリアの色彩やデザインを調整すれば、トータルコーディネートが可能となる［写真❶・48頁参照］。一方、アイランドキッチンのように

図1 フルユニットバス·ハーフユニットバスの使い分け

浴室はシステムバスが基本。在来浴室に比べて防水性能やメンテナンス性に優れている。

デザインにこだわる場合や、下の❷aの条件にあてはまる場合などには、ハーフユニットバスを積極的に採用するとよい

❶フルユニットバスとハーフユニットバスの比較

フルユニットバス	性能が高く、価格レンジも幅広い。デザインの自由度に欠けるものの、❷aのような工夫は可能である。メーカーも多く、製品の選択肢が多いのも特徴（高価になってしまうが、オーダーユニットバスという手もある）
ハーフユニットバス	性能、価格、デザインのバランスが取れたアイテム。壁・天井の仕上げは自由。ただし、現状ではメーカーの数が限られており、製品の選択肢があまり多いとはいえない

❷フルユニットバスの弱点（ハーフユニットバスの強み）

a：枠なしの全面開口はできない

ハーフユニットにすれば

フルユニットバスの場合

アタッチメントを用いて全面開口を設けることは可能だが、周囲に枠が必要で、鏡や水栓に干渉する位置や浴槽のすぐ上には開口部を設けられない

ハーフユニットバスの場合

開口部の位置や形状が自由。開口部と連続するように鏡を納めれば一体感が生まれ、浴室に広がりをもたらすこともできる

b：天井に勾配がある場合は使えない

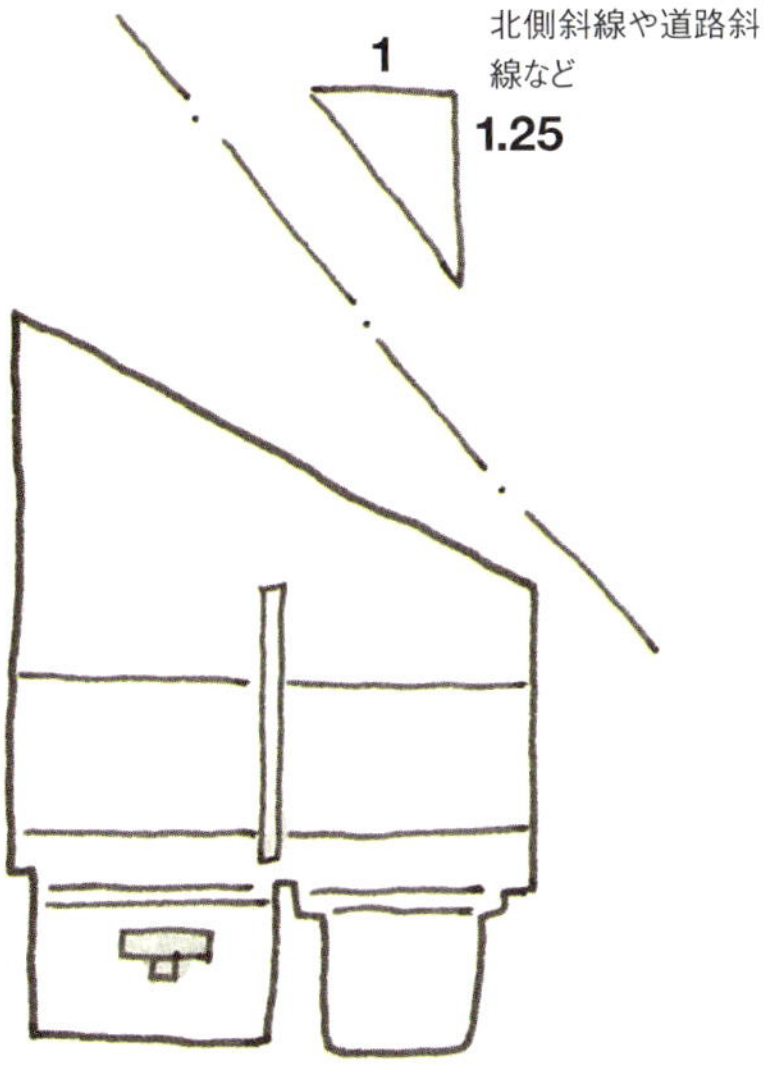

住宅密集地において、高さ制限（主に道路斜線や北側斜線など）がかかり、勾配天井となる場合は、上層階にフルユニットバスを設置できないケースがある

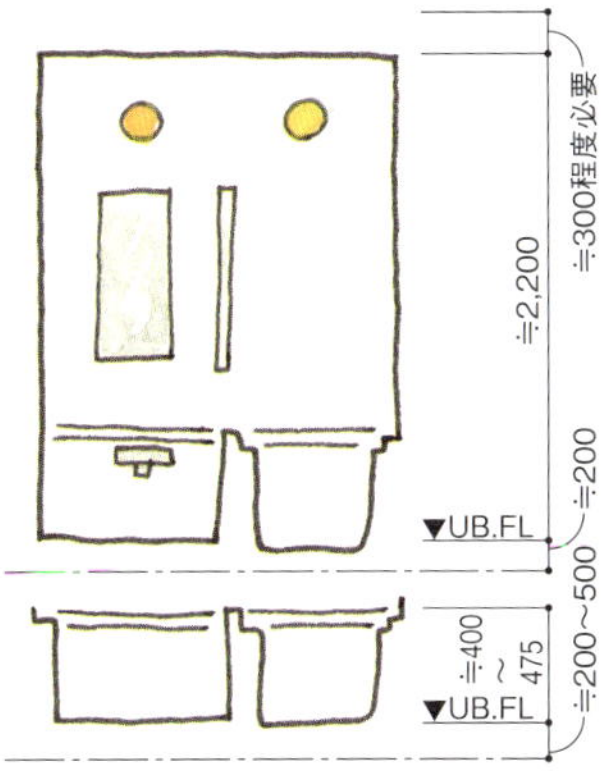

フルユニットバス
一般的なシステムバスの天井高は2,100～2,200㎜程度で、据付けに必要なクリアランスは250～300㎜程度。天井まで含めて浴室全体をシステム化しているので、勾配天井には対応できない

ハーフユニットバス
浴槽と洗い場のみなので、どのような天井のデザインにも対応できる。通常は1階への設置を想定しているので、設置高さがやや高めだが、「ハーフバス08」（TOTO）は、フルユニットバスと同等の210㎜

MEMO｜道路斜線と北側斜線

❶**道路斜線（法56条1項1号）**…道路からの斜線により建築物の高さを制限する規制。前面道路の反対側からの斜線勾配に適合するように、建物の形状を決める

❷**北側斜線（法56条1項3号）**…北側隣地の日照を確保するための高さ制限。隣地境界線または前面道路の反対側の地盤面より5m（10m）高い位置から斜線勾配がかかるので、建物の形状はそれに合わせる

図2 ハーフユニットの納まりはタイル張りと羽目板張りで分けて考える

ハーフユニットバスのデザイン手法は「タイル張り」と「羽目板張り」に大別される。浴槽からの防水処理の考え方は共通（壁下地に防水シートを張り巡らせる）。異なるのは、ユニットバスと壁との取合いの納まりである。羽目板張りの場合はカビ対策などのメンテナンスも考慮しなくてはならない［52頁参照］

A：タイル張りの場合

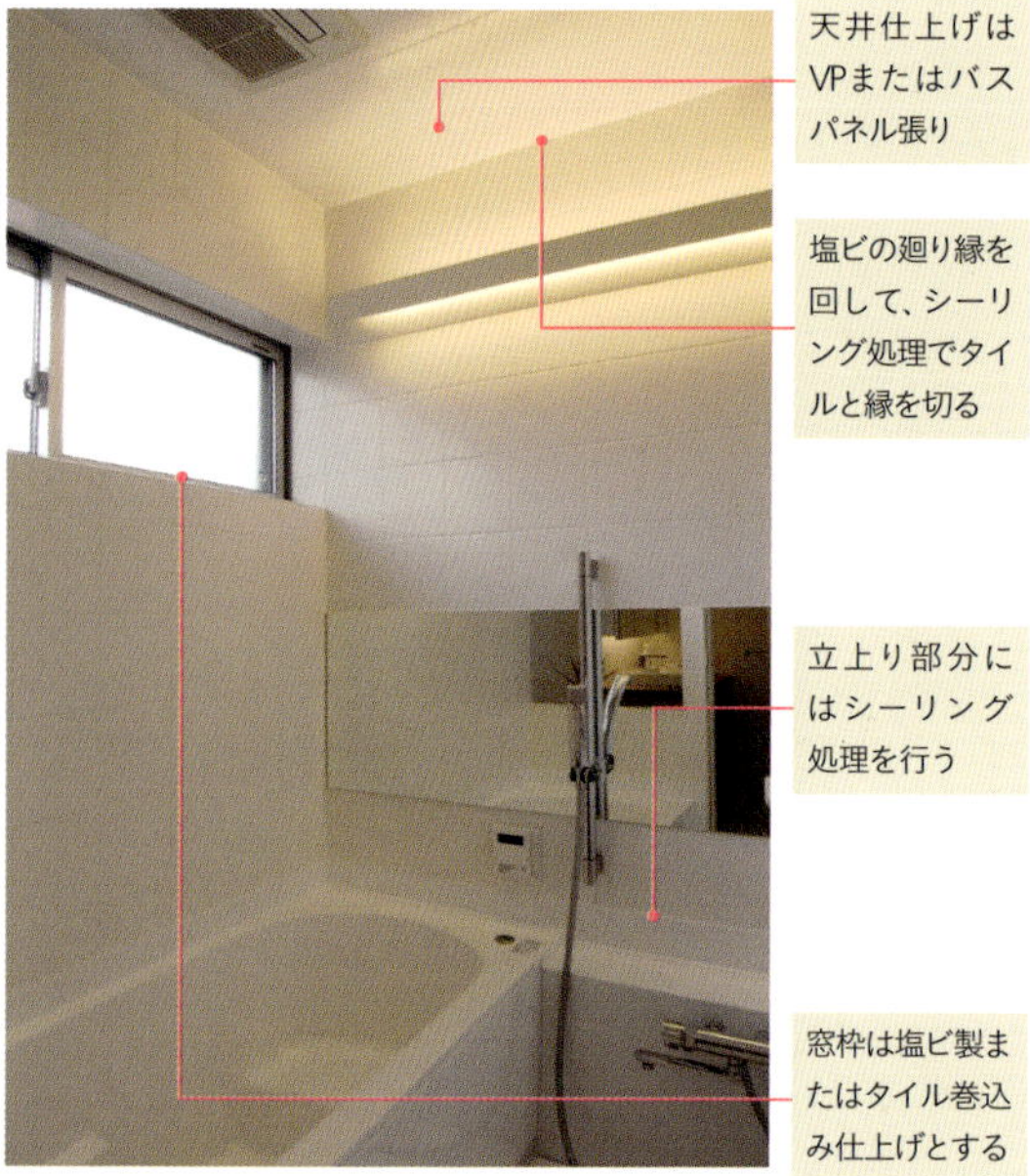

天井仕上げはVPまたはバスパネル張り
塩ビの廻り縁を回して、シーリング処理でタイルと縁を切る
立上り部分にはシーリング処理を行う
窓枠は塩ビ製またはタイル巻込み仕上げとする

B：羽目板張りの場合

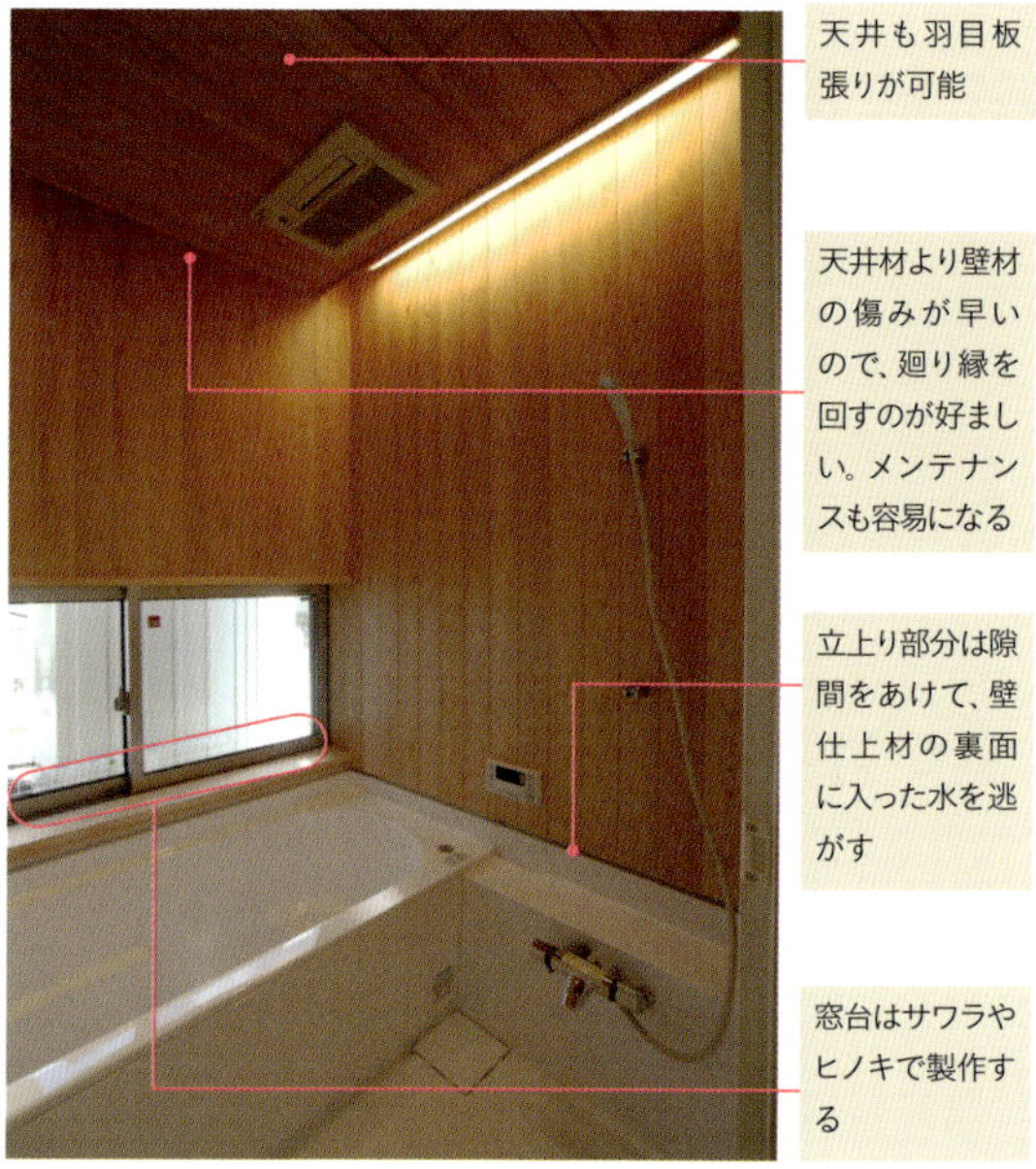

天井も羽目板張りが可能
天井材より壁材の傷みが早いので、廻り縁を回すのが好ましい。メンテナンスも容易になる
立上り部分は隙間をあけて、壁仕上材の裏面に入った水を逃がす
窓台はサワラやヒノキで製作する

独立性の高いアイテムの場合は、家具として扱い、内装全体とまったく異なる色・素材とする方法もある。

「隠す」については、独立型のキッチンにして、リビング・ダイニングから見えなくする手法や、壁面に設けたキッチンスペースを間仕切戸などでクローズする手法がある。いずれも使用時にしか見えないため、システムキッチンが空間全体のイメージにそぐわなくても、あまり影響はないだろう［40頁写真②］。

また、対面型キッチンなどの場合は、腰壁を設けてシステムキッチンを隠すという方法もある。このとき腰壁を印象的なカウンターや収納スペースなどとして活用すれば、より効果的なインテリアのアクセントとして利用することができる［40頁写真③］。

■勾配天井ではハーフユニット

システムバスには、フルユニットバスと、浴槽・洗い場だけのハーフユニットバスという選択肢がある［40頁図1①］。フルユニットバスはデザインの余地がないと思われがちだが、壁のアクセントパネルなどで変化をつけられるほか、開口部の設置も可能である。ただし、開口部を設けられるのは、鏡や水栓に干渉しない位置に限られるうえ、浴槽ギリギリには開口部を設置できないため、和の浴室のように重心が低く趣のある窓を設けるのは難しい。

一方、浴槽と洗い場のみのハーフユニットバスは、壁・天井を現場でつくるため、開口部の位置や形状を自由に設定できる。室内の壁一面に横長の鏡を設け、開口部と取り合うように納めれば、鏡の反射効果で浴室をより広く感じさせられる［41頁図1②a］。

ハーフユニットバスには、フルユニットバスの弱点を補うもう1つの特徴がある。それは、天井形状を自由にデザインできることだ［41頁図1②b］。ユニットバスを上階に設置する場合、フルユニットバスは高さ制限など（たとえば道路斜線と北側斜線）で納まらないケースもある。その点、浴槽までの高さとなるハーフユニットバスであれば、勾配天井とすることで、限られたスペースに設置することが可能となる。

ハーフユニットバスのデザイン手法には、壁仕上げを石材やタイル張りとする方法と、羽目板張りとする方法などがある［図2］。いずれも腰から上は在来工法となるため、下地に防水シートを張りめぐらせて、確実に防水処理を施す必要がある［50〜52頁参照］。ただし、浴槽立上り部分など、納め方が異なるので注意が必要だ。

安価なシステムキッチンでつくる「造作」キッチン

FAKTUM
［IKEA］

安価で部分的に購入できるシステムキッチン。入手方法も合理的

立上りのスペースは収納として有効に活用したい［44頁図・045頁写真❸参照］

リビング・ダイニングと一体化させる場合には、背面収納端部のメラミンが見えてしまうので、面材で隠す［45頁写真❷参照］

表 3種類の「FAKTUM」

名称	使用場所
ベースキャビネット	キッチンカウンター下部
ウォールキャビネット	通常は壁の上部に使用するが、下部に使用することも可能
ハイキャビネット	パントリー

■部分購入できる「FAKTUM」

キッチンのすべてを造作で対応するのはコストがかかって難しい。その点、既製品のキッチンには、価格や機能面での優位性がある。ならば、〝目に見えない部分〟は安価な既製品で済ませ、〝目に見える部分〟だけを造作建具などで対応すれば、コストパフォーマンスはかなり向上する。

こうした手法を可能にするのが、既製品のユニットを利用するという考え方だ。システムキッチンの多くは、部分的に購入することができないが、「FAKTUM」はキッチンキャビネット内部の箱形ユニットのみを購入できるので、造作の天板・扉などと組み合わせられる。

発注もスムーズに行える。以前は、ユニットなどを直接購入するにはIKEAまで足を運ばなければならなかった。また、前金で支払う必要があったため、施工者に面倒がられた。しかし、最近は、IKEAのビジネスアカウントを持てば、キッチンユニット・部品の発注が行えるようになっている。支払いも請求書が届いてからでよく、ずいぶんと扱いやすい。

「FAKTUM」の基本情報は以下のとおり。箱形ユニットはホワイトメラミン仕上げのパーティクルボード（18㎜厚）を使用、素人でも組み立て可能な簡素な仕組みである。価格も安い。ウォールキャビネットの幅60×高さ70㎝で、扉を除けば4千500円。取手なども、ステンレスのDハンドル「ATTEST」は2個で360円だ。

■アクセサリーを有効に使う

「FAKTUM」の使いこなし方を解説したい。具体的には、❶機能性を重視する〝見えない部分〟のデザイン、❷意匠性を重視する〝見える部分〟のデザインに分けて考える。

❶については、寸法体系を含めて「FAKTUM」の特徴を理解することが重要である。「FAKTUM」はカウンター下の設置高さ70㎝、奥行き60㎝と37㎝のベースキャビネット（床置き）が基本。奥行き37㎝（扉を含む）、高さ70㎝・92㎝とバリエーションがあるウォールキャビネット（壁掛け）、パントリーなどに使える奥行き60㎝のハイキャビネット、の3種類がある。

幅は、それぞれのユニットにさまざまなバリエーションがあり、ベースキャビネットであれば、スタンダードな60㎝や幅の広い80㎝、120㎝、調味料収納用の15㎝、そのほか30㎝、40㎝などがラ

図 IKEAの製品を利用した「造作」キッチンの中身［S＝1:30］

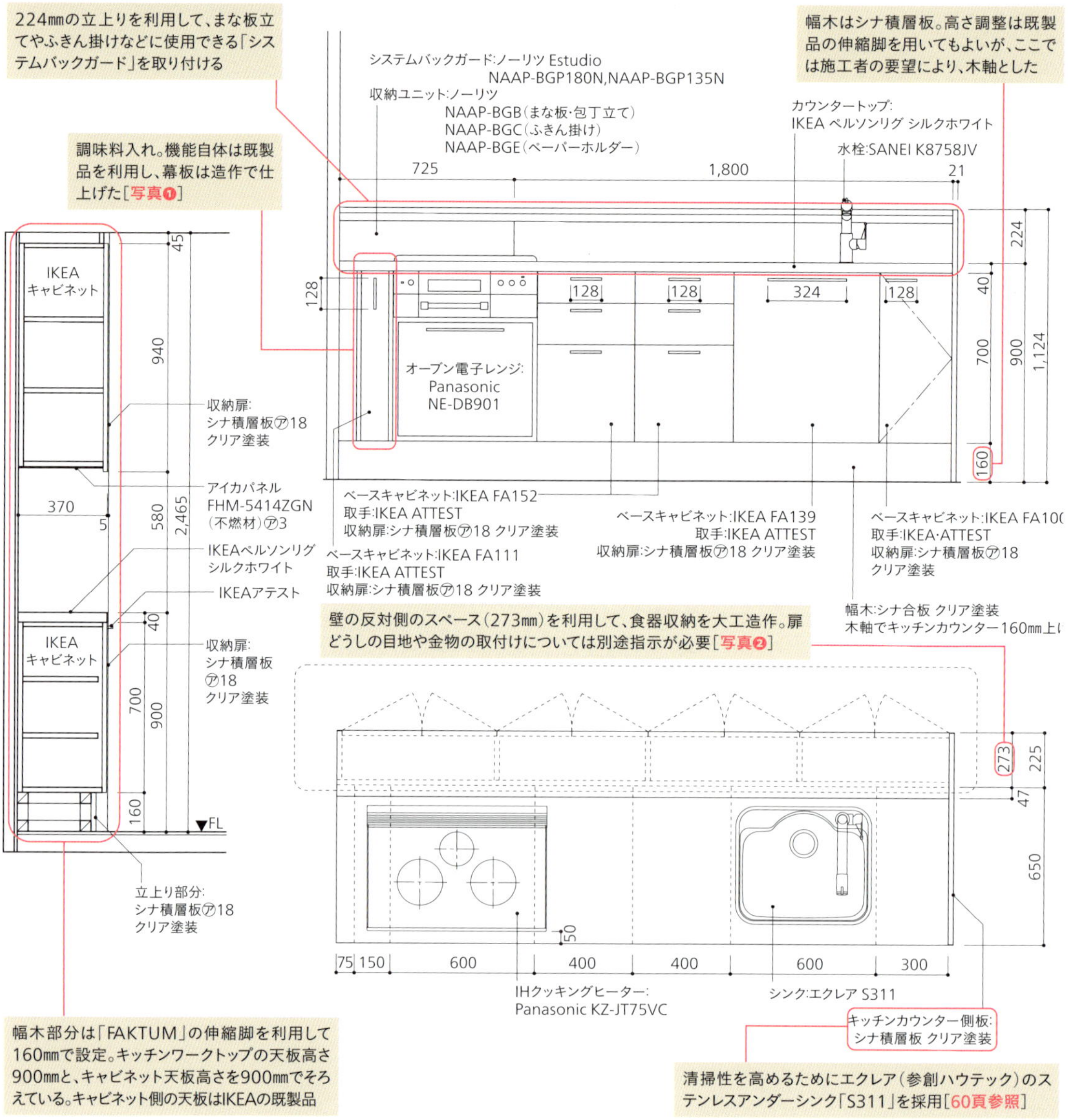

インアップされている（コーナーに対応したコーナーキャビネットもある）。

ベースキャビネットには、開き戸だけでなく、引出しがあるのが特徴。キャビネットの内側を収納アクセサリー「RATIONELL」で整えれば、カトラリー（刃物）などの仕分けもしやすく便利である。さらには、引出し式のワイヤーバスケット、可動棚などもラインアップされており、造作でつくれば高くついてしまう仕様を、割安に実現できる（「ベースキャビネット 引出し3段付 ネクスバーチ材突き板」の定価2万3千400円に対し、造作の場合は約6万～7万円程度）［写真❶］。

■高さ寸法の細やかな調整

❷については、「FAKTUM」に合わせながら周囲をデザインすること、と言い換えられる。まず、「FAKTUM」は高さが自由に調整できるという点に注目したい。ベースキャビネットの伸縮脚は高さ10～13.7㎝および高さ14.5～18.5㎝のものがあり、脚には蹴込み板を設置できる。

ベースキャビネットの下をオープンにできるステンレスやアルミの脚（高さ）もある。こうした機能をうまく利用すれば、空間全体のデザインと調整しやすい。通常は壁の上部に使用する「FAKTUM」のウォールキャビネットについて、壁の下部にも設ける場合には伸縮脚を使用する。木軸で高さを調整しても構わない［図］。

ワークトップについては、プレカットの規定寸法を目安とする。規定寸法は奥行き66・4cmに対して、長さは126cm、186cm、276cmの3種類。素材はムクの集成材（オークとビーチ）、メラミン仕上げ、人造大理石、ステンレスなどの種類がある。価格は通常の製作のカウンターに比べて少し安いぐらいなので、製作としてもよいだろう（目安としてオークの幅126×奥行き66・4cmでは1万7千500円）。

■収納を意識して隠す

最近は、キッチンとリビング・ダイニングを一体化する間取りが増えているので、リビング・ダイニングから見えるキッチン小口の処理には、細心の注意を払う。まずはデザインを合わせることが重要。ベースキャビネットの箱形は白いので、側面や下部を面材と同じ素材で覆うとよい［写真❷］。

ただし、ただ隠すだけでは芸がない。既製品のシステムキッチンでは、カウンターの手元を隠すようにすることが多いが、カウンターの反対側に生じる立上りのスペースを生かすことが重要である。食器が入るスペースは確保できても奥行きはあまりとれない（200mm程度）ので、ここは大工が扱いやすいシナ合板などの素材を用いて造作で対応するのが賢明であろう［写真❸］。

一方、キッチンカウンター側では、カウンターの高さから20cmほど立ち上げ、その高さを利用してすべてノーリツの「**システムバックガード**」を設置すると便利である。まな板立て、ふきん掛け、洗剤置きなどのオプション部品をレールに設置できる。

［小山光］

写真 IKEAの製品と造作部分の取合い

❶調味料入れと幕板

高機能な引出し式の「FA152」にシナ積層板の幕板を張り付けた（取手はFA152を流用）

❷小口は面材で隠す

背面収納の小口をシナ積層板で隠している。ウォールキャビネットにビスで固定

❸立上りは両面とも収納に生かす

キッチンを隠すための壁によって生まれるスペースは、収納として生かす。手前側は奥行き273mmの食器収納

注目 キッチンユニットをテーブルの脚として使う

「FAKTUM」のウォールキャビネット（高さ70cmのもの）はオフィスでも活用可能。高さが70cmなので、天板を上に置けばデスクの脚として利用できる。A4判のファイルを2段入れるのにちょうどよい高さである

視界を遮る垂壁は透明にすればいい

ガラスを上部で吊っているので、底目地納まりが可能になる

一般的な防煙垂壁に見られる隠し方立はなく、シーリングのみが見える

オープンキッチンで、リビング・ダイニングとの一体感を演出するために、ガラスの防煙垂壁(たけは50㎝)で区画する

MEMO | **プレートワイヤーガラス**

線入りガラス。防煙垂壁などで使用される。「プロテックス」(旭硝子)、「パラライン」(セントラル硝子)、「ユニワイヤー」(日本板硝子)などがある。防火設備については現在、網入りガラスしか認められなくなったが、昭和58年までは乙防(防火設備)のガラスとして一般的であった

■ 不燃ガラスを垂壁に使う

住宅のキッチンが最上階以外にある場合は、火気使用室として内装制限の対象となり、内装の準不燃化が必要になる[図1]。独立キッチンであればキッチンの壁・天井を準不燃化すればよいが、オープンキッチンやセミオープンキッチンの場合にはそうはいかない。

リビング・ダイニングとの一体空間を実現するためには、❶不燃材による50㎝以上の垂壁を設けて区画した範囲を準不燃化する、そうでなければ❷1室全体を準不燃化する、のいずれかを選択することになる。

ここで❷を選択すると、吹抜けやスキップフロアなども内装制限の対象になるので、連続する空間も結果的に同様の扱いとなり、建築全体に対象が及んでしまう。したがって❶を選択することが多くなるのだが、単に不燃材料の垂壁で覆ってしまうと、キッチンとリビング・ダイニングの一体感が損なわれてしまう。

そこで、ガラスの防煙垂壁をモチーフに、既製品の線入りガラスを垂壁に利用する[図2❶]。垂壁が透明になるので、ダイニングやリビングとキッチンを視覚的に一体化しつつ、キッチンとリビング・ダイニングを区画することができる。

図1 火気使用室における内装制限

住宅の火気使用室(ガスコンロの場合)で、階数≧2の建築物の最上階以外の階は、内装制限の対象となる。壁・天井の仕上げを準不燃材料仕上げ以上としなければならない。一般的にはコンロの近くに不燃材の垂壁を設けるケースが多い

❶不燃材の垂壁で内装制限の範囲を限定する

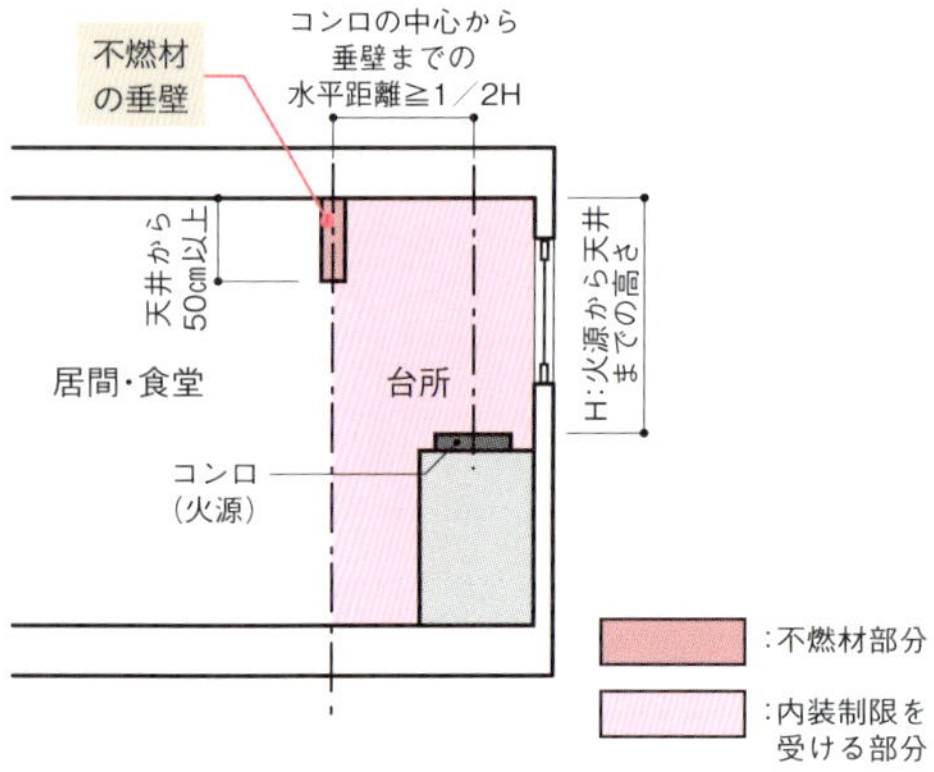

❷内装制限における緩和規定

IHクッキングヒーター(電磁誘導加熱式調理機)は、加熱・調理に火気を使用しないことから、内装制限はかからない[注1]。また、平12建告1439号[注2]や、平21国交告225号[注3]による緩和規定もあり、この規定に準ずるのであれば、内装デザインの自由度は上がる

注1:消防法および火災予防条例などにより、調理器と周囲との離隔距離などについて規制があるので注意を要する | 注2:平12建告1439号を受けての取扱い(内装制限における柱・はりなどの取扱い)において、火気使用室の壁・天井見付け面積の1／10以内であれば、柱や梁は露出してもよい(「建築物の防火避難規定の解説2005」/日本建築行政会議)。ただし「(第6版)のアフターフォロー」において、柱・梁の見付け面積は3面で計算するように求めている | 注3:戸建住宅の火気使用室(コンロ、固定式ストーブ、壁付け暖炉など)については、火源から一定の範囲内の内装を強化すれば、室全体の内装制限は緩和される

図2 防煙垂壁をすっきりと納める方法

❶防煙垂壁とは？

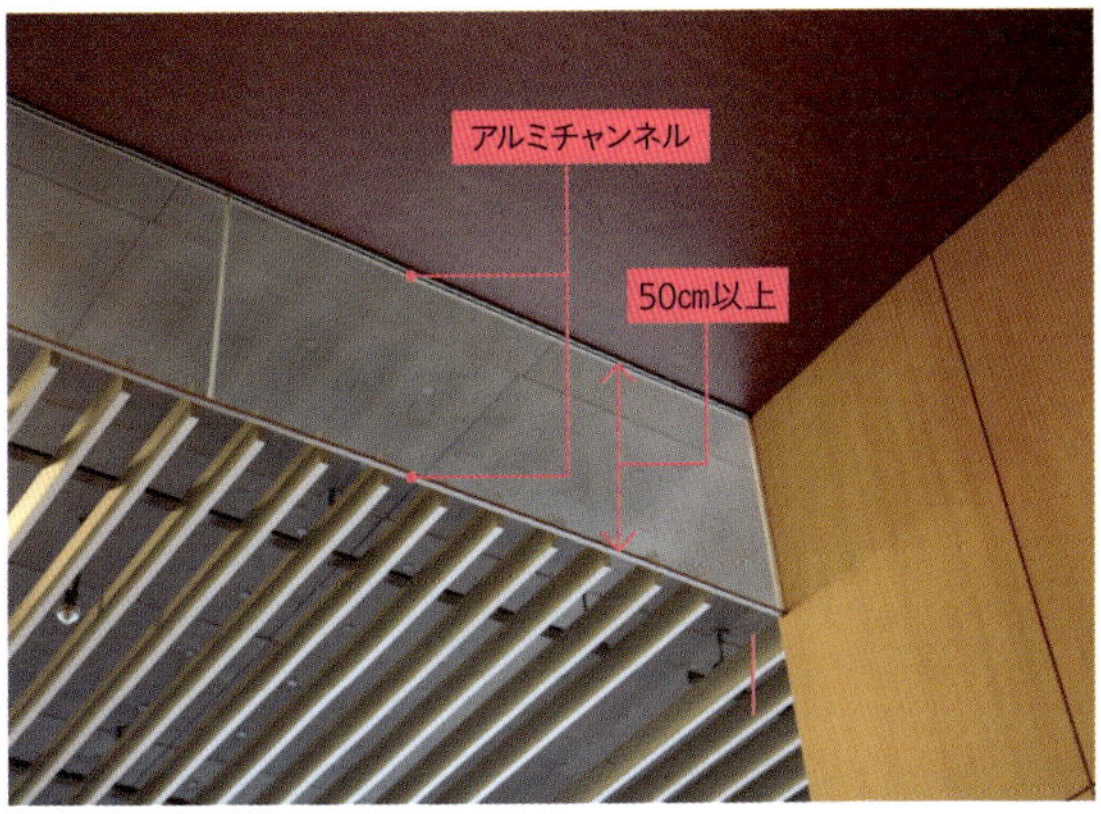
アルミチャンネル
50cm以上

延べ面積が500㎡を超える商業施設などでは、不燃性能のあるガラス（線入りまたは網入りガラス）の防煙垂壁を天井面から50cm以上垂らすように取り付ける。ガラスなので視界は遮らない。不燃性能を備えているので、火気使用室の垂壁にも応用が可能

❷垂壁の一般的な納まり（チャンネル露出）［S＝1：3］

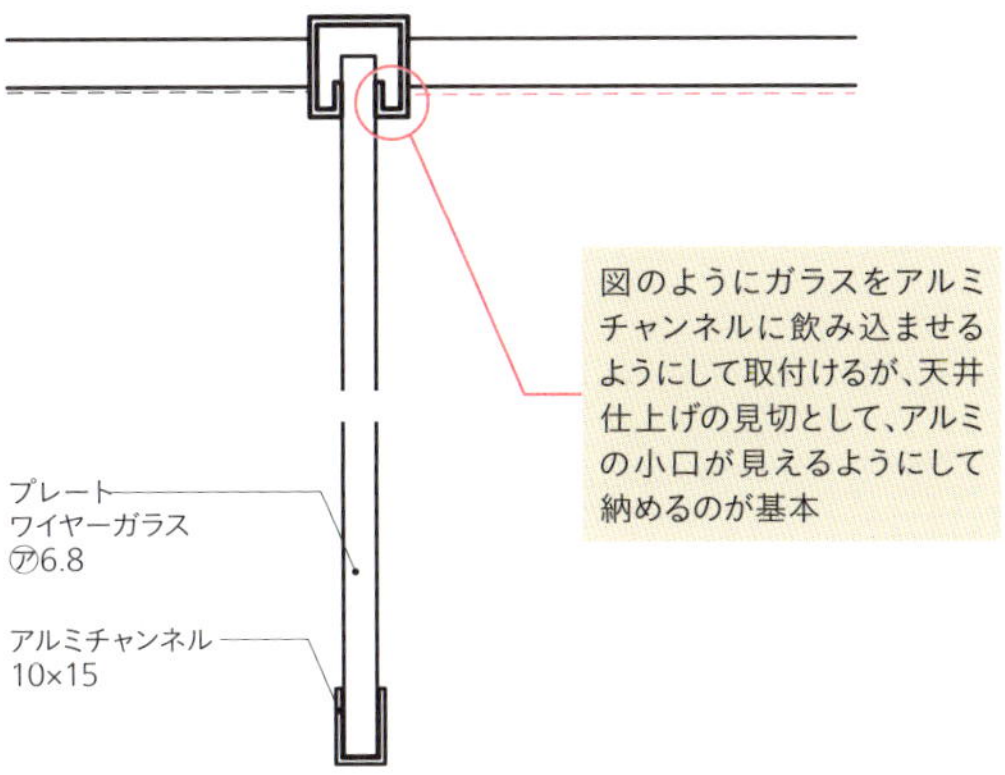
図のようにガラスをアルミチャンネルに飲み込ませるようにして取付けるが、天井仕上げの見切として、アルミの小口が見えるようにして納めるのが基本
プレート
ワイヤーガラス
㋐6.8
アルミチャンネル
10×15

❸チャネルを見せずに底目地で納める［S＝1：3］

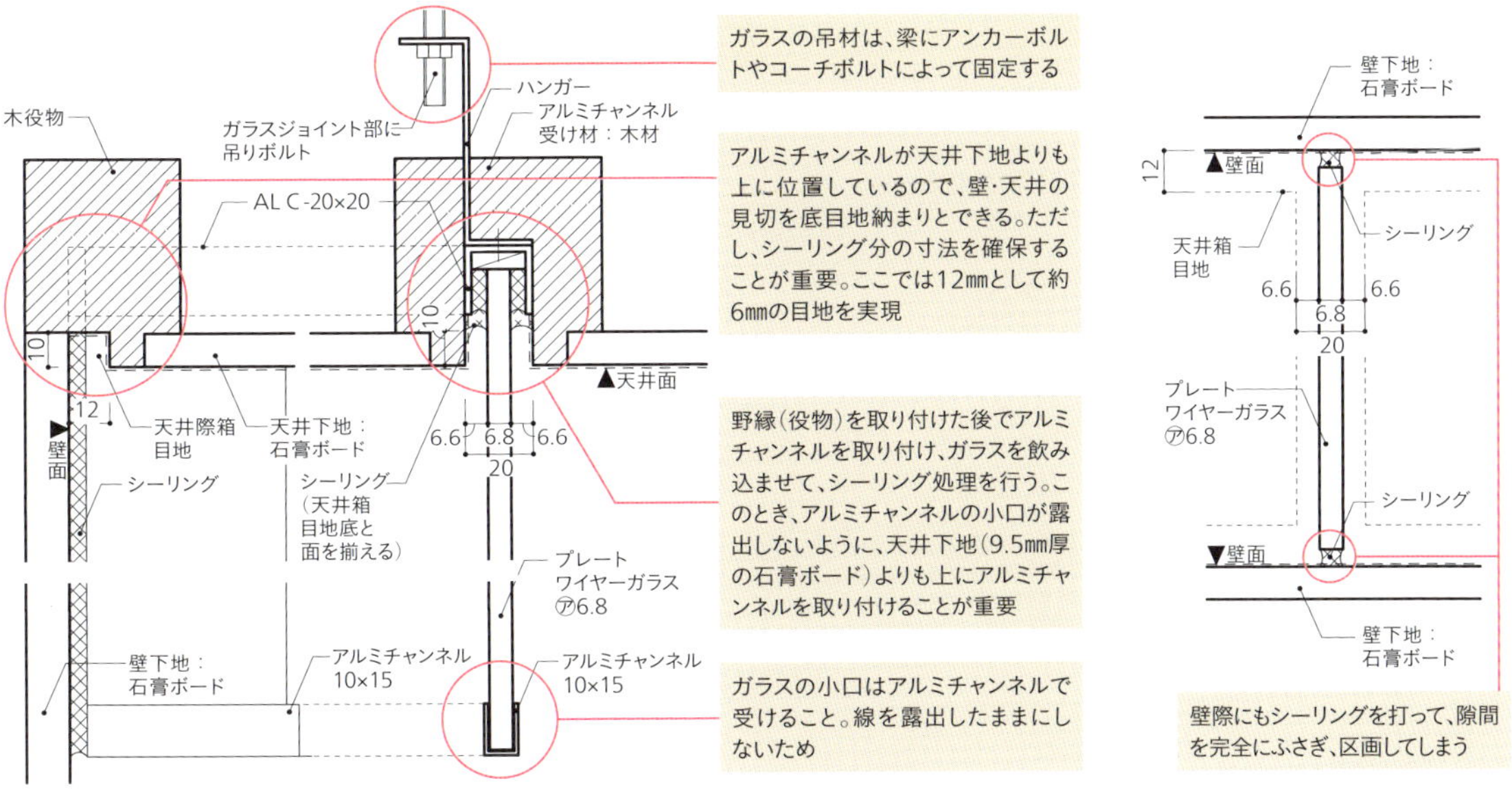
ガラスの吊材は、梁にアンカーボルトやコーチボルトによって固定する
ハンガー
アルミチャンネル
受け材：木材
木役物
ガラスジョイント部に
吊りボルト
AL C-20×20
10
10
12
▲壁面
天井際箱
目地
天井下地：
石膏ボード
シーリング
シーリング
（天井箱
目地底と
面を揃える）
6.6
6.8
6.6
20
▲天井面
プレート
ワイヤーガラス
㋐6.8
壁下地：
石膏ボード
アルミチャンネル
10×15
アルミチャンネル
10×15
アルミチャンネルが天井下地よりも上に位置しているので、壁・天井の見切を底目地納まりとできる。ただし、シーリング分の寸法を確保することが重要。ここでは12mmとして約6mmの目地を実現
野縁（役物）を取り付けた後でアルミチャンネルを取り付け、ガラスを飲み込ませて、シーリング処理を行う。このとき、アルミチャンネルの小口が露出しないように、天井下地（9.5mm厚の石膏ボード）よりも上にアルミチャンネルを取り付けることが重要
ガラスの小口はアルミチャンネルで受けること。線を露出したままにしないため
壁下地：
石膏ボード
12
▲壁面
天井箱
目地
シーリング
6.6
6.6
6.8
20
プレート
ワイヤーガラス
㋐6.8
シーリング
▼壁面
壁下地：
石膏ボード
壁際にもシーリングを打って、隙間を完全にふさぎ、区画してしまう

■ガラスは天井裏で吊る

透明の垂壁をより美しく見せるには、「ガラスを上部で吊る」という意識をもつことが重要である。ガラスを上部で受けるアルミチャンネルは露出させないのが重要となる［図2❷・❸］。一般に、防煙垂壁はチャンネルを天井材と共通の下地にとりつけるので、小口は天井面より露出する納まりとなるが、壁・天井を底目地で見切りたい場合などには、アルミチャンネルが天井と壁の取り合う部分で露出しないように、アルミチャンネルの位置を天井下地よりも深く設定する。

天井裏で吊れば、隠し方立が必要なくなる。一般に、防煙垂壁は複数枚のガラス垂壁を接合して納めていく（この建物では2枚のガラスを使用している）が、その接合には、隠し方立を用いる場合が多い。

2枚のガラスの間に隠し方立を設けてガラスを保持し、その下の金物で両側のガラスを引っ掛ける。その下にアルミやステンレスの化粧チャンネルを配するという納まりだ。一方、ガラスを上部で吊れば、隠し方立は必要ない。シーリングのみの納まりとできるので、すっきり見える［*］。

［小林真人］

*：既製品の防煙垂壁のなかには、上部（天井裏）でガラスを吊り、ガラスの接合部に隠し方立を設けることなく、シーリングのみで金物を一切見せないものもある（日軽産業の「FX-WALL」）

システムキッチンの色に負けないインテリアの美技

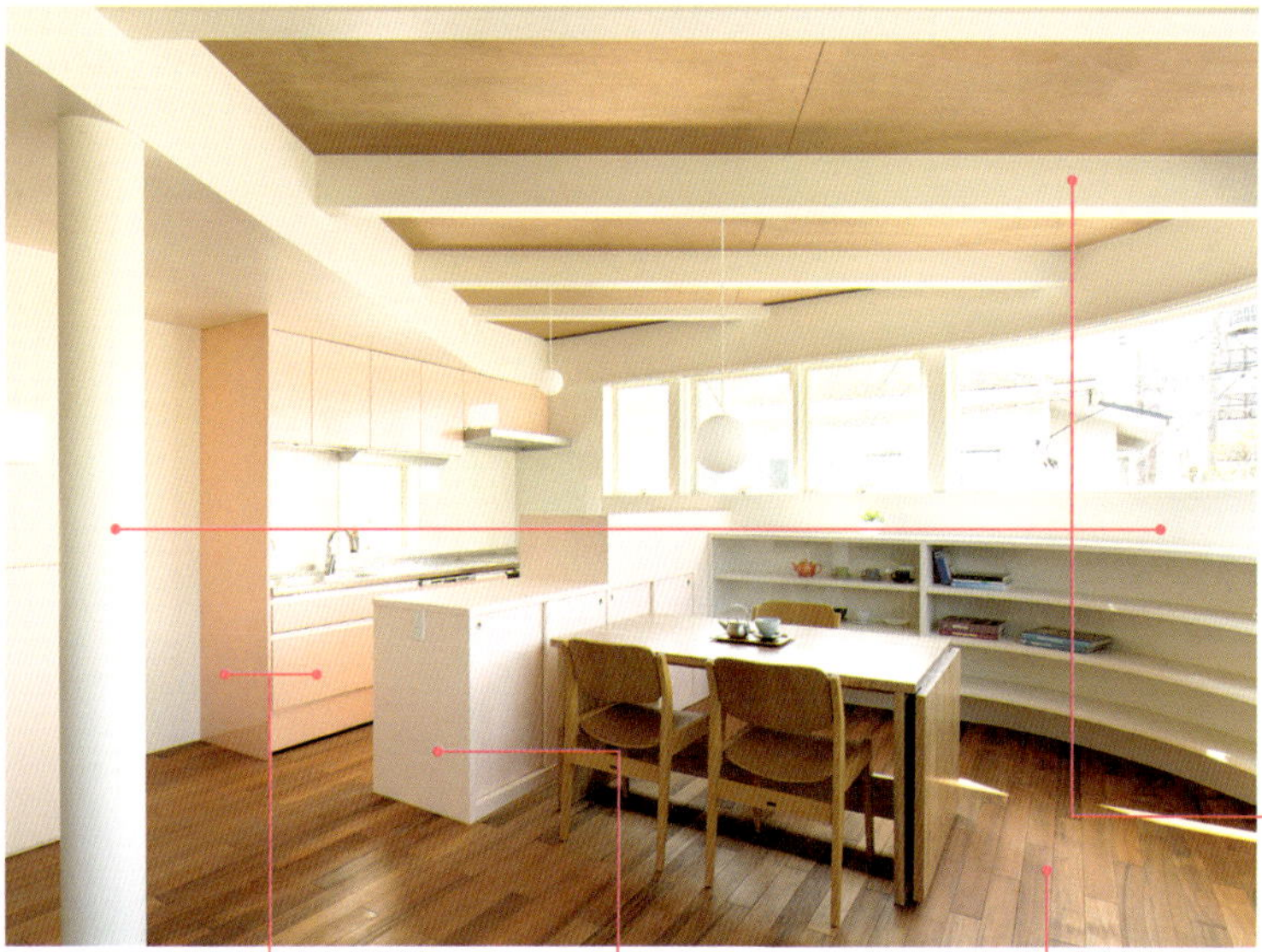

サンヴァリエ〈リシェルSI〉
［LIXIL／（sunwave）］
コストパフォーマンスの高いシステムキッチン。充実した収納やメンテナンスを考慮した製品設計が魅力で、デザインも洗練されている［115頁参照］

壁付けI型タイプのシステムキッチンで、間口寸法は2,400㎜。サイドパネルも既製品で、LDKの色を決定する上での基準となった

システムキッチンの高さに合わせた造作（家具工事？）のカウンター。色はシステムキッチンと同じくピンク色だが、やや彩度を抑えて、システムキッチンとほかの内装仕上げ色とのバランスを取っている

無垢材のフローリングを採用。色が濃い目のミャンマーチーク無垢フローリング「TH90」（汎アジア貿易）の上、オイルフィニッシュで仕上げた。

壁（壁面収納を含む）や柱はいずれもEP仕上げ。化粧梁は同色だが、塗装面の耐久性を考慮して、ウレタンクリア塗装仕上げとした。天井はシナ合板5.5㎜厚の目透かし張りとして、床よりもやや薄めの色で仕上げ、重たくなりすぎないようにしている

■色の彩度をコントロール

予算や建築主の要望で、既製品のシステムキッチンを採用するケースは少なくない。ここで悩ましいのがシステムキッチンの色。ビビットなカラーを採用してしまうと、ワンルームのＬＤＫを計画している場合は、その色と壁や床、建具の色が調和せずに、まとまりを欠いてしまうことが懸念される。

その場合は、逆に、システムキッチンの色を手掛かりにして内装の色を調整してみよう。ポイントは、彩度を上手にコントロールすること。ここでは、ピンクのシステムキッチン（LIXIL既製品）が映えるように、壁は白の塗装、床は濃いめのフローリングとして彩度を落としている。周囲の造作収納はキッチンに合わせたピンク色だが、それらも少し彩度を落とし、キッチンの存在感を維持しながら、ピンクが壁の白に段階的に馴染むようにしている。一般的に、システムキッチンの面材（色）はほかのメーカーの面材とそろわないことが多い。無理にシステムキッチンの面材にそろえようとせず、空間全体のバランスを考え、あえて彩度の違う面材を採用するのがよいのではないか。［中佐昭夫］

図 システムキッチンに合わせた造作収納［S＝1:50］

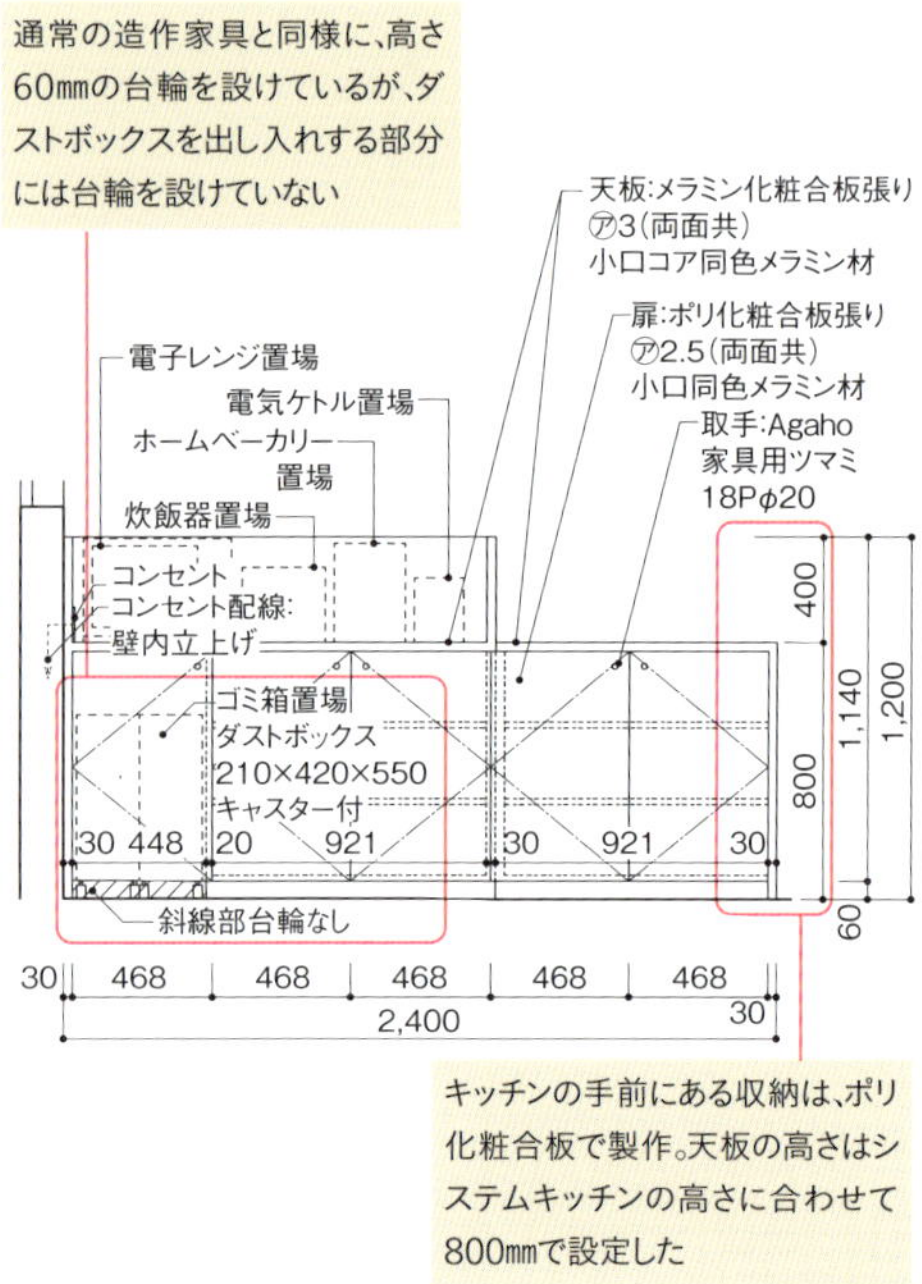

写真:矢野紀行

火気使用室に木板を張る方法がある

REAL PANEL
［ニッシンイクス］
国土交通大臣認定の内装用不燃ボード。自然木を使用しているので、色ムラなども十分に表現できる。不燃にする必要がない場合は、通常の合板を使用したものもあり、樹種も多数そろっている

間仕切で仕切られていない階段室全体は火気使用室として扱われるため、階段室全体の壁を「REAL PANEL」で仕上げる

段板と蹴込み板は内装制限の対象ではないので木が使える。ここではタモ集成材を採用して、「REAL PANEL」との色合わせを行っている

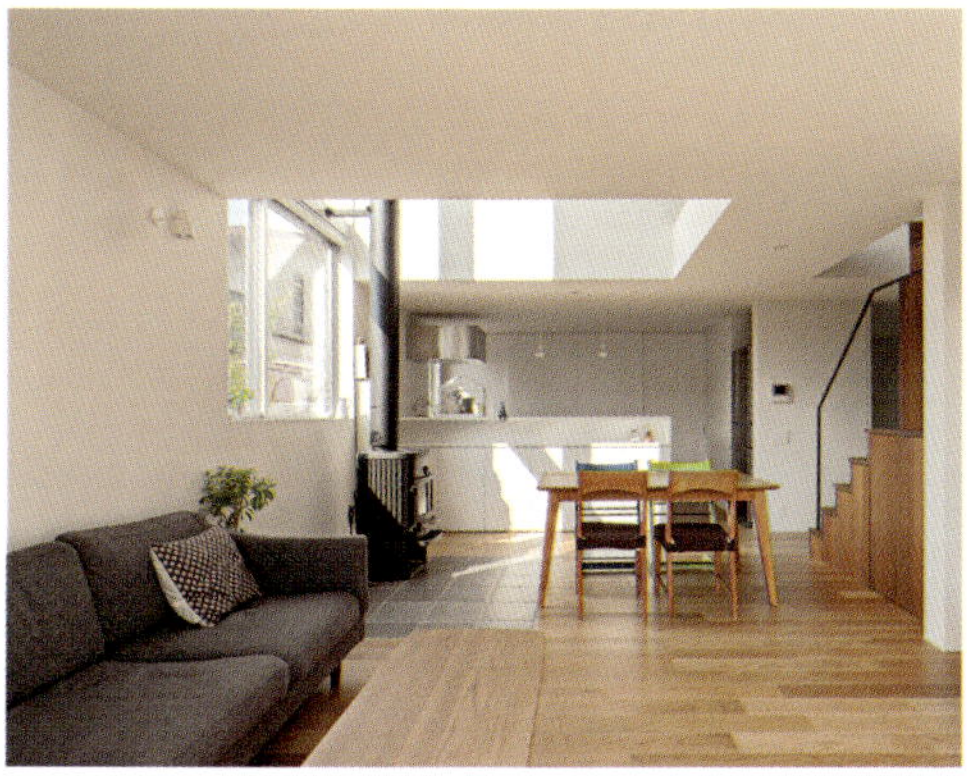

垂壁を設けずに、キッチンとリビング・ダイニングを一体化。写真で見える範囲の壁・天井は内装制限の範囲となる

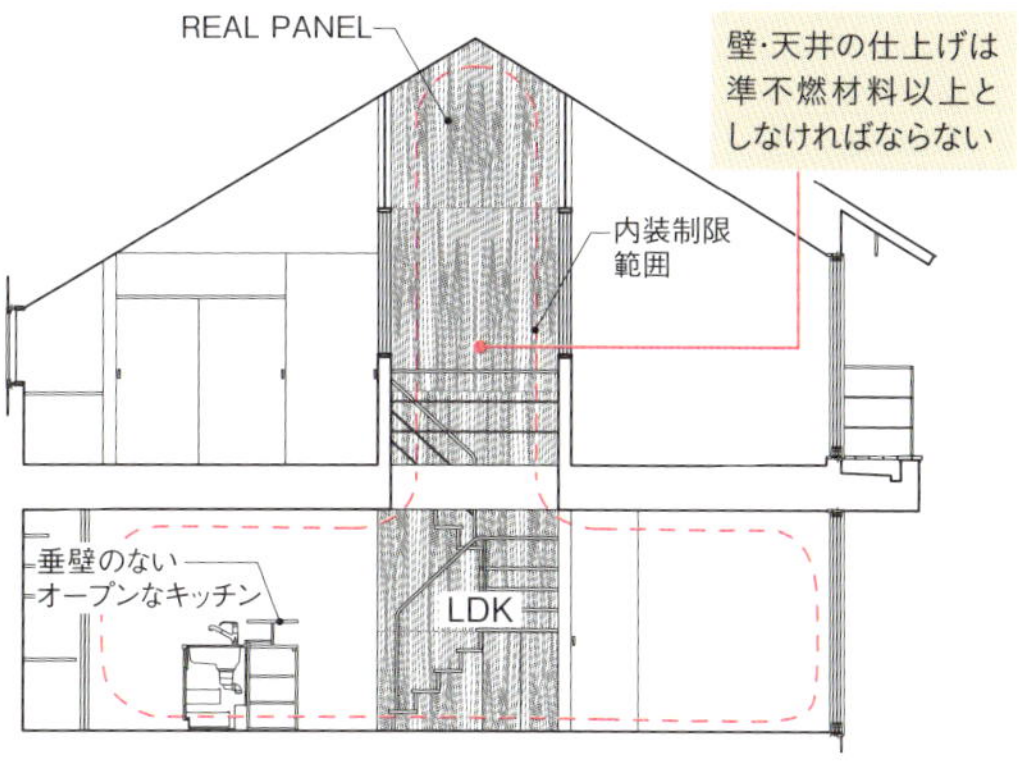

■ 不燃性能の木板を使う

キッチン（ガスコンロの場合）とリビング・ダイニングの一体感を高めるに当たって、垂壁を設けない場合は、リビング・ダイニングを含めて火気使用室となるため、内装制限の範囲が拡大する。特に、リビング・ダイニングが吹抜け（階段）となっている場合は、階上まで不燃材料で仕上げなければならない。

こうしたときに重宝するのが、火山性ガラス質複層板に天然木単板を張り込んでいる内装用不燃ボード「**REAL PANEL**」である。下地（アルミニウム箔張り火山性ガラス質複層板）で不燃性能を確保しながら、天然木のムラや柄を十分に表現できるのが魅力である。施工方法は単純で、石膏ボードの上に接着、もしくは面の大きい場合にはフィニッシュネイル釘などで留めるだけで構わない。

写真の建物では、吹抜けとなっている階段室全体に、ウレタン樹脂塗装のパネル（ウォルナット）を張り付けている［＊］。一方、内装制限の対象（壁・天井）ではない階段の段板・蹴込み板については、タモの集成材を使用し、塗装で「REAL PANEL」との色合わせを行った。

［直井克敏＋直井徳子］

写真：上田宏
＊：不燃仕様とする場合は、ウレタン樹脂塗装をしなければならない

マンションに納めるハーフユニットバス

ハーフバス08
［TOTO］

ユニットバスよりデザインの自由度が高い。マンションの管理規約により在来工法での浴室が認められない場合はお薦め

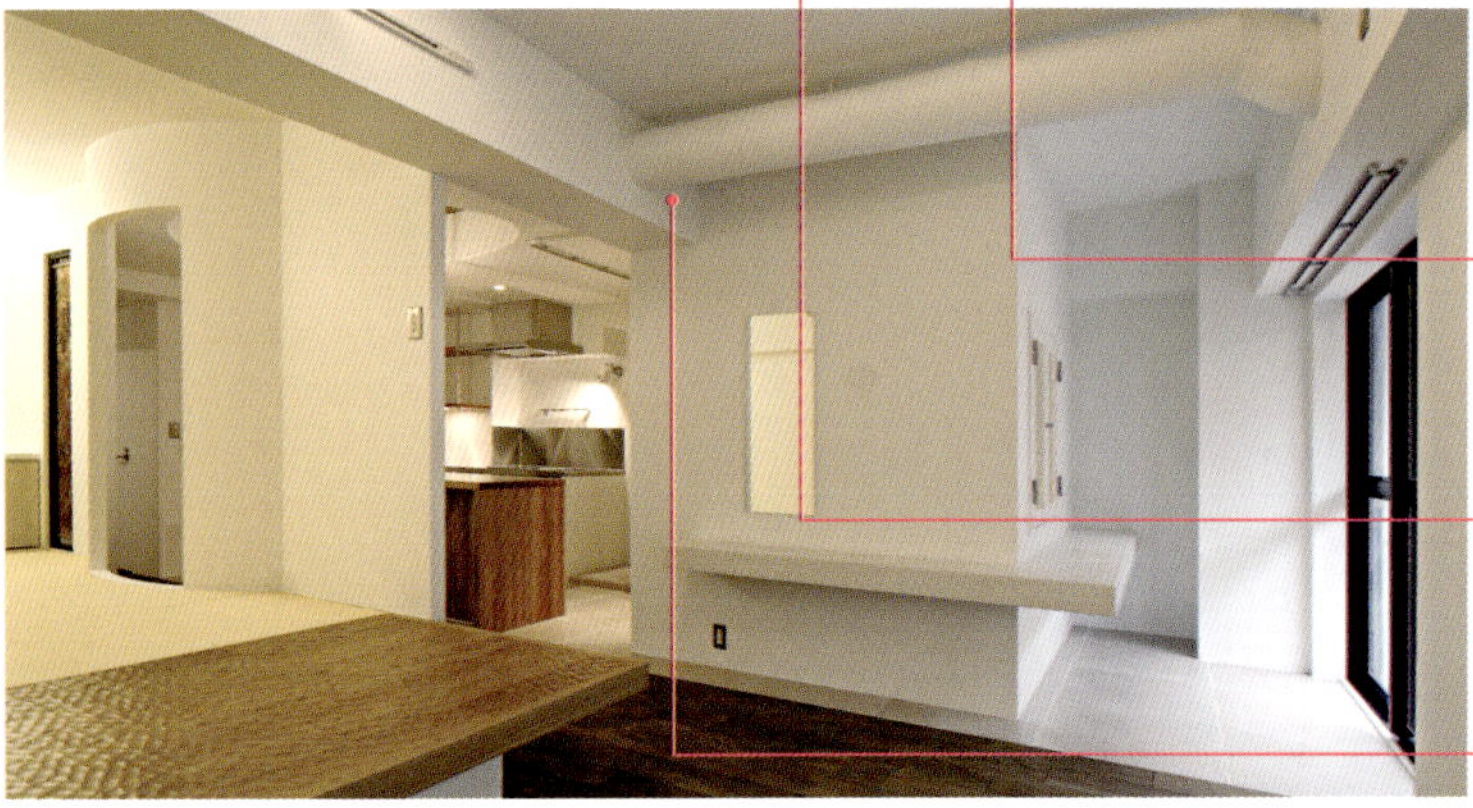

壁仕上げには、50×50㎜の磁器質タイル「ミスティネオ」（LIXIL／INAX）を採用

ハーフユニットバスの開口部は、フルユニットバスのような位置についての制限がない。写真の建物は、観音開きの開き扉を設置した例。外部開口部と近接しているので、外からの光が浴室内にも届く

梁形が浴室を貫通している。このような場合は換気扇の位置に要注意［図2❶］

■ハーフユニットを使う理由

マンション・リノベーションにおいて、浴室の改修はキッチンに次いで建築主の要望が強い。可能であれば在来浴室としたいところだが、❶防水性能（躯体の揺れによって防水層が切れるリスクがある）、❷重量（モルタルを下地とするため、ユニットバスに比べて重量がかなり大きくなる）、❸マンション管理組合からの要望（在来浴室が承認されないケースがある）、❹価格、❺工期の短さ（マンションにおけるスケルトン・リフォームの工期は数カ月が目安）、といった観点から在来浴室が実現できないケースも少なくない。

そのときに有効なのが、以上の問題を解決できるハーフユニットバスである。開口部を自由に設けられるなど、デザインの自由度が高いほか、清掃しやすいというメリットもある。

■浴室出入口は開き扉が基本

ここからは、マンションでハーフユニットバスを採用するときの3つのポイントについて解説を行う。使用する製品はハーフユニットバスのなかで最も市場に流通している「**ハーフバス08**」である。

1つ目は、浴室を設置できる位置について。基本的には自由に設置できる。

図1 浴室は上げ床で移動させる［S＝1:200］

Before

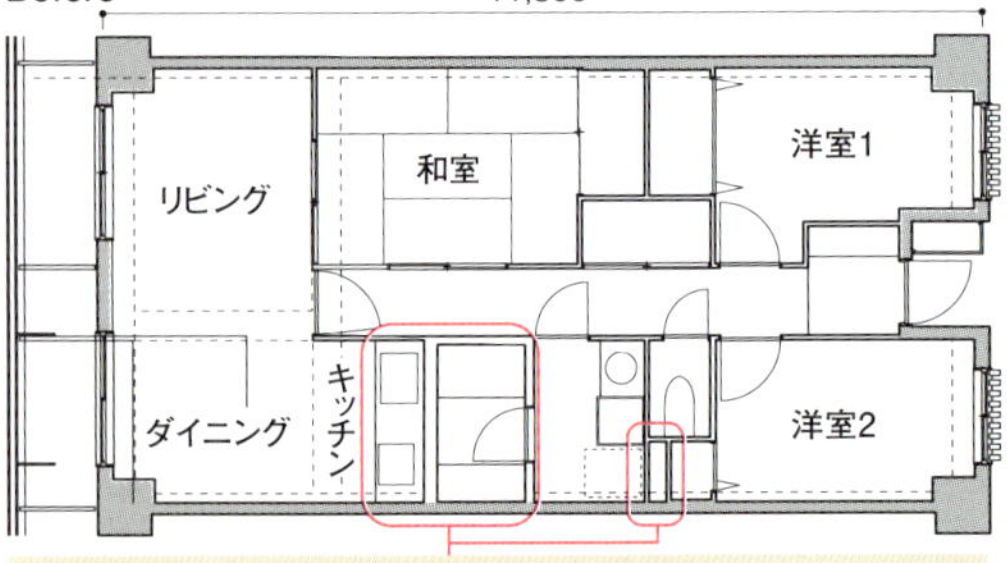

部屋の4隅に梁があるので、PSが部屋の中央部に設置されている。その近くにユニットバスが設置されているが、外部からの光が届かない

After

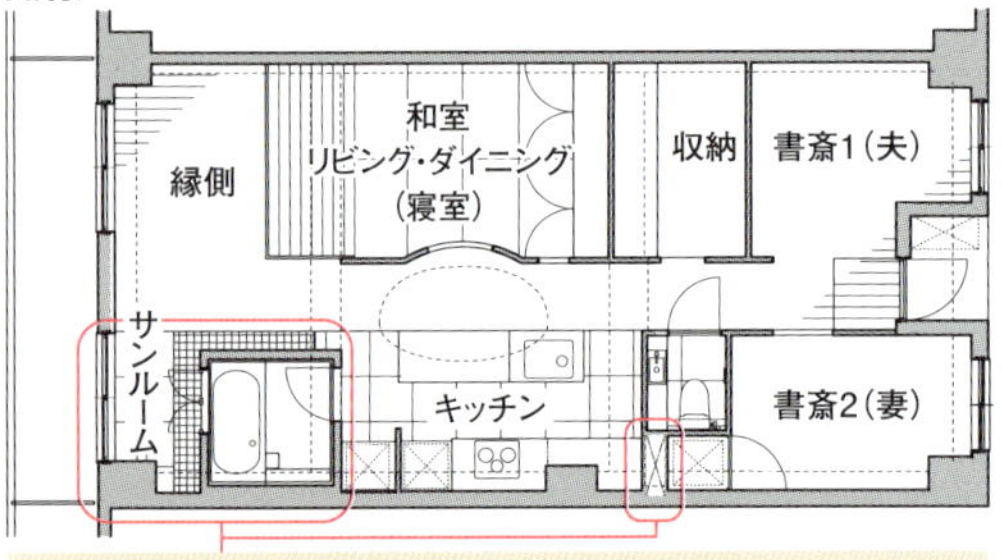

乾式2重床を用いてハーフユニットバスを開口部近くに移動。ハーフユニットバスなら壁に開口部を設けられるので、外部の光を採り入れられる

図2「ハーフバスルーム」の納めるときの3つのポイント

❶床と天井の納まりに注意する［S=1:40］

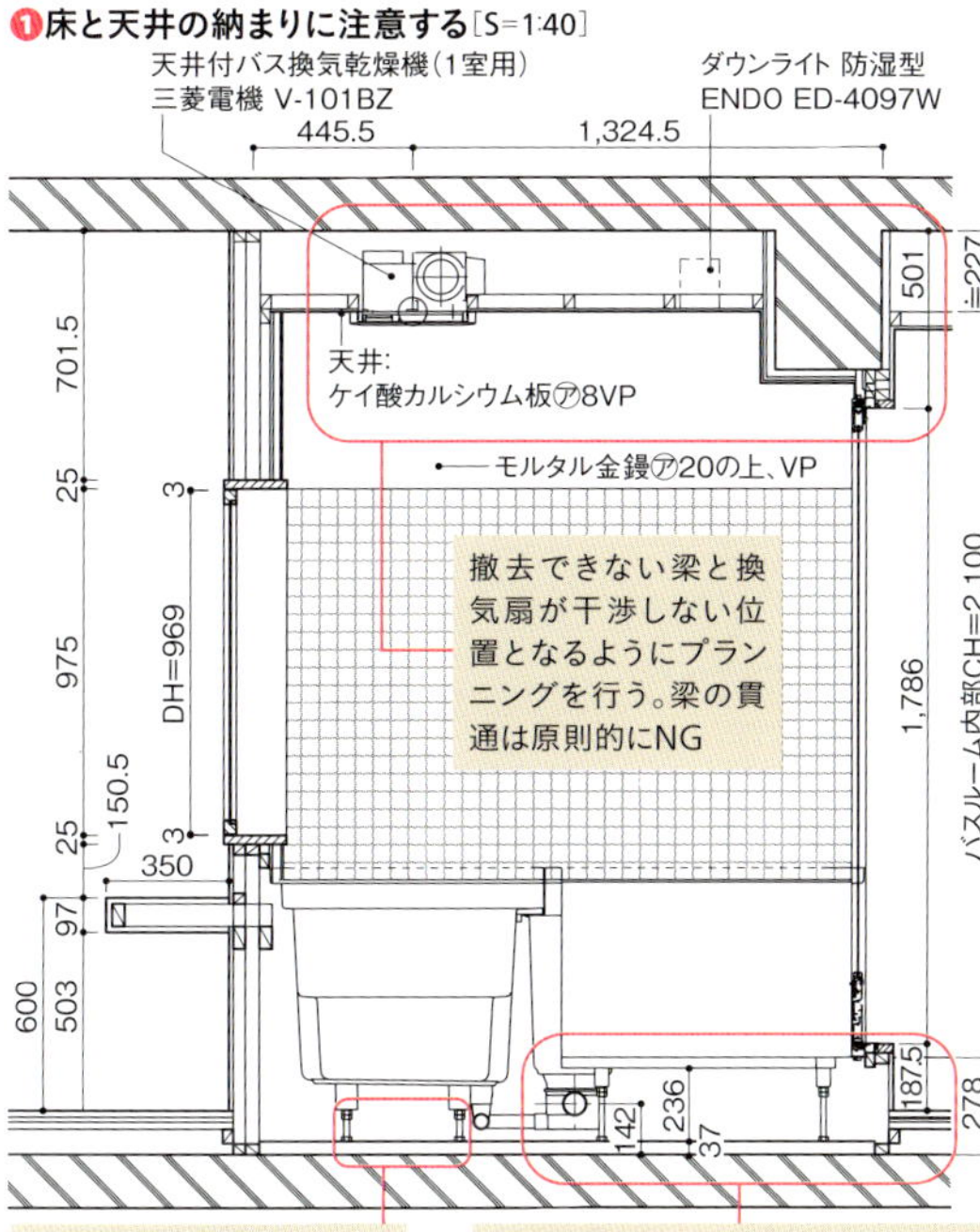

❷出入口のデザインは自由［S=1:40］

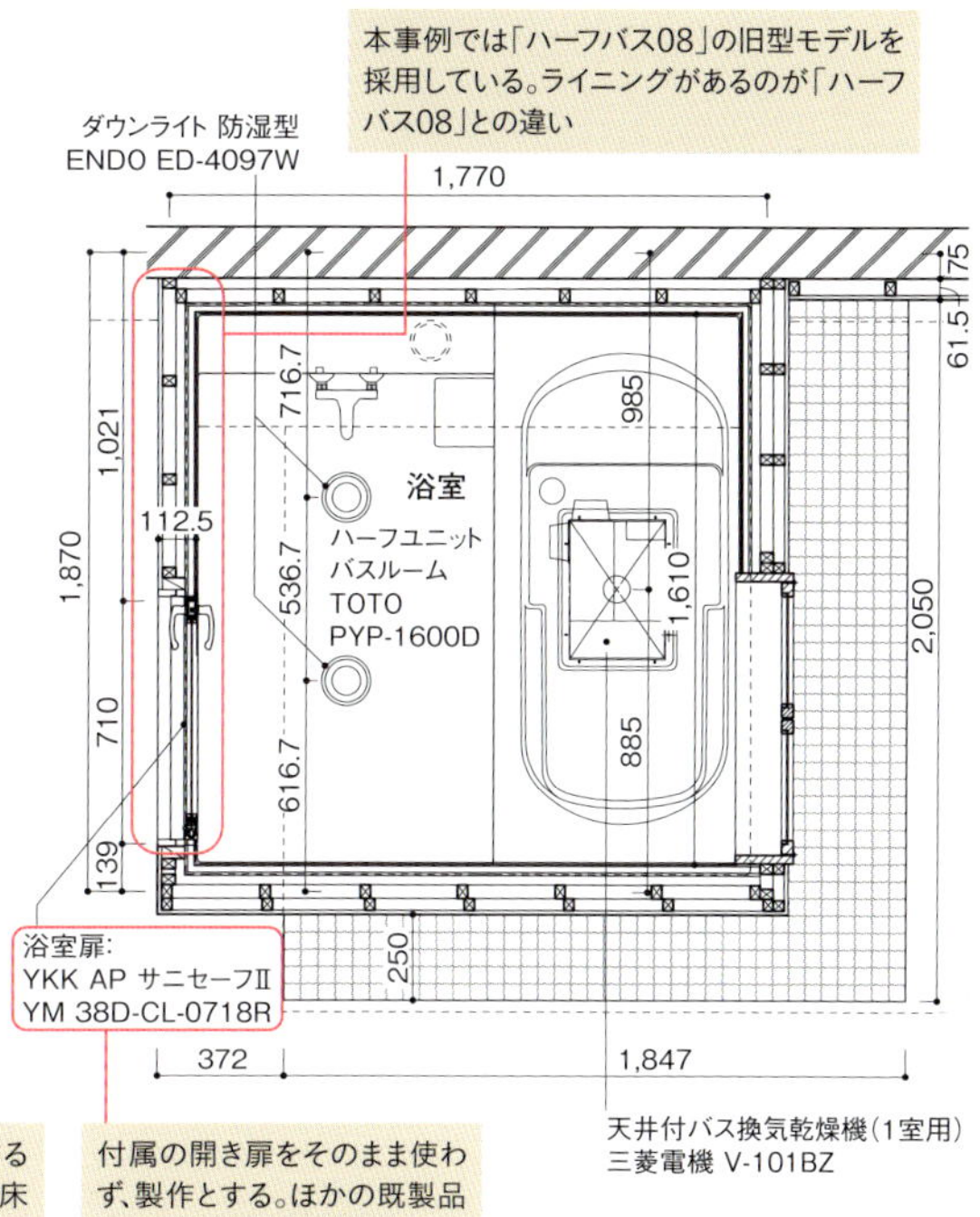

❸「ラスカット」［＊］を下地に使う［S=1:5］

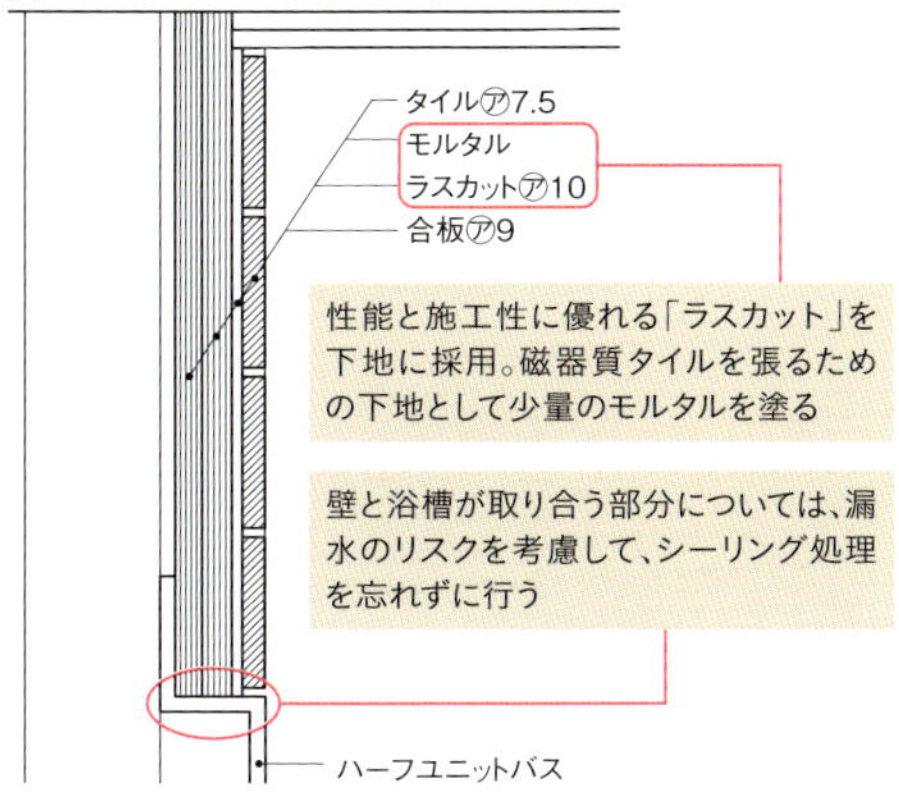

図1のように、羊羹《ようかん》型のマンションでは、大きな梁形が4隅に配置され、PSが部屋の中央近くにあることが多い。そこで浴室を移動する場合は、水勾配を100分の1以上確保する必要があるものの、乾式2重床（高さ調整が可能なボルトとゴム脚でできた支持脚によって、パーティクルボードを支える仕組みの床）を採用すればよい。言い換えれば、外部開口部の近くにハーフユニットバスを設置する場合には、乾式2重床が必須である［図2❶］。

天井については、換気扇と梁形の位置が干渉しないように注意する。図2❶は理想的な状態であるが、梁と干渉する場合は、浴室の天井高が低くなってしまうので注意したい。

2つ目は浴室の出入口について「ハーフバス08」の基本セットは浴槽と床（天井とカウンターを加えたものはフルセット）。出入口の扉は折れ戸・開き戸・ガラス開き戸から選べる。

扉は別のものに変えることも可能。「ハーフバス08」の旧型モデルを採用している図2❷では、枠廻りのデザインがシンプルな「**サニセーフⅡ**」（YKK AP）［53頁参照］を採用している。「ハーフバス08」ではライニングがないので、製作の引戸とすることも可能だ。

3つ目は壁仕上げ（タイル）について。タイル仕上げとする場合には、下地をモルタル（湿式工事）とするのが一般的であるが、強度・耐久性などに問題がある。そこで、図2❸のように外装・内装用下地材「**ラスカット**［＊］」（**ノダ**）を使用すれば、強度・耐久性の向上が期待できる。

ラス網の張付けやモルタル下塗りの工程まで省略することも可能になるので、❺で述べたように、工期がタイト（数か月が目安）なマンション・リノベーションにおいて、効果的な施工方法であるといえるであろう。［吉川英之］

＊：合板（構造用合板・特類）、特殊防水被膜、特殊セメント凹凸層で構成される外装・内装下地材。在来工法のモルタル下塗り（または中塗り）までの工程を兼ね、施工を省略できる

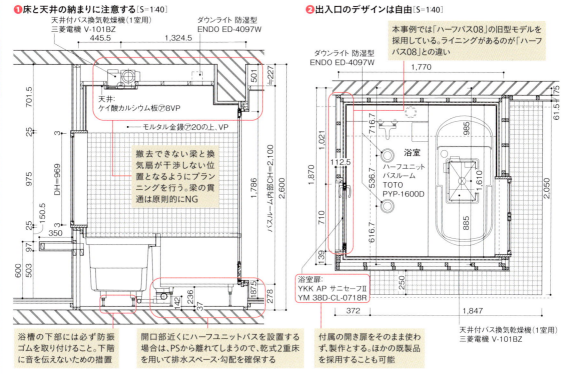

ハーフユニットバスを工夫してつくる和の浴室

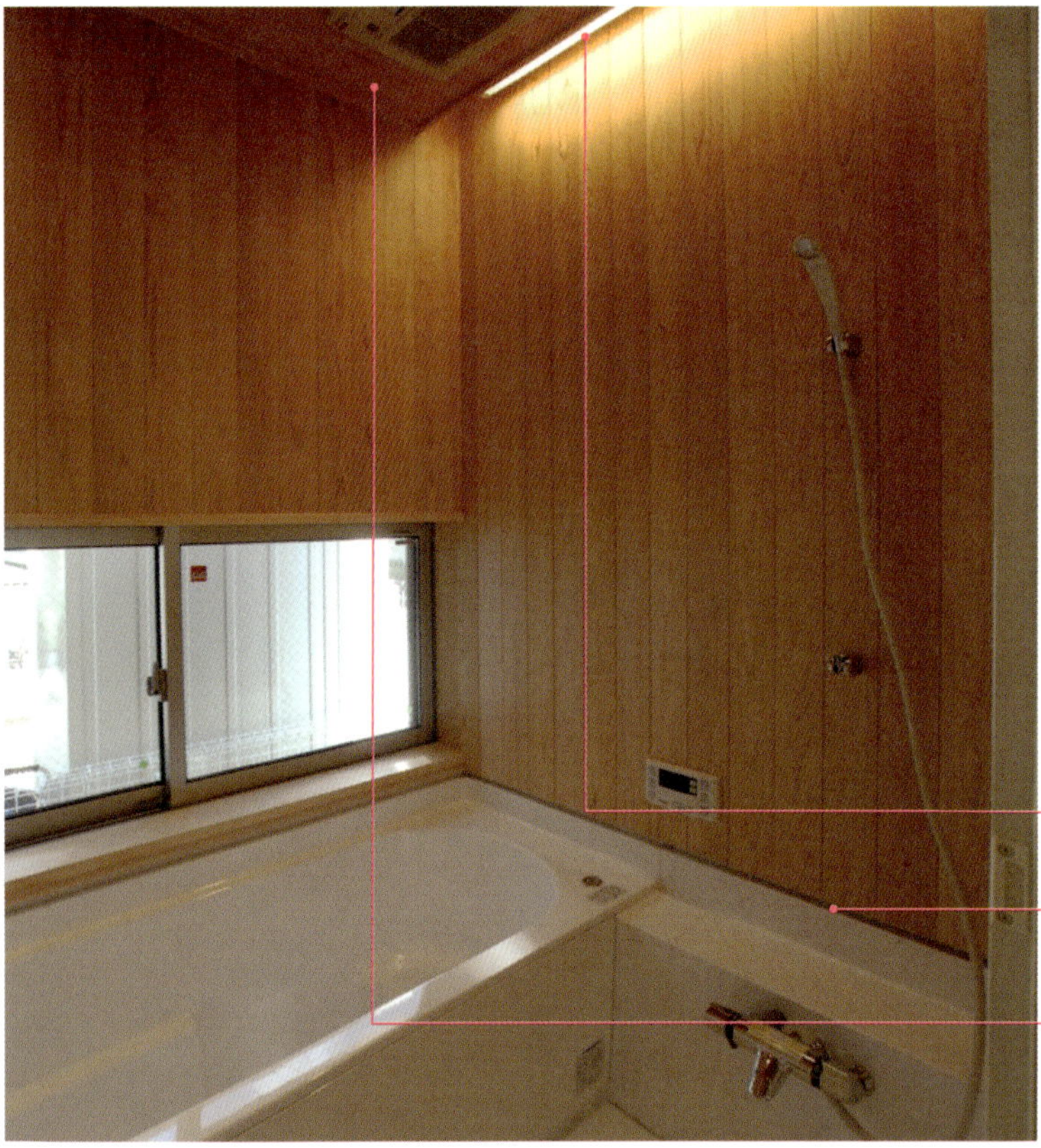

ハーフバス08［TOTO］

ユニットバスの防水性能を担保しつつ、壁・天井の仕上げが自由にできる。北側斜線などで天井高に制限がある場合にも使用可能。価格は1坪サイズ（1,600×1,600㎜）で49万8,000円〜。本事例で採用した製品は旧型モデルでライニング付き。「ハーフバス08」にはライニングがない

ハーフユニットバスにすれば、天井を折り上げて間接照明を仕込むこともできる。ただし、防湿型の照明器具を選ぶこと

羽目板の下側はシーリングでふさがない

壁と天井の取合い部分については、メンテナンス性を考慮して廻り縁をつける

■羽目板張りは湿気対策が命

ハーフユニットバスの魅力の1つは、サワラやヒノキの羽目板張りなど、壁や天井の仕上げが自由に選択できることである。浴槽から下の部分については、防水性やメンテナンス性が確保されているので、手軽に和の浴室が実現できる。ただし、水仕舞いについては注意が必要。湿気による羽目板の反りやカビの発生を助長しないよう、万全の対策を講じたい。

羽目板の裏側に空気層を設けて、木材の乾燥を促すようにすることが重要だ［図］。施工は、構造用合板を張る→アスファルトフェルトを張る（躯体の防水）→ユニットバスのリム部と防水テープ処理→胴縁取付け（縦張りの場合は横胴縁）→羽目板張り、という手順で行う。このとき羽目板の下端は、壁内に入った水分を逃すため、シーリングでふさがない（タイル張りの場合はシーリングでふさぐ）[●頁参照]。

ただし、カビや傷みが100%発生しないとはいえないため、部材の取り換えが可能な納まりにしておくことが必要だ。カビや傷みが発生しやすいのは主に壁である。そのため、壁と天井の取合いには、廻り縁を付けるのが無難であろう。底目地とする場合は天井勝ちとして、壁の取外しが容易になるように配慮したい。

［中西ヒロツグ］

図 羽目板廻りの取合い［S＝1:6］

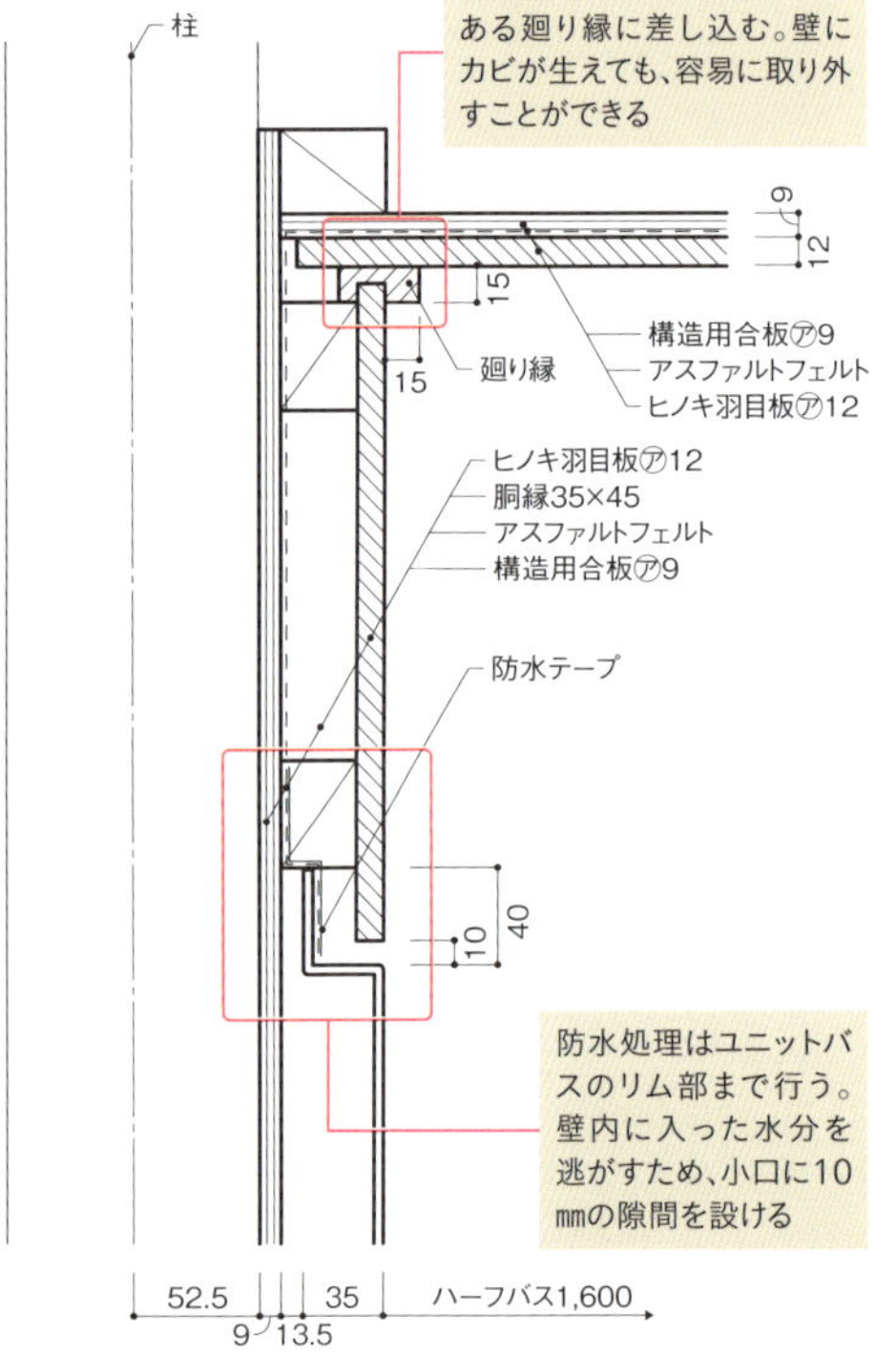

浴室で重宝するシンプルな建具

サニセーフII HGタイプ［YKK AP］

障子枠のみのシンプルなデザイン、縦框の隙間から換気する方法や、框内部も清掃可能である点など、機能も充実している

浴室内部。壁仕上げは「ピエドラナチュラルリーガル」（アベルコ）の「MP-81」、床仕上げは同じく「GMR-81」を採用している。色はいずれもライトグレー

クロムめっきのハンドルもシンプルなデザイン。障子枠の枠見付け寸法は40（上下30）㎜

■床のタイルには凹凸が必要

在来浴室の建具を製作とする場合は、枠なしのガラス戸か框（木製）戸に大別される。しかし、防水性能や耐久性への不安はぬぐいきれない。框戸としても、時が経てば下枠が腐食してしまう可能性がある。建具工事費は10～15万円前後となる。

こうした悩みを解決してくれる既製品がある。「**サニセーフII HGタイプ**」だ。アルミ押出し型材を建具枠・ドア枠に採用しており、腐食のリスクがないほか、価格も安い。この建物では約10万円で納めている。

意匠的にシンプルなことも大きい。障子枠のみで目障りな要素が少なく、枠見付け寸法は40（上下30）㎜。したがって、浴室内部・浴室外部のデザインも、建具の存在感をそれほど気にすることなく行える。浴室内では、高級感のある大判の磁器質タイル（600㎜角）と組み合わせても違和感がない［図］。

大判のタイルを選ぶ際に注意すべき点は、壁と床でタイルの種類を変えること。壁についてはフラットなものを選んでもよいが、目地の数が少なくなるので、床については、人がすべらないように、表面に少し凹凸のあるものを選びたい。［井上洋介］

図「サニセーフII」でつくる浴室［S＝1：40］

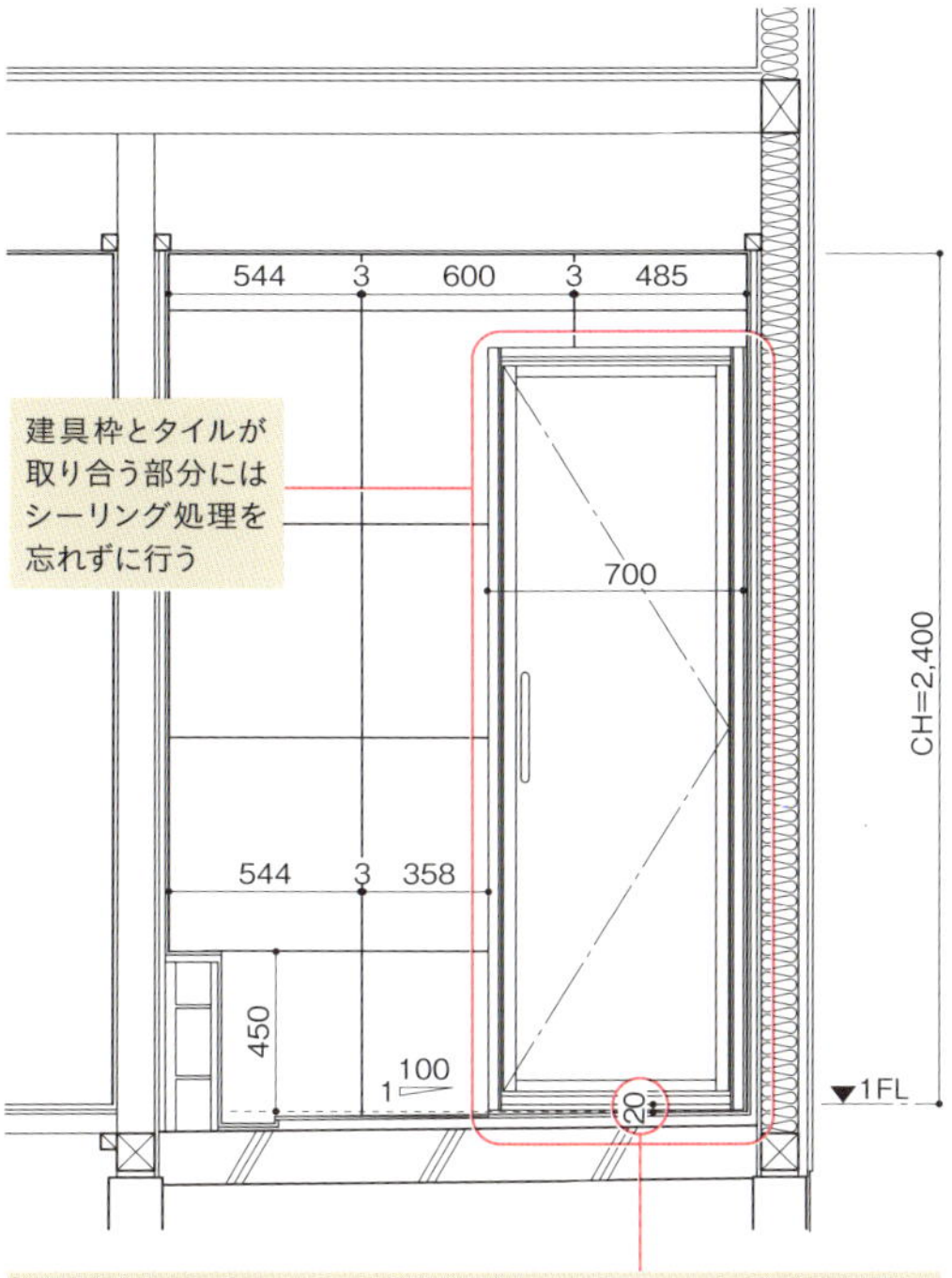

建具枠とタイルが取り合う部分にはシーリング処理を忘れずに行う

20㎜程度の段差は生じるものの、ほかの製品と比べると、洗面室との床段差は小さい

外付けの引違い窓を片引き窓として使う

ガラス注意

タイル仕上げを枠の外側まで巻き込んでいるので、窓を開け切ると枠が消え、窓（枠廻り）そのものがない状態を実現している

階段室の直下にある浴室。枠のない大きな開口部を実現するため、引違い窓を外付けで納めて、不必要な部分や枠を消すように壁を立てている

防水シートを張った状態。外観の見栄えはあまりよくない。ただし、写真左のように、この建物では坪庭のみに窓が面していたため、特別な工夫は行わなかった。外付けのサッシは「引違い窓」（三協立山 三協アルミの「マディオ」シリーズ）

MEMO 外付けサッシで障子枠を隠す

木造住宅用既製品サッシの納まりには、半外付け・外付け・内付けの3種類がある。大壁納まりの場合は、雨仕舞いの都合上、半外付けが主流だが、室内から障子枠が見えてしまう。障子枠を隠したい場合には…

半外付けサッシで納まりを工夫する	壁を袖壁のように隠す［13頁参照］
外付けサッシを使う	柱の外側に障子枠が位置するので、障子枠は見えない

図 外付けサッシを枠なしで納める［S＝1:10］

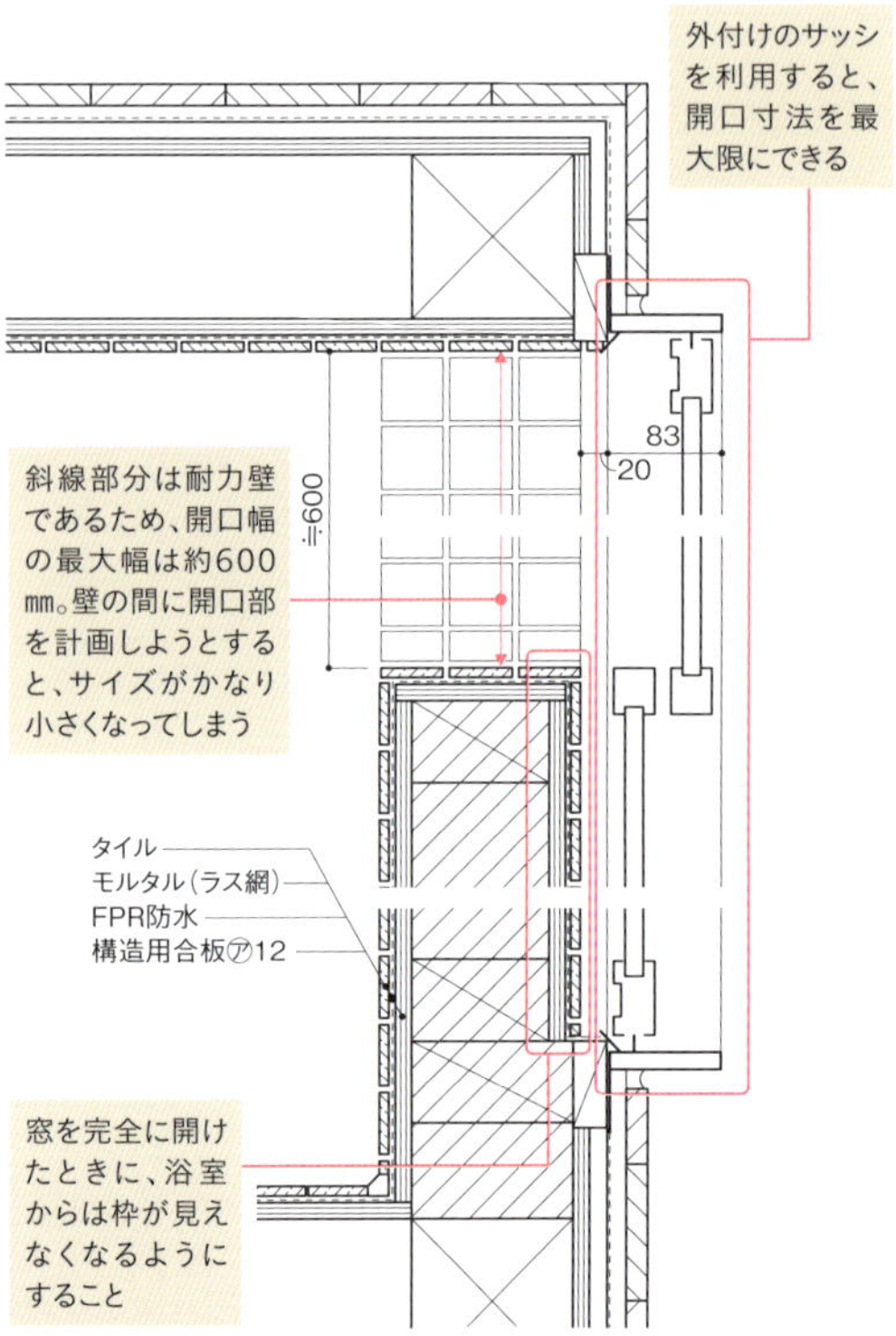
外付けのサッシを利用すると、開口寸法を最大限にできる
83
20
≒600
斜線部分は耐力壁であるため、開口幅の最大幅は約600㎜。壁の間に開口部を計画しようとすると、サイズがかなり小さくなってしまう
タイル
モルタル（ラス網）
FPR防水
構造用合板㋐12
窓を完全に開けたときに、浴室からは枠が見えなくなるようにすること

■内壁仕上げを枠に巻き込む

窓が大きければ「開放性」や「外部との連続性」が得られる、というものではない。「窓（枠廻り）そのものがない」と感じられるとき、それらは獲得できることが多い。ただし、防火規制のある地域で、これを製作で行えばコストがかさむ。では、このような開口部を、既製品のアルミサッシを活用して、実現できないだろうか。

有効な考え方として、「外付けの引違い窓を片引き窓として使う」という発想がある［図］。片方の窓は使用せず、片引き窓として外に引き込むように使用する方法である。サッシ枠そのものが見えないように、タイルをサッシ際まで巻き込めば、窓を開放した際に「窓（枠廻り）そのものがない」状態に近づけることができ、開放性や外部との連続性が得られる。

ただし、この手法は外観の見栄えがあまりよくないという問題を併う。写真の建物では、開口部が面していたのは浴室の坪庭のみだったため、特別な工夫は行わずに済んだ（外壁のスギ板と同じ色で塗装している）。もし、開口部が外部からも見えるような場合は、タイルを窓の裏側にまで張る、などの工夫が求められる。

［西久保毅人］

最小の床排水トラップを使えば天井高が稼げる

FT-6BL-B型
［福西鋳物］

浴槽からの排水と浴室からの排水を統合できる最小の床排水トラップ。防水層の押さえ、ゴミ受けのバスケットなど、機能性も優れている

最小の床排水トラップを最小のものとしたことで、天井高を2,058㎜確保

浴室からの排水は床排水トラップに統合しているので、配管が詰まったときのメンテナンスが容易

■高と清掃性が判断の基準

築年数の古い建物など、天井高に制約が多いマンションでは、リノベーション時に、開放的な在来浴室を計画しようとしても、天井高の確保が大きな問題となる。その際に大きな鍵を握るのが、床排水トラップ。床排水トラップは縦型が主流なため、天井高を確保しにくいという問題がある。そこで、縦型ではなく横型の床排水トラップを選択すれば、天井高を稼げる。

筆者のお薦めは床排水トラップ「**FT-6BL-B型**」。浴槽からの排水横引き管が接続可能なトラップのなかでは高さが最も低く、210㎜しかない。

この建物では、床スラブから浴室床までの高を242㎜まで抑えられた結果、天井高を2千58㎜確保でき、モルタルの量も削減できた［図］。

天井高を確保できるだけではない。浴槽の排水と浴室の排水を1カ所にまとめられるという点も大きい。実際には浴槽排水にトラップを設けて、浴室に横型の排水トラップを採用しても、天井高の確保は可能である。

しかしこの場合は、浴槽のトラップが埋め殺し状態になってしまうので、何らかの原因で詰まった場合、清掃ができずトラブルになりかねない。メンテナンス性も考慮すれば、最適な選択肢であろう。

［吉川英之］

図 最小トラップの特徴と納まり上の注意［S＝1:40］

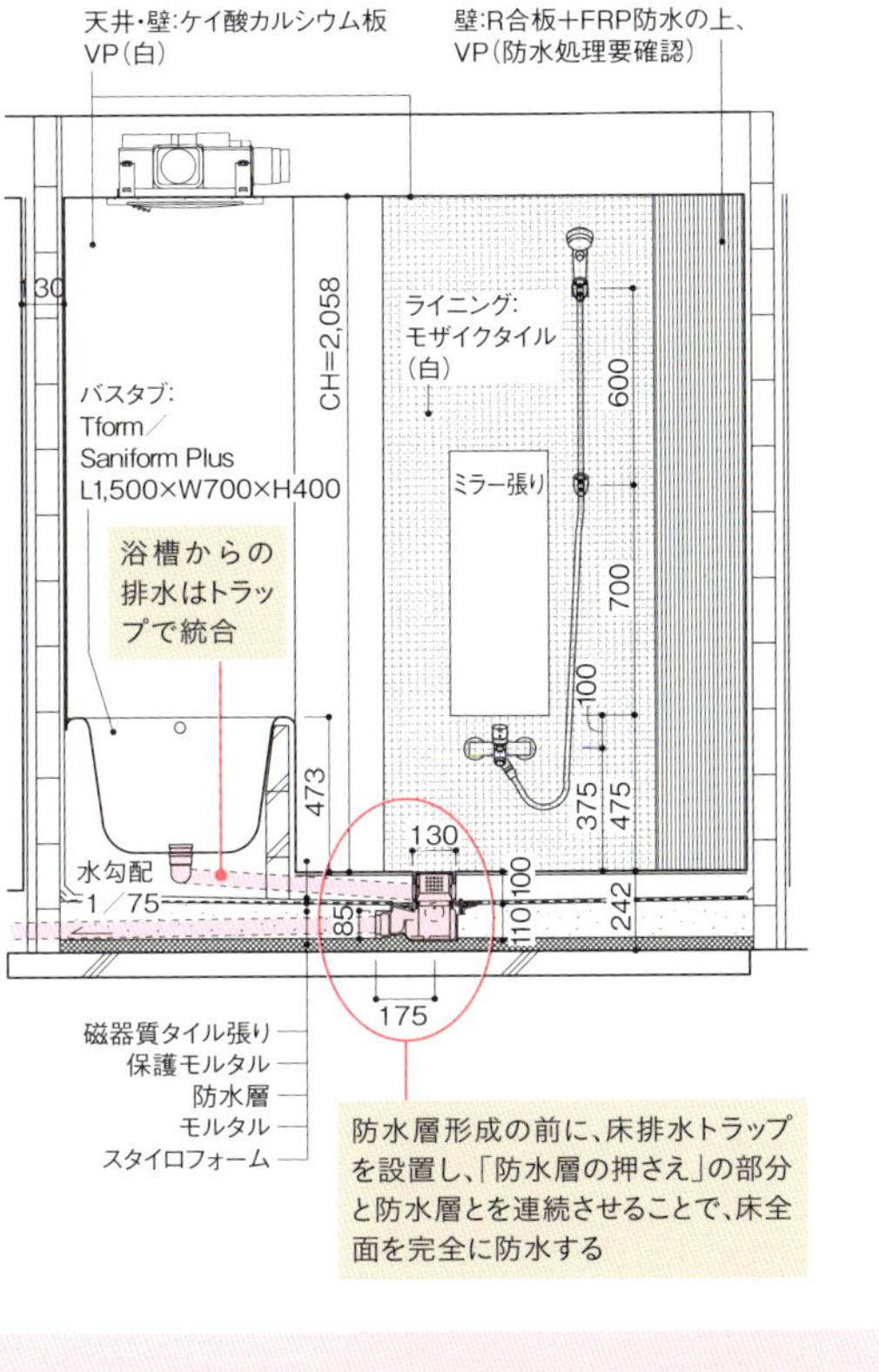

「石張り」の重厚感はタイル張りでも実現可能

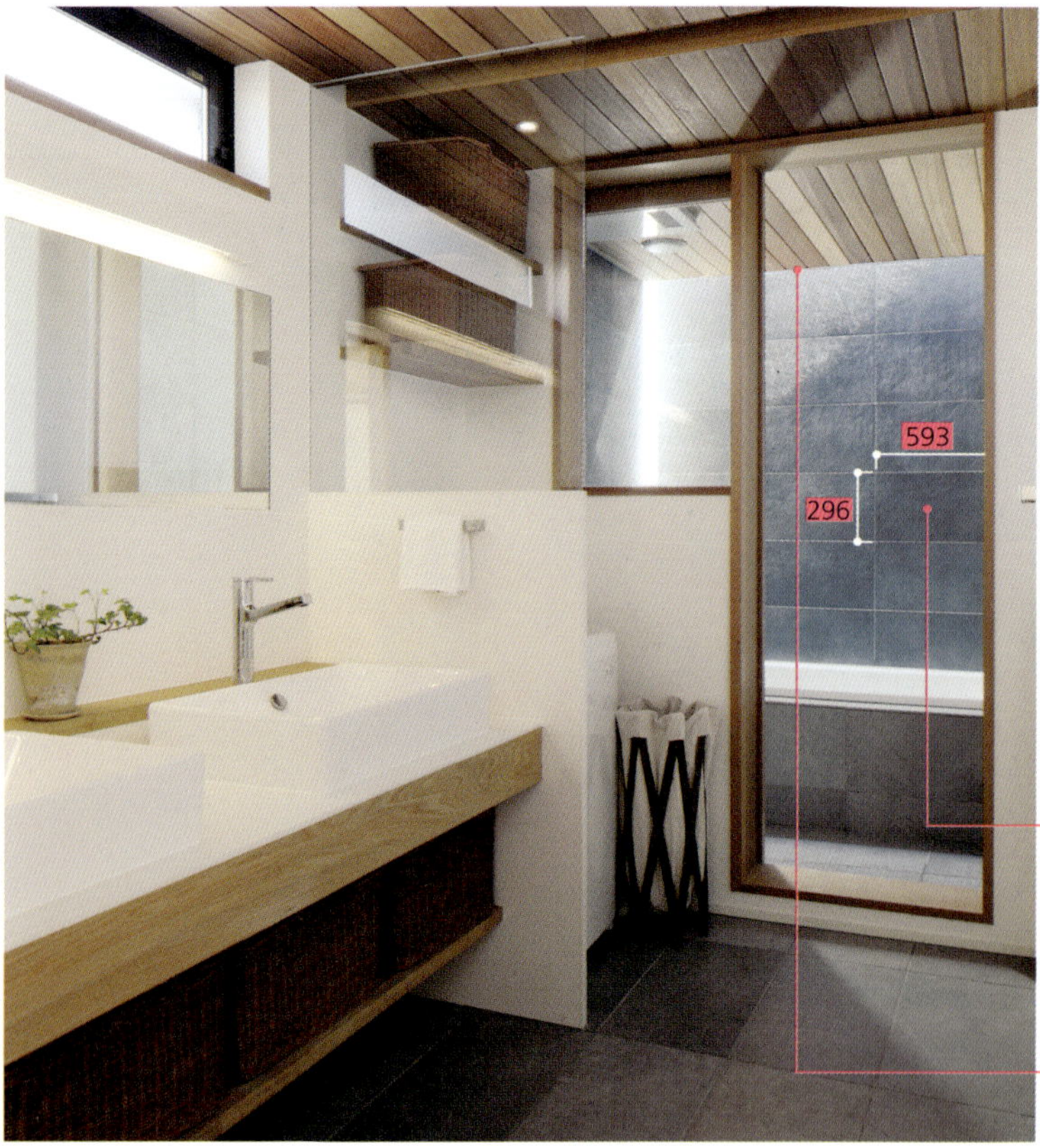

ハートストーン30-60
［サンワカンパニー］

タイルであるにもかかわらず、約300×600㎜サイズの大判が入手可能であるという点が魅力。超大判のタイルから切り出しているため寸法精度がよい

296×593㎜の大判タイル。目地幅も2㎜と、一般的な石張り（目地幅は3～6㎜程度）に比べてかなり小さくできる。色はグリジオ。価格は5,460円／㎡

浴室の開口部側にはトップライトを設置。立上り部分には夜間用の照明を設置しており、立上りの形状は下図のように三角形としている［237頁参照］

■タイルと乾式下地を賢く使う

重厚感ある石張りの浴室を木造住宅の在来浴室で実現しようとすると、建物の挙動がネックとなる。地震によって下地が動いてしまい、重量のある石が剥離するおそれがある。また、石自体や下地の厚さによって、浴室の内法寸法が思いのほか小さくなってしまう問題もある。

こうした問題を解消するには、磁器質タイル「**ハートストーン**」のような製品を使うとよい。石に比べて軽量なほか、表面の風合いが石に近く、さりげない高級感がある。厚さは約9.5㎜で、通常のタイル施工厚で納められるのも魅力である。

設計・施工上の注意点は出隅部の納まり［図］。出隅部はどうしても尖ってしまうため、石材加工業者に依頼してタイルの面取り加工をしてもらう必要がある。タイル業者は、タイルを面取

図 乾式でできる「石張り」の浴室［S＝1:40］

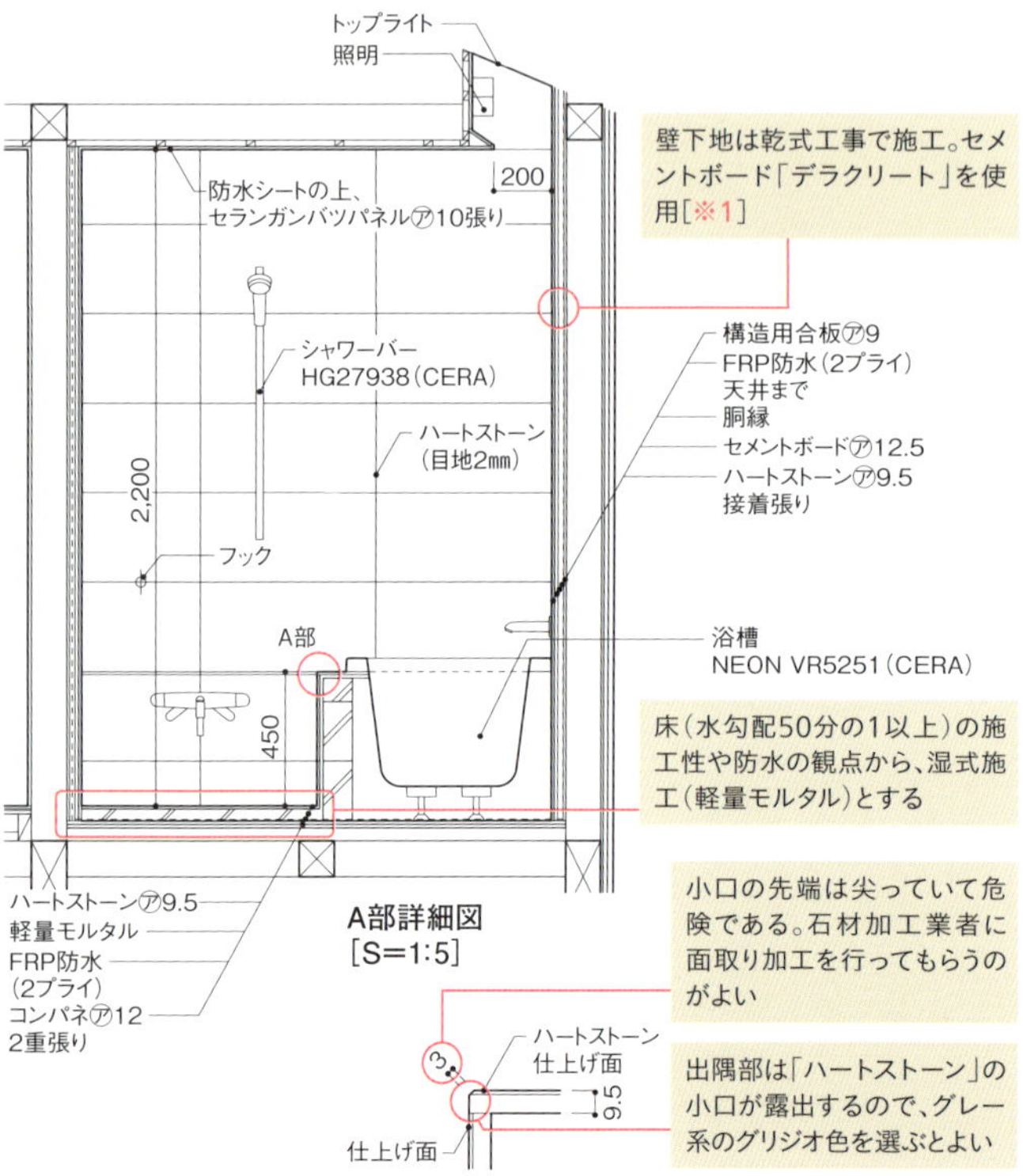

写真右上：新澤一平

＊1：骨材入りポルトランドセメントを心材とし、その表裏両面に耐アルカリ性ガラス繊維ネットを埋め込んで補強したセメント系ボード

りすることは通常ないため、それに必要な道具や技術が彼らにはない。グラインダーなどで強引に削ると精度に問題が生じるので、ここは石材加工業者に任せたい。色も重要だ。タイル小口面のグレーが露出してしまうので、タイルはグリジオ色などグレー系の色を選ぶとよい[※2]。

下地工事についても触れておきたい。在来浴室では湿式工事（モルタル）が一般的に行われているものの、コスト（施工手間などを含む）や性能の安定性という点から、可能であれば乾式工事としたいところ。そこで、12・5㎜厚のセメントボード「**デラクリート**」（**吉野石膏**）による乾式施工で下地をつくれば、コスト・手間・性能の問題をクリアできる。［関本竜太］

注目 「ハートストーン」をキッチンに使う

ハートストーンはキッチンの床に使用することも可能である。ただし、下地がしっかりしていないと、挙動によって目地が欠けてしまうことがあるので注意が必要。24㎜厚の構造用合板を張って剛床にするなどの対処を心がけたい。

ハートストーンには蓄熱効果も期待できる。この建物では、土壌蓄熱式床暖房「サーマ・スラブ」（サーマエンジニアリング）を採用している

医療用洗面流しでつくる大型洗面台は使える

病院用流し「SK106」［TOTO］

サイズはW760×H470×D225㎜で、幅および深さについて、大型の洗面器として申し分ないサイズである。価格も安く、3万4,100円（税込み）

泥のついた服や靴の洗濯、または野菜などの下洗いができる大きなシンクを兼ねた洗面台を、という要望はよくある。しかし、大型の洗面器は高価な輸入品が主で、深さも足りず使い勝手があまりよくない。

ならば、医療用の既製品を活用してはどうか。「病院用流し」のサイズは760×470㎜ほど。深さも225㎜と申し分ない。値段も安い。［関本竜太］

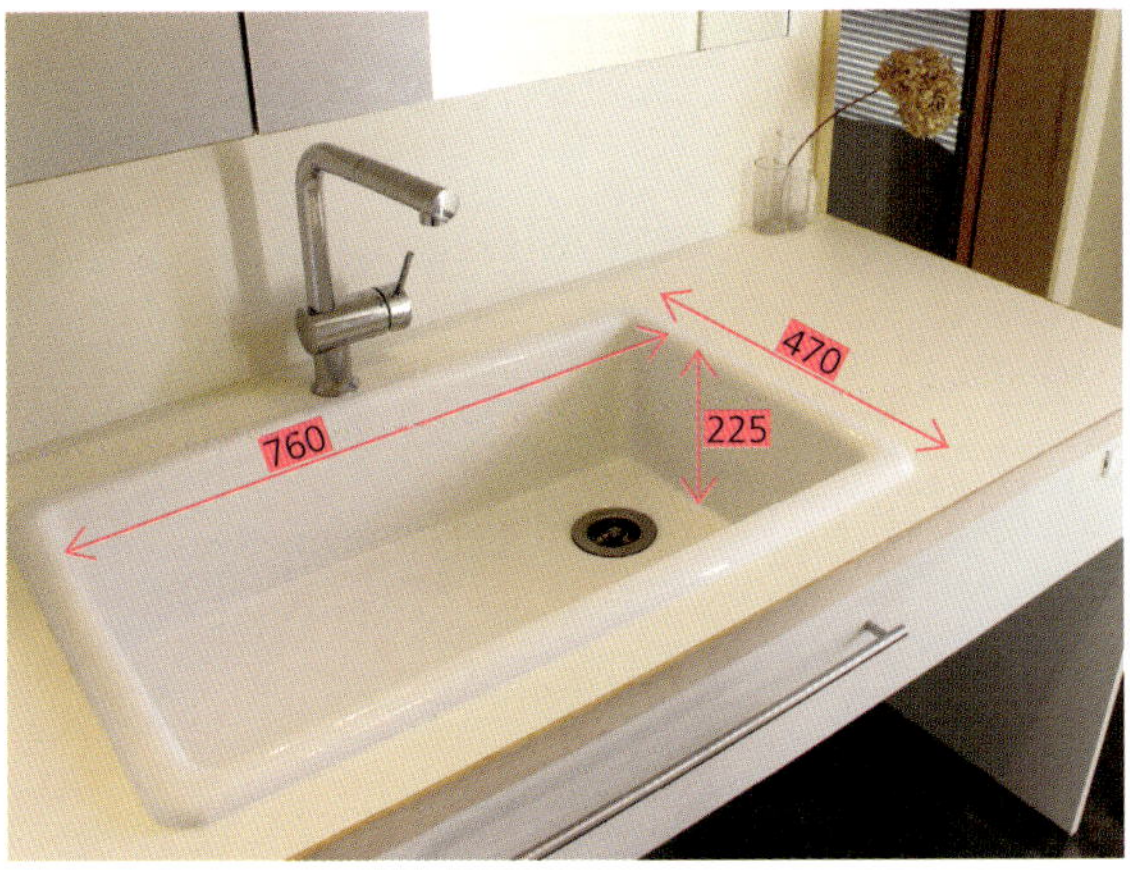

「病院用流し」をシナランバーの上に設置。メラミン化粧板を張ったカウンターに落とし込む。シンクを隠す前板にはタオル掛け。シンクの幅が広いので、水栓はキッチン水栓など、ネックの長いものやホースが伸びるようなタイプが使いやすい

図 洗面流しを落とし込む［S＝1:40］

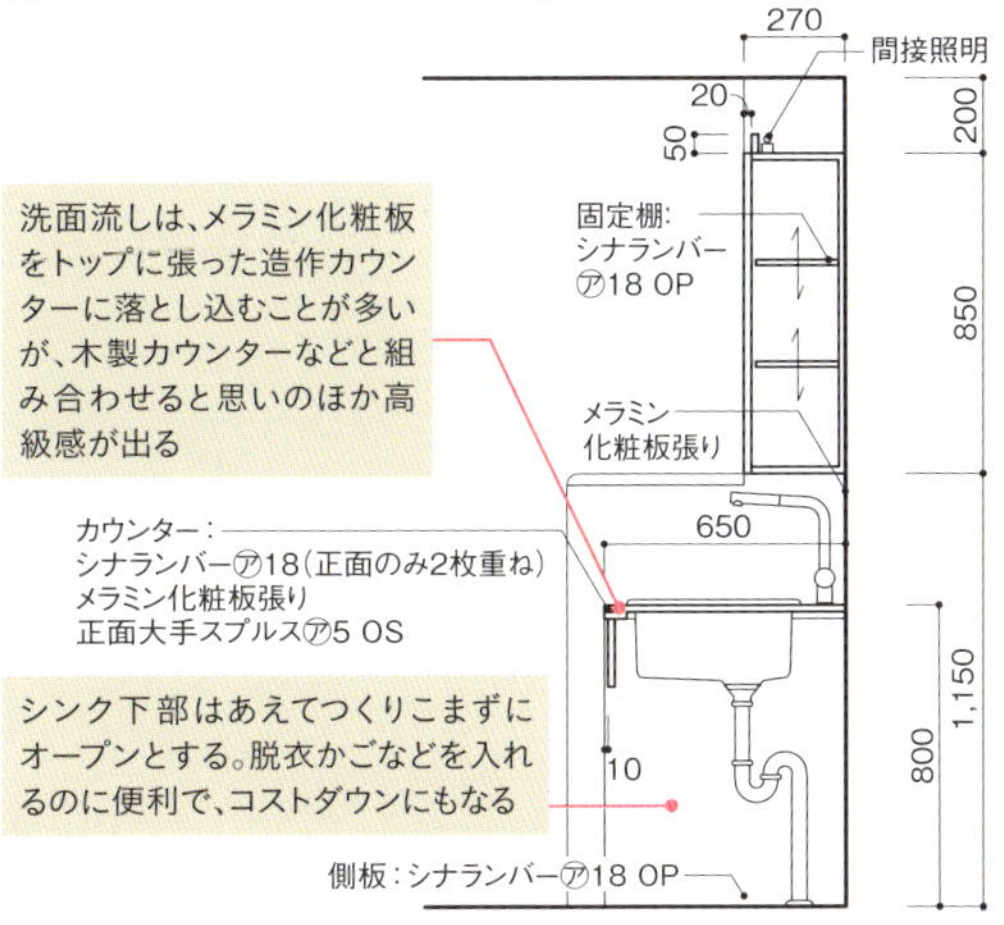

＊2：同製品は実寸が296×593㎜のため、タイル割り計画時には注意が必要である。目地幅の設定によっては300×600㎜のグリッドに乗らない

スチールをやめて丸型のアルミ手摺を高く付けよう

ハンドラインIII＋バー手すりIII・丸笠木［LIXIL（TOSTEM）］

手摺笠木は丸形のほか、角形、楕円形があり、束も正角、長方形、丸形、アーム形などがある。価格は1万9,400円／m（コーピング幅225㎜の場合）。ほかのアルミメーカーからも、同様の手摺が販売されている

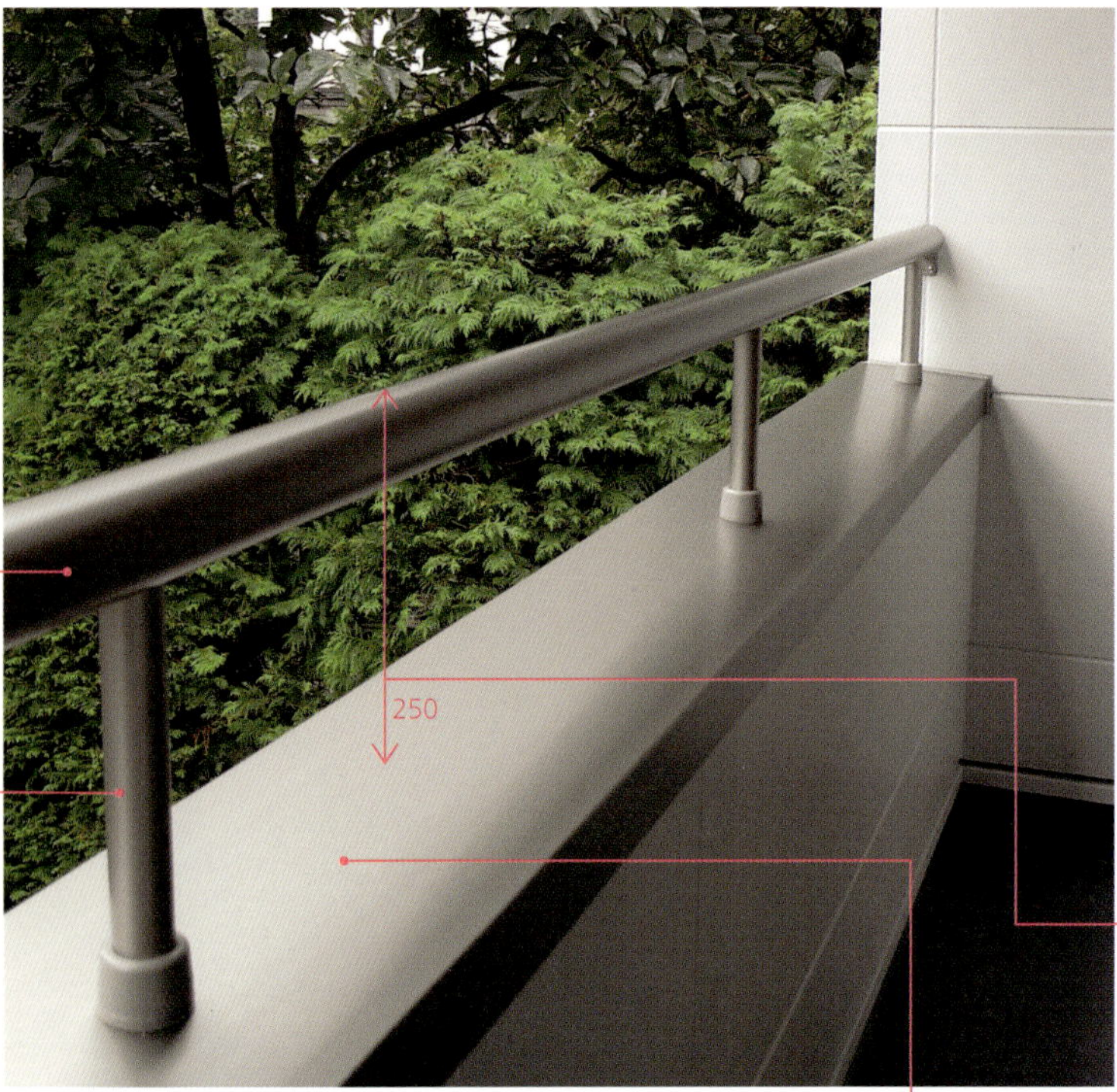

標準手摺高さは140～150㎜とされているが、同製品では250㎜まで高くできる（手摺高さについては、下図で示すような規制に注意する必要がある）

この建物では、壁に白い窯業系サイディング（ニチハの「モエンエクセラード16フラットウォール」［11頁参照］）を採用しているので、雨垂れによる汚れが懸念される。そのため、片流れコーピングの笠木を採用している

手摺形状には、ほかにも楕円形や角形があるが、丸形に比べるとサイズが大きくなるので、既製品っぽい印象がより強くなる

■手摺高さは最高で250㎜

スチール製のバルコニー手摺は、見た目がシャープで印象的である。しかし、スチールは時間が経つとさびる可能性があるだけでなく、使用上の問題が生じることも少なくない［＊1］。かといって、ステンレスやアルミで製作すると、コストがかさむ。これらを考慮すると、既製品のアルミ手摺も有力な選択肢の1つとなる。製作（金物工事）のスチール手摺よりもずっと安価である。

ただし、外観デザインを壊さないよう、なるべくシンプルなものを選びたい。筆者のお薦めは、「**ハンドラインIII＋バー手すりIII・丸笠木**」［＊2］。コーピング（笠木）には平形と片流れがあるが、平形は見付け寸法がスリムな反面、天端曲面に既製品っぽさが残る。その点片流れは、ややごつい印象だが、雨垂れで外壁面を汚さない。メンテナンス性に優れている［図❶］。

納まり上のポイントは手摺の高さ［図❷］。手摺を最大限に高くすることで、腰壁の圧迫感をなくしたい。同製品では、手摺高さは150～250㎜とすることができるので、写真の建物では最大高さの250㎜で設定し、室内からの視界を確保している。

［中西ヒロツグ］

図 アルミ手摺のスマートな納め方

❶笠木は片流れを選ぶ［S=1:15］

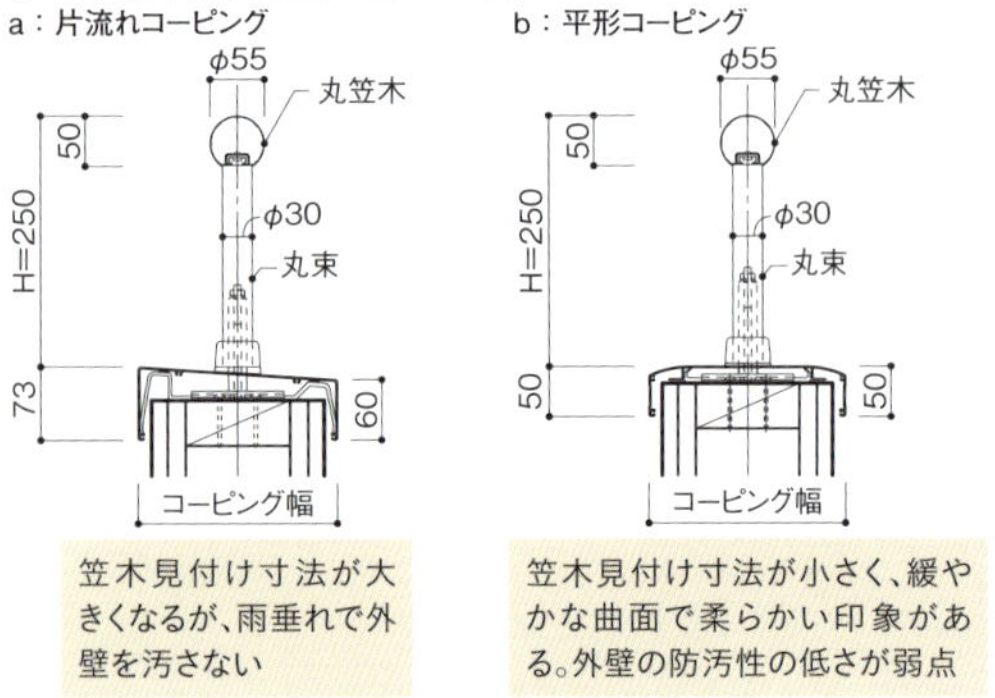

❷手摺は最大限に高くする［S=1:40］

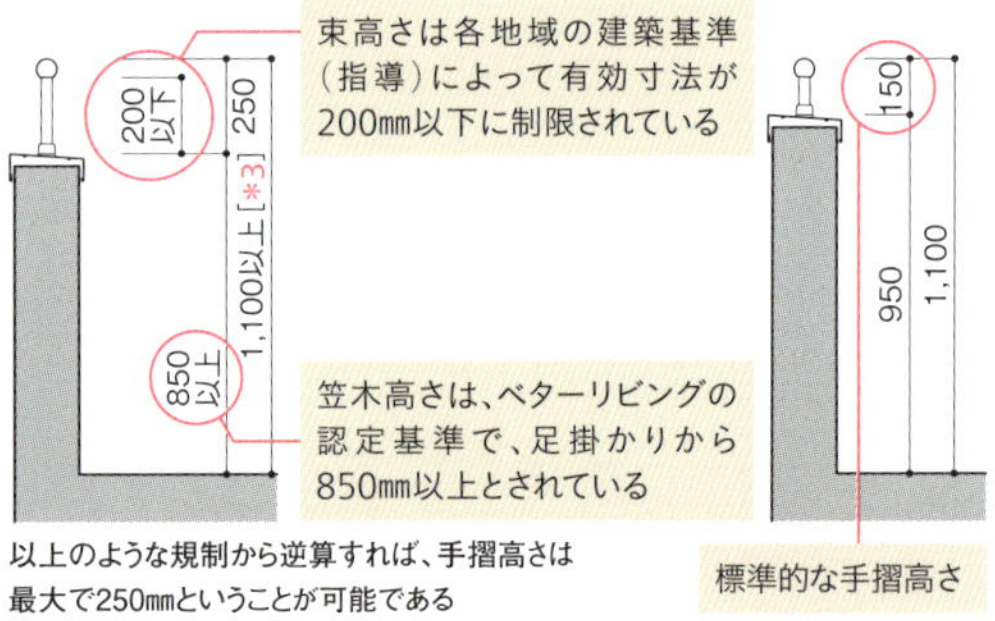

以上のような規制から逆算すれば、手摺高さは最大で250㎜ということが可能である

＊1：スチールの場合は、塗料がチョーキング（白化）して手が汚れる、布団が干せなくなる、などの支障がある
＊2：アルミ笠木と丸形手摺が一体となっている
＊3：戸建住宅では手摺の高さに規定はないが、令126条にならって1,100㎜程度は確保したい

タイルでつくる水盤の飛び石

ムスタングブラック
［東京水産流通グループ ユーロハウス］

チャコールグレーのような暗い色のスレートタイル。タイルの小口が目立たないのが特徴。採用した「STN-93（600×300×9㎜）」は、1枚900円とかなり安い

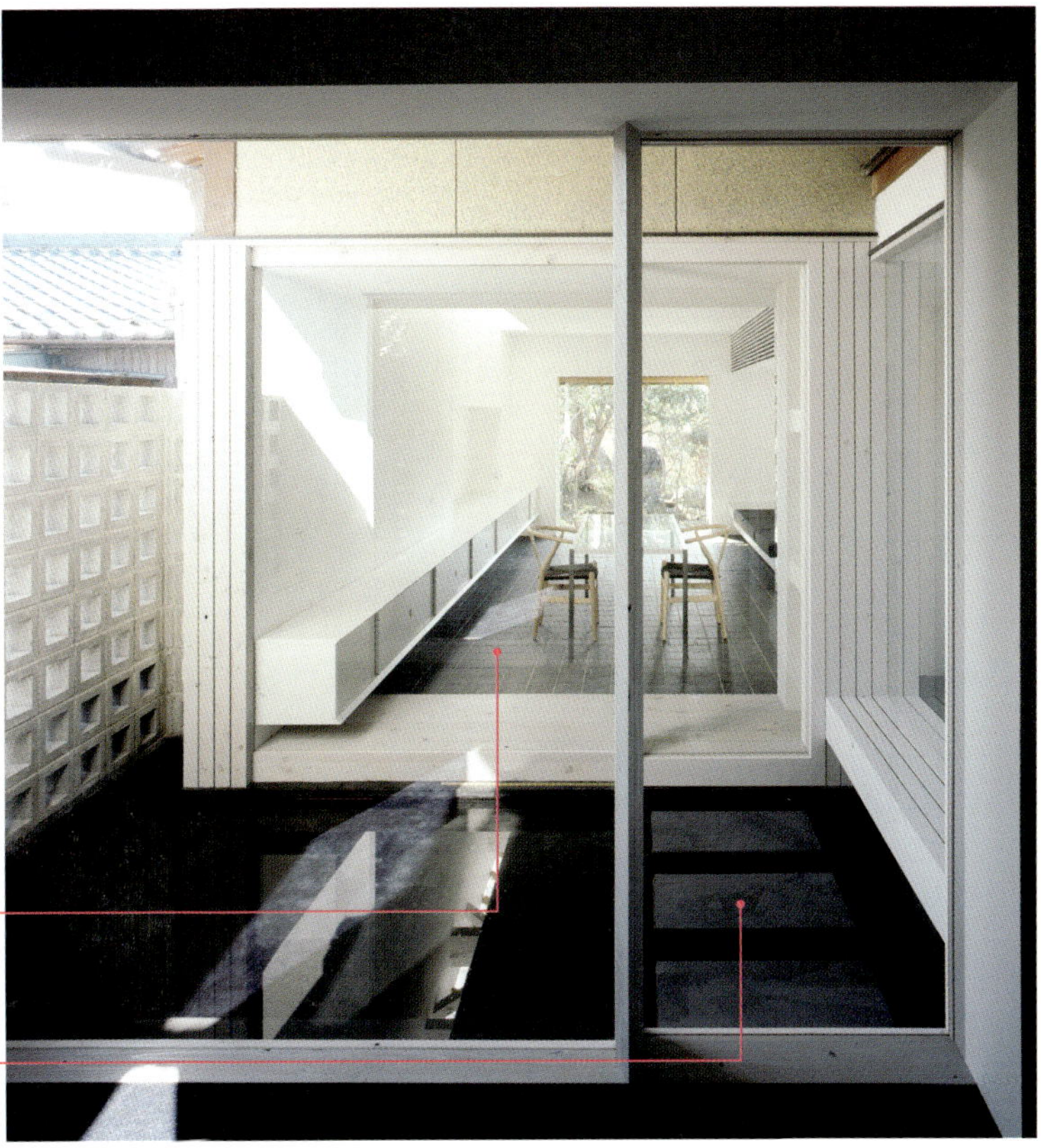

水に反射した柔らかな光が、奥に見えるリビング・ダイニングにまで届く。防水層の構成は、防水バルコニーなどと同様［図］

スタイロフォームでかさ上げした後、表面のみをスレートタイルで仕上げる。石やコンクリートで仕上げるよりもかなり安価

■タイルを石の塊に見せる

建物が平面的に広いと、建物中央部の採光不足という問題が起きやすい。これを解決するための1つの手法が、建物の中央部に水盤を設け、大きな開口部から入る光を柔らかく反射させて、玄関やリビング、寝室といった各場所に届けるというものだ。

しかし、コストが厳しい場合には工夫が必要である。たとえば水盤に飛び石を設ける場合。一般に飛び石には、大きな石やコンクリートといった材料を用いることが多く、コストがかかり、重量が増すという問題も生じる。そこで筆者は、スタイロフォーム（かさ上げ用）に9㎜厚のスレートタイルを張り付けるという手法を考案した［図］。

ポイントはスレートタイルの選定。石の塊に見えるように、室内床のスレートと同様、暗めの色のものを選ぶ。スレートタイルの小口が目立たないので、石の塊のように見える。

耐久性については、1枚1枚の面積が小さいので局所的な加重はかかりにくく、割れる心配もほぼない。割れたとしても1枚930円の石タイル数枚とスタイロフォームを交換するだけなので、費用対効果はかなり高い［*］。

［石川素樹］

図 スタイロとタイルでつくる「飛び石」［S＝1:10］

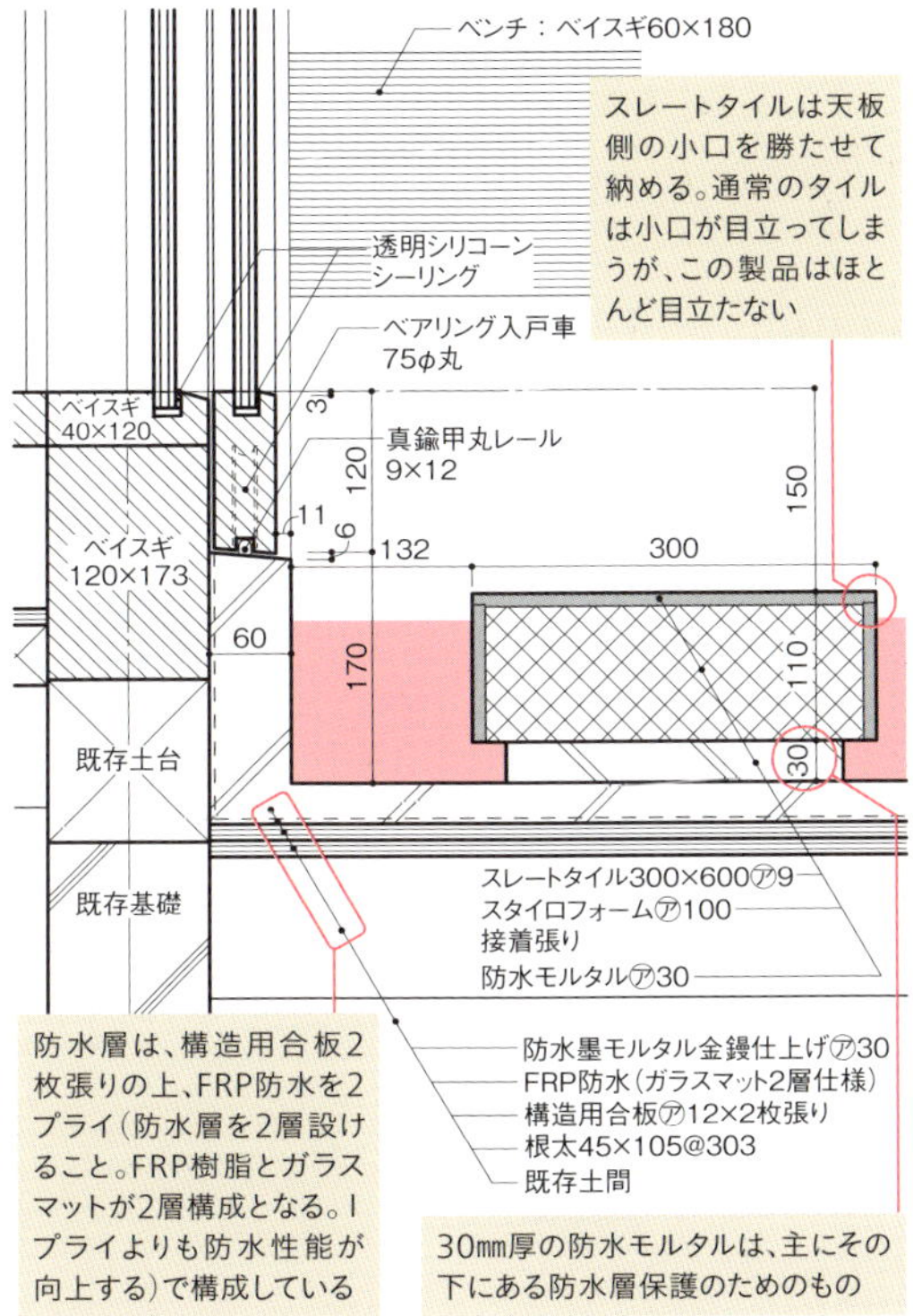

写真：西川公朗

＊：防水処理については、防水バルコニーなどと同じ要領で構造用合板とFRPによって防水層を形成し、排水管やオーバーフロー管などを設置すればよい。最もコストパフォーマンスがよい手法

READY MADE PRODUCTS
2
UTILITY MATERIALS
RECOMMEMDED

本当に使える［水廻り］の既製品

水撒きに最適な分岐水栓

カラー双口自在水栓［カクダイ］

夏場に欠かせない庭の水まきを想定すれば、手洗い場の水栓は、水やり用のホースをつなげっ放しにできる分岐水栓がよい。「カラー双口自在水栓（ブロンズ）」は、付け根に設けた水栓部分に簡単につなげられる。価格は1万3,230円。奥に見えるガーデンライト「BH1012古色仕上げ くもりガラス仕様」（ゴーリキアイランド）は、通販サイトのジューシーガーデン［87頁参照］で購入［＊］。

［寳神尚史／日吉坂事務所］

コンパクトで清掃しやすいシンク

S311［エクレア（参創ハウテック）］

ワンルームマンション用のキッチンシンクで国内最小サイズ（幅532×奥行き457×高さ203㎜）。 シンク内に水栓金具が設置できる。また、ごみ受け機構も充実しており、目隠しが付いているのも特徴。筆者は、システムキッチンを造作する場合によく採用している［43～45頁参照］。

［小山光／キー･オペレーション］

ハサミで切れる天然石

HANDY STONE［松下産業］

洗面所の壁仕上げに天然の石を使ってみてはどうだろうか。石材を特殊な技術で薄く剥がしたシート状の「HANDY STONE」は、ハサミでの切断や湾曲させての使用が可能なほか、軽量なため接着剤での張り付けも可能である。写真の建物では、マットな質感が特徴のクレイタイプを採用している。1,200× 600㎜のシートを、150㎜幅に裂いて目違いに張り、豊かな表情を引き出した。価格は7,800円／枚。

［山中祐一郎／S.O.Y.建築環境研究所］

＊：現在はLEDの「BH1012FR LED」という品番になっており、価格は2万8,080円

トイレを魅せるニギリバー

R2207［リラインス］／SA-323-XT［カワジュン］

トイレにも工夫の余地はある。スティックリモコン（この写真はTOTO製）を基準として、相性のよいもの、機能性のあるものを組み合わせたい。ニギリバー「R2207」（この写真では長さ600㎜）はシンプルで細く、取付け座も目立たないのが特徴。狭い空間でもあまり圧迫感を感じさせない。横に使えばタオル掛けにもなる。ペーパーホルダー「SA-323-XT」はステンレスヘアラインで質感が高く、形もシンプルである。価格も定価で6,804円と、比較的安い。

［村上太一＋村上春奈／村上建築設計室］

人造大理石の洗面ボウル

ラバトリーボウル［MRC・デュポン］

人造大理石の洗面ボウル「ラバトリーボウル」は、使用場所や広さによってサイズや形を選べるほか、同材のカウンターに継ぎ目なく一体化できるのが特徴。カビなどの発生するリスクがなく、汚れにくい。もちろん、高級感もある。天袋・地袋や鏡など、メラミン化粧板やポリ合板から塗装した合板まで、さまざまな造作家具に合わせやすい。写真では、ＥＰ仕上げの合板を天袋・鏡収納・地袋の幕板に採用している。

［相坂研介／相坂研介設計アトリエ］

シンプルで安い洗面用鏡

MOLGER・STAVE［IKEA］

筆者の設計事務所では、洗面室の鏡を製作とすることが多いものの、予算が合わない場合は、既製品の鏡を採用している。ポイントは枠廻りのデザインがシンプルであること。IKEAであれば、シンプルな鏡を安価に入手できる。MOLGER（写真左）は3,999円、STAVE（写真右）は2,999円で、MOLGERの場合は、ソープディッシュやコップなどを置くことができる。

［井上洋介／井上洋介建築研究所］

READY MADE PRODUCTS 3 INTERIOR MATERIALS 内装編

既製品活用上の心得

防火規制や防水性能と直接かかわらない内装では、使用できる既製品の選択肢が増える。ここでは、「フローリング」「クロス」「造作家具」「設備機器」といったテーマごとに、デザイン上のポイントをまとめていく。

文＝中西ヒロツグ
（イン・ハウス建築計画）

■"同化"と"対比"の見極め

内装において既製品を使うメリットは、「コスト」「施工性」「デザイン」という3つのキーワードに集約される。外装や水廻りとは異なり、性能に対する要求がさほど高くはないので、使用できる既製品のバリエーションは多い。ただし注意すべきは、内装は人間の手や目の近くにあるということ。また、インテリアデザインに既製品をいかに調和させるかも、大きなポイントとなる。

調和を図るには大きく分けて2つの視点がある。1つ目は、「既製品とインテリアを同化させるのか、対比させるのか」の見極めだ。既製品を軸に置き、その周囲の色やデザインと同化させると、既製品は目立たなくなる［写真❶］。ただし、すべての要素を合わせすぎると、特徴のないインテリアになってしまう。壁面や造作にアクセントを加えるなどして、設計者ならではの独自性を打ち出したい［76頁参照］。

一方、色やデザインを既製品と対比させ際立たせるという方法では、印象的なインテリアが実現する［写真❷］。しかし、やりすぎてしまうと、全体の統一感を損なってしまうので、念入りな検討が求められる。

2つ目の視点は、「既製品を使う場所」の見極めである。オリジナリティを演出するなら、いかにも既製品という印象の使い方は避けたい。リビング・ダイニングの扉など目立ちやすい場所の内部建具は、既製品ではなく製作とするのがよいだろう。

一方、寝室や子供部屋など、あまり目立たない場所では既製品を採用するなど、うまく使い分けたい。ただし、製作建具と既製建具が並ぶときは気をつけなければならない。もし近い場所にある場合は、上記と同様に、既製品への同化を徹底的に行うか、アクセントをつけるか、など、デザインの調整を行う必要がある。

写真 既製品利用時の2つの考え方

既製品を使用する場合は、インテリア全体を既製品に合わせていくのか、既製品をアクセントにしていくのか、という考え方に分かれる。いずれの手法も、やりすぎてしまうとデザイン性が損なわれるので慎重な検討が求められる

❶"同化"させて目立たせない

既製建具と壁仕上げの色を合わせて、建具の存在感を薄めている。露しとした小屋組も、古民家風に濃く塗装するのではなく、素地仕上げとする（現場で丁寧に磨き上げる）

❷"対比"させてアクセントに

既製建具と壁仕上げの色を合わせず、建具をアクセントにする。逆に、露しとした小屋組は建具の色に合わせて塗装し、全体のバランスを整える

■複合フローリングの価値

次に、内装仕上げ（床・壁・天井）で最もよく採用される「フローリング」と「クロス」について、既製品の活用法を紹介したい。

まずはフローリング。自然素材への志向もあり、近年はナラやパインなどのムク材を床仕上げに採用するケースが増えている。しかし、ムク材にはばらつきがあり、伸縮性もあるので、施工に注意が必要だ。特に床暖房を敷設する場合は、熱の影響で伸縮が大きくなり、クレームを招きかねない。床暖房対応の高価なムク材もあるが、まったく伸縮しないわけではないので注意が必要だ。

一方、合板（基材）の上に突き板を張った複合フローリングは、ムク材に比べて価格は安く、寸法安定性にも優れているが、素材感が乏しいものも少なくない。ポイントは突き板の厚さ。ムク材と遜色ない質感を得るには、最低2㎜厚以上のものをセレクトしたい［図1❶］。

こうしたニーズに応えてくれるのが**「20シリーズ」**（IOC）。価格はオーククリアオイル仕上げで5千300円／㎡とリーズナブルである。壁や天井にも使いやすく、使い勝手も良好だ［●●頁参照］。最近では、**朝日ウッドテック**からも挽き板のフローリング**「ライブナチュラルプレミアム」**が発売された。最上級の天然木を使用し、高級感を打ち出している。価格の目安は6万8700円／坪［＊］。1×6尺サイズで展開しているので、施工性は高い。

■ビニルクロスは悪者か？

壁・天井の仕上げには、塗装・左官・板張り・クロスなどがある。最も普及しているのがクロス。工事費はビニルクロスが1千円／㎡程度と、最も安い。

健康問題や環境負荷の観点からビニルクロスに批判的な意見も多いが、施工やメンテナンスに手間がかかる左官や塗装に比べ、掃除や張り替えが容易なクロスは、建築主の支持が根強い。乾式工法のクロスは工事期間も短い。養生も必要ないので現場も汚れることはない。

ポイントはどのようなクロスを選ぶか、ということ。シンプルなデザインを目指すのであればペンキ調クロス（EP調クロス）が最適である［図1❷a］。塗装仕上げの代用品として、プレーンな質感を表現できるのが特徴である。ただし、凹凸が少なく素材が薄いため、下地の不陸を拾いやすく、継ぎ目が目立ちやすいという難点がある。施工性はよ

図1 床・壁・天井仕上げを極める

❶フローリング選択の決め手は素材感と寸法安定性

ムクのフローリング
問題点：寸法安定性に乏しいため、壁際に一定以上のクリアランスが必要。価格も高い

複合フローリング
問題点：突き板の厚さが1㎜以下のものが多く、素材感に乏しいものが多い

2つの問題を解消するには…

突き板2㎜厚以上の複合フローリング

突き板2㎜厚の「20シリーズ」（IOC）を採用。樹種はナラ

❷クロスをうまく使い分ける

a：EP調クロス

不陸の多いリノベーション向きではないが、塗装のような質感が得られる。工事費は1,200～1,400円／㎡程度

b：織物クロス

凹凸のあるクロスで間接照明との相性が抜群によい「ノイエローヴ」（旭興）。工事費は2,000円／㎡～

＊：「オーク45° スタンダード 3Pタイプ」（6枚入り）の場合

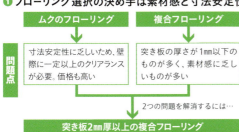

図2 使い勝手のよいクロゼットを安く実現する方法

クロゼットは機能性を重視して安くつくりたい。最近では、市販の衣装ケースをうまく活用することで、従来のクロゼットと比べて大幅なコストダウンが可能になっている

❶従来のクロゼット

❷既製品を組み合わせるクロゼット

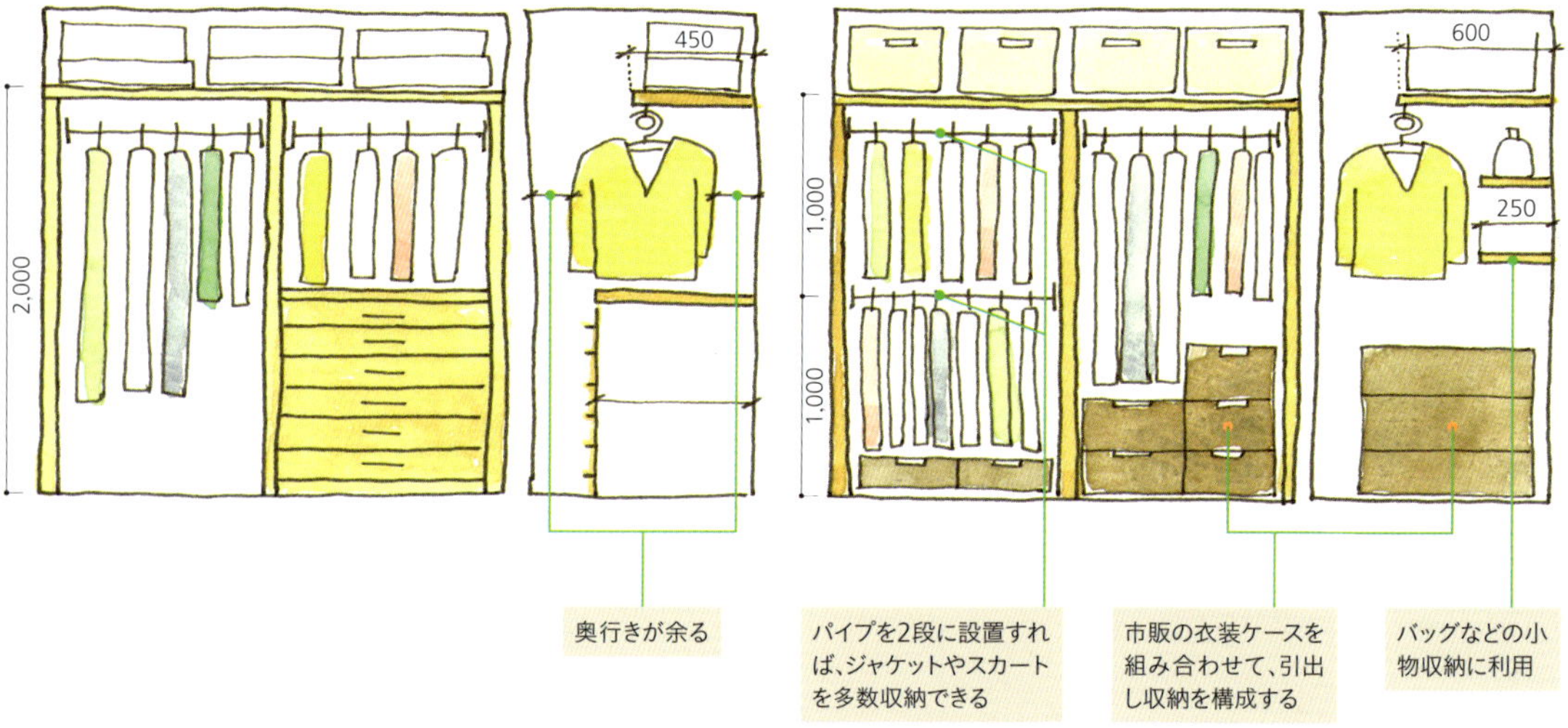
450
2,000
奥行きが余る
600
1,000
1,000
250
パイプを2段に設置すれば、ジャケットやスカートを多数収納できる
市販の衣装ケースを組み合わせて、引出し収納を構成する
バッグなどの小物収納に利用

間口に合わせた造作ユニット。引出し収納を組み込むと、6尺幅で約15万円～となってしまう

大工工事で棚板とハンガーパイプを取り付けただけのクロゼット。市販の衣装ケースで引出し収納を確保

いものの、注意が必要だ。製品バリエーションの豊富さを生かして、カラーやパターンのクロスを採用するという考え方もある。フォーカルポイント（目にとまりやすい壁の壁など）に空間のアクセントとして使用するとよいだろう［68頁参照］。

ビニルクロスに抵抗がある場合は、和紙クロスや織物クロスなどが考えられる。これらのクロスは、比較的厚めのクロスなので、下地の不陸を吸収できるのが特徴だ。また、いずれも素材感があるため継ぎ目があまり気にならず、施工性にも優れる。筆者のお薦めは「ノイエローヴ」（旭興）［63頁図1❷b］。パルプやレーヨンなどの糸を織り上げた織物クロスで、吸放湿性に優れ、インテリアの質感も高められる。

■大工造作×収納用品

既製品の造付け家具といえば、ユニットタイプの製品がほとんどだ。さまざまな組み合わせが可能な反面、パーツが増えると、コストも高くなるのが難点だ。デザイン性と低コストを両立させるのなら、大工造作と既製の収納用品を組み合わせるという手法が現実的だろう［図2］。

無印良品やIKEAに代表される既製の収納用品は、コストパフォーマンスが高く、寸法体系が整理されているため、レイアウトが容易で、必要に応じて自由に追加できる。クロゼットについては、引出しなどを家具工事で無理して製作する必要はない。収納内部にシナランバー合板で棚を取り付け、ハンガーパイプを渡し、余った部分に既製の収納用品を組み合わせれば、機能的な収納が完成する［74・75頁参照］。

3尺（910㎜）モジュールの住宅で収納の奥行きが大きい場合（クロゼットの奥行きは600㎜程度で足りる）には、❶ハンガーパイプを前後に2本取り付ける、❷余った250㎜程度のスペースを有効活用し、小物収納として利用する、❸両面からアクセスできるクロゼットとする、などの方法が考えられる。

■設備機器は賢く隠す

住宅において、設備機器の重要性は年々増しており、その存在感をいかにしてコントロールするかが意匠上の大きなテーマとなっている。

空調機器で最も普及している壁掛けエアコンは、かなりの存在感があるため、「できるだけ隠してしまいたい」と思うのも無理はない。隠し方としては、ルーバー状のカバーを取り付ける手法が一般的だろう。

図3 エアコンの「正しい隠し方」を考える

壁掛けエアコンの存在感はいつも悩ましい。最近の傾向として、省エネ性・機能性が高いエアコンは得てして筐体が大きい(省エネ性能を高めるには、フィンと呼ばれる熱交換器の表面積が大きくなるため)。目立たないようにしたいが、単純に隠せばよいというものでもない

❶家具に組み込まれた壁掛けエアコン

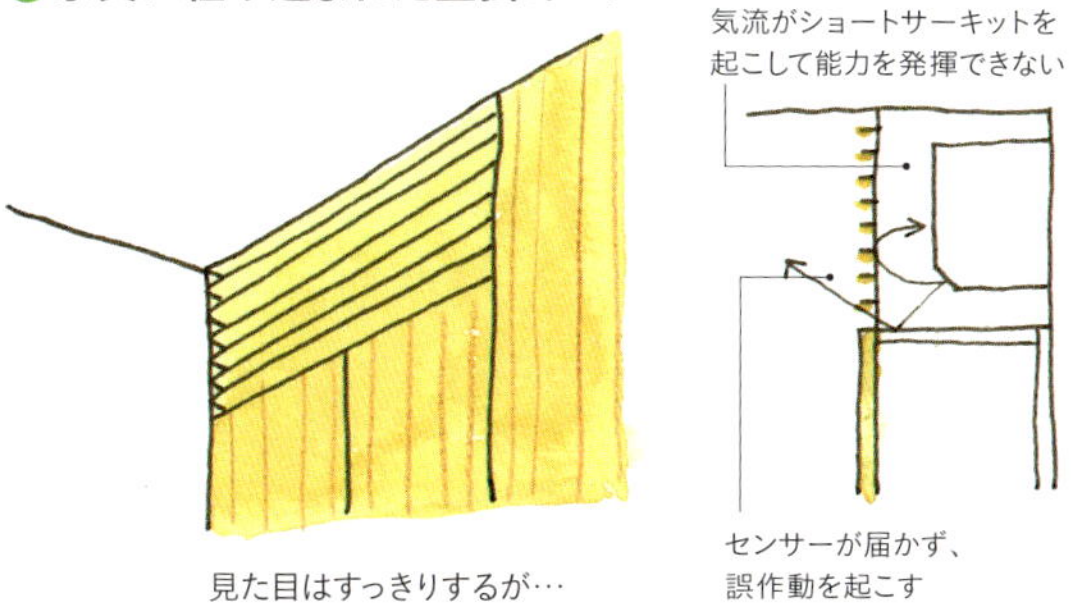

❷壁埋め込みエアコンを使用する

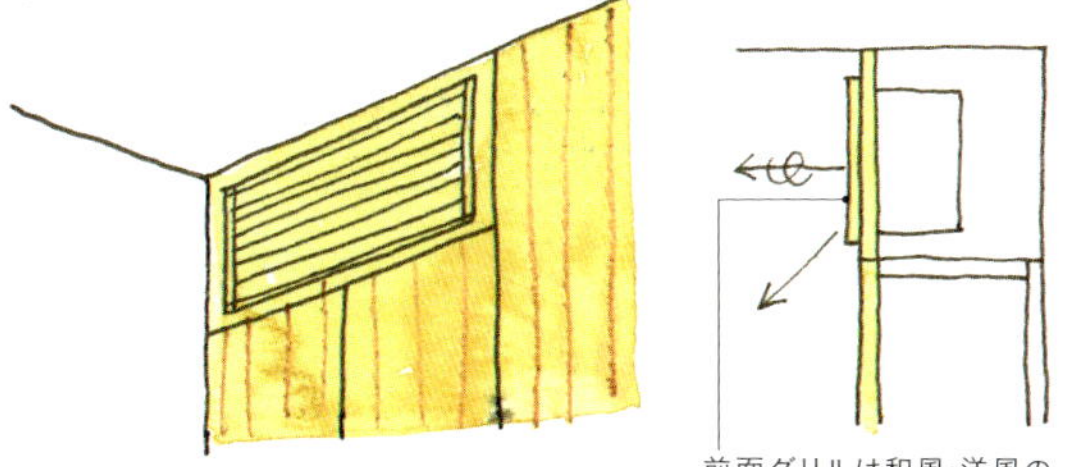
壁埋込みエアコンを使用するのが鉄則
前面グリルは和風・洋風の数種類があり、特注で指定色での塗装も可能

❸使用時には開放する

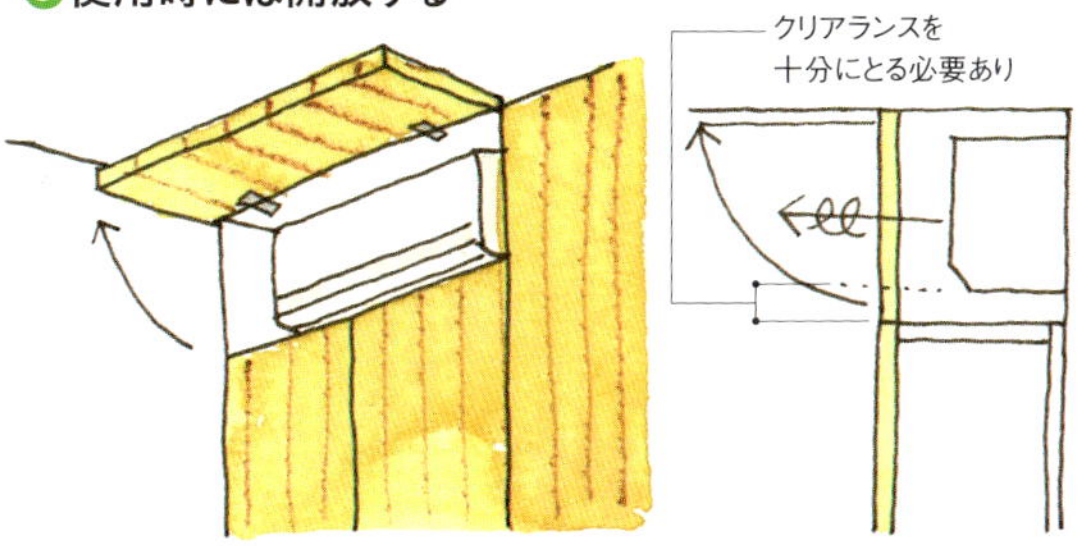
使用時だけ開ける
壁掛けエアコンの暖気は、ほぼ真下に吹き出すので、下面をカバーすると効率が落ちる

❹壁掛けエアコンの正しい隠し方—応用—

a：下面も開閉させる

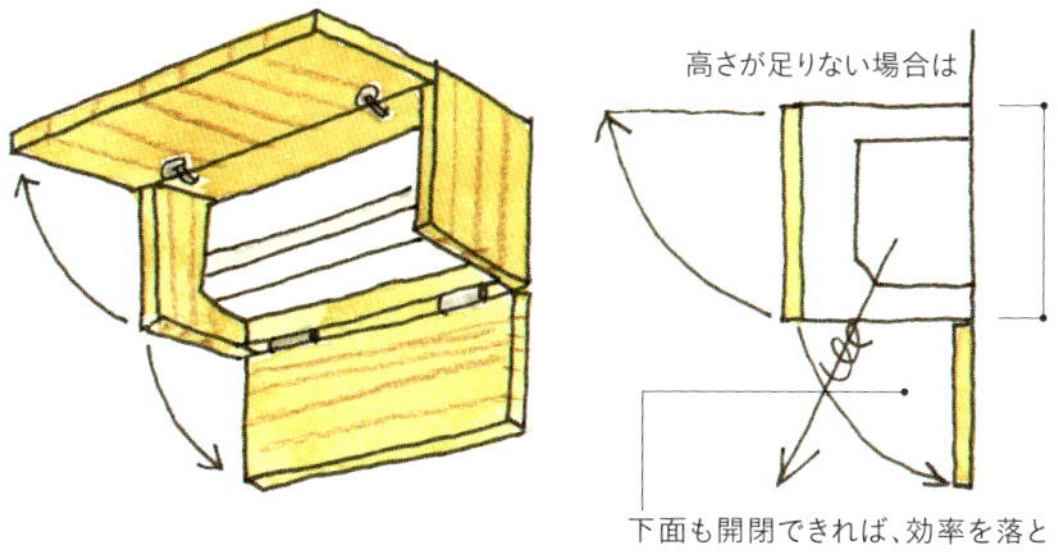
下面も開閉できれば、効率を落とさず、エアコンを隠すことが可能

b：引戸で隠す

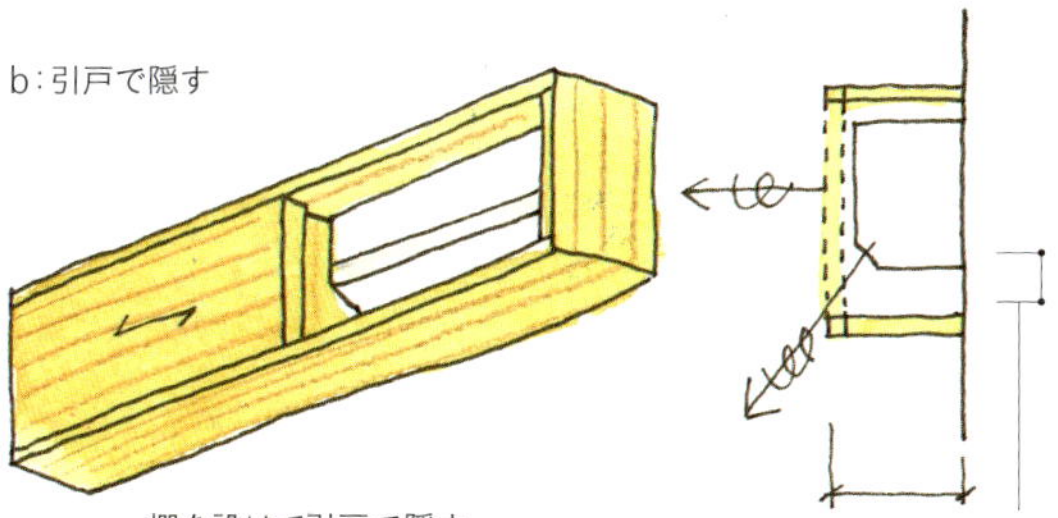
棚を設けて引戸で隠す
奥行きを必要最小限とし、高さを大きくとることで下方向への吹出しを確保する

❺薄型エアコンを選ぶ

日立アプライアンスの「AJシリーズ」は省エネタイプでは珍しい奥行き210㎜の薄型エアコン。機能的にはベーシックなモデルだが、幅も780㎜なので、半間(910㎜)の壁にもすっきり納められる

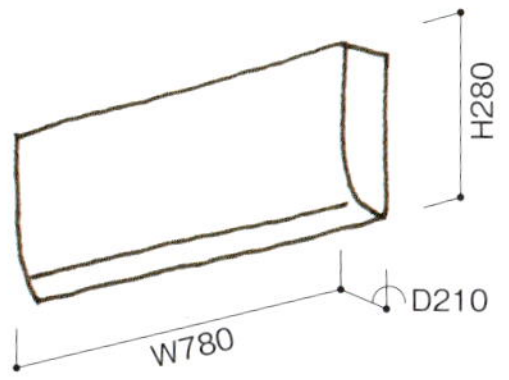

　しかし、カバーが小さすぎたり、ルーバーのピッチが細かすぎたりすると、センサーが誤作動を起こし、エアコン本来の性能が発揮できない場合がある。それを避けるには、「使用時には見せ、不使用時にはしまう」という割り切った考え方も必要である［図3］。

　テレビも同様。大型化するテレビの存在感は悩ましい問題の1つであろう。最も一般的な対処法は、ニッチを設けた壁面に納めるという手法である。黒い色が気になるのであれば、テレビの色に合わせて壁をチャコールグレーにするのも手だ［78頁参照］。

　スイッチ・コンセント類もTVと同様の処理が考えられる。スイッチやコントローラーは、ニッチにまとめて納める手法が有効だ。ただし、複数のスイッチをまとめると使い勝手に影響が出るので、何らかの工夫は求められる［86頁参照］。コンセントについては、床下のスペース(根太や捨張り合板など)を利用して埋め込むのがよい。フローリングの加工手間はあるが、フロアコンセントのような出っ張りがなく、すっきりと納められる。

　最近では、LED照明がかなり普及してきた。建築化照明のバリエーションは一気に増えている一方、設計者としては器具メーカーの増加・製品サイクルの短期化に対応していく必要がある。

ワンランク上の壁仕上げを実現する3つの方法

ポーターズペイント
［NENGO］
エクセルジョイント
［渋谷製作所］

■AEP+珪砂は施工性◎

表情豊かな壁仕上げをできるだけリーズナブルな予算で実現することは困難なのだろうか? ここでは、左官仕上げほどはかしこまらずに、表情も彩りも豊かな壁を実現する3つの手法について述べてみたい。

1つ目は「**ポーターズペイント**」という塗装。通常の塗装仕上げに比べると高価であるが、左官仕上げよりは安価で、さまざま表情を生み出すことができる。色の種類や仕上げ方法も豊富なほか、DIYでも対応できるなど、施工性も良好である。筆者は、❶トイレやロフトなど、住宅の中でも閉鎖的な空間にアクセントとして用いたり、❷内壁と外壁を連続させるように仕上げたりしている［写真❶a・b］。

2つ目は「**エクセルジョイント**」という下地材を用いる方法［写真❷］。モルタルに繊維を混ぜた材料で、クラックが入りやすいモルタルの欠点を補ってくれる。もともとは左官の下地材として開発されたものなので、下地を選ばないうえ、繊維が入っているので、表情も繊細で豊かになる。

3つ目は、〝AEPに珪砂を混ぜる〟という応用的な手法。コストダウンに有効だ［写真❸］。筆者の経験では、不陸や汚れが問題となる通常のAEPに比べて、よりラフなテクスチュアで仕上がり、施工性がよい。

［西久保毅人］

写真 彩りや陰影でテクスチュアを豊かにするための手法

❶ポーターズペイントを利用する

a:閉鎖的な空間に使う

「ストーンペイントコース」という製品を用いて、トイレの壁にアクセントをつけた

b:外壁仕上げと連続させる

リビング・ダイニングに大きな開口部を設けて、外部との連続性を表現した。ポーターズペイントで外壁部分まで塗装すれば、それがより強調される

❷エクセルジョイントで得るコンクリートの質感

「エクセルジョイント」(下地材)を使うと、コストを抑えながら、コンクリート打放しの質感が得られる

❸AEP+珪砂で得るテクスチュア

AEPに珪砂を混ぜると、左官風のテクスチャが生まれる。珪砂を混ぜる量については、塗装業者との打ち合わせが必須

天窓の光を最も反射するタイルを探し尽くした結果

SW-2001
［平田タイル］

内装用のモザイクタイル「SWEET」の1製品。目地共寸法は300㎜角で、形状は22㎜角表紙張り。厚さは6㎜となっている。設計価格は6,800円／㎡

内装は白で統一しているが、天窓の光を反射させるために天窓の真下にある壁面（局面壁）はモザイクタイルで仕上げげた

天窓のサイズは405×455㎜。「スカイシアター」（LIXIL ／TOSTEM）を採用している。曲面壁の角度は天窓から入る光を室内に効率よく反射する位置を考慮して、現場での最終確認のうえ決定

局面壁以外の壁・天井は石膏ボードの上、EP仕上げ。局面壁との取合いは、曲面壁の存在を際立たせるため、幅木や廻り縁のない納まり

■反射率の高いタイルとは?

天窓からの光を直接室内に取り込むのではなく、壁仕上げに反射させて間接的に取り込む場合にポイントになるのが壁仕上げの反射率。外部からの光を効率よく拡散させる材料を選択したい。

最も適しているのが水廻りのアクセントとして利用されることが多いモザイクタイル。ここでは、光を最も反射する白色のモザイクタイルを選んだ。なかでも、光を最も反射することができるのがモザイクタイル「SWEET」。筆者はさまざまなサンプルを取り寄せて太陽光による反射実験を行い、この製品を曲面壁に張りつけた。

天窓の設置方法も大きなポイント。正方形に近い既製品のトップライトを、45度傾けて等間隔で天井に並べている。光は曲面壁に反射して、菱形の光の連続パターンとなり、天気や時間によってさまざまな表情に変化する。室内からは入ってくる外部からの光だけが見え、天窓自体はほとんど見えない。［中佐昭夫］

図 曲面壁に天窓の光を反射させる［S＝1:60］

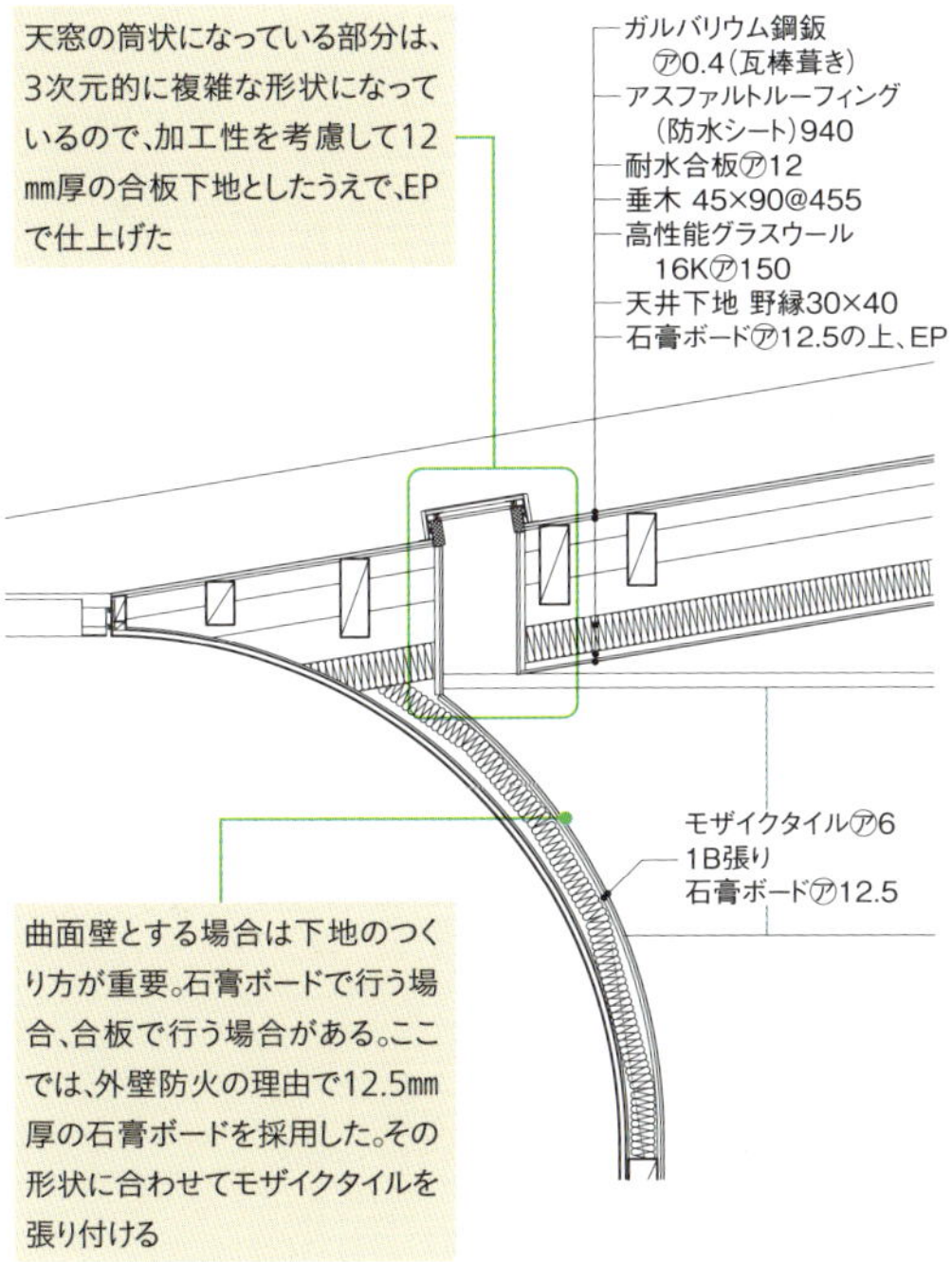
天窓の筒状になっている部分は、3次元的に複雑な形状になっているので、加工性を考慮して12㎜厚の合板下地としたうえで、EPで仕上げげた
ガルバリウム鋼鈑 ㋐0.4（瓦棒葺き）
アスファルトルーフィング（防水シート）940
耐水合板㋐12
垂木 45×90@455
高性能グラスウール 16K㋐150
天井下地 野縁30×40
石膏ボード㋐12.5の上、EP
モザイクタイル㋐6 1B張り
石膏ボード㋐12.5
曲面壁とする場合は下地のつくり方が重要。石膏ボードで行う場合、合板で行う場合がある。ここでは、外壁防火の理由で12.5㎜厚の石膏ボードを採用した。その形状に合わせてモザイクタイルを張り付ける

写真：矢野紀行

RCラーメン造はラフなレンガタイルで柱形を覆え

RCラーメン構造の建物では、室内に柱形が大きくせり出すことが少なくない。その圧迫感を和らげる方法はないか。1つには、プレーンな柱形に対してレンガタイル（セメント系軽量レンガ）を張るという手法がある。最大のポイントはレンガタイルの選び方。レンガタイルは一般的に表面をラフに仕上げているが、タイルごとに個体差がある製品を選べば、より効果的な仕上がりとなる。しかも、こうした製品はおおむね安い。　［石川素樹］

張るだけでは荒すぎるので、壁面に合わせて、AEPで仕上げる。ただし、レンガタイルが塗料を吸うのでローラーで3回塗りとすること。目地の隙間は最終的には筆塗り

タイルはあえてきれいに張らない

タイルのばらつきを生かして、個々の隙間からあえて弾性接着剤が出てくるように割付けを行う。実際に張るときは、弾性接着剤をならしながら敷き詰めるように張る

柄物クロスはアングルで見切ろう

柄物クロスでは、壁と床の見切に注意を払う。壁の一部を1枚の絵画のように見せるとき、付け幅木で見切ると、ただ単にクロスを張っただけのように見える。そこで、アルミアングルを幅木として使う。わずかな隙間に陰影が生まれ、壁一面が浮かんだように見える。クロスのエッジも美しい。　［直井克敏＋直井徳子］

パインのフローリングと、「ANNO壁紙シリーズ」（スウェーデンBorastapeter社）の壁紙を仕上げとして使用。アルミアングルの小口がシャープな印象を与え、洗練されたデザインとして空間に馴染ませることができる

図 アングル幅木の効果［S＝1:10］

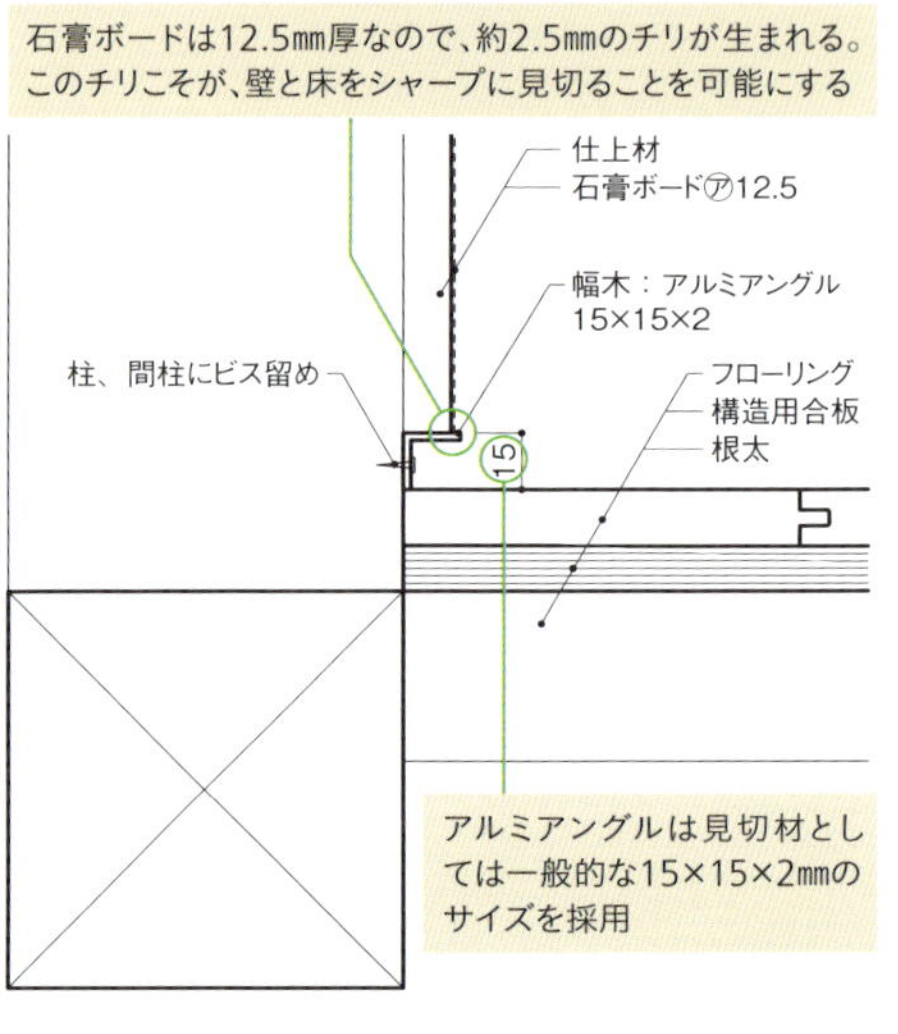

石膏ボードは12.5㎜厚なので、約2.5㎜のチリが生まれる。このチリこそが、壁と床をシャープに見切ることを可能にする
仕上材
石膏ボード㋐12.5
幅木：アルミアングル 15×15×2
柱、間柱にビス留め
フローリング
構造用合板
根太
15
アルミアングルは見切材としては一般的な15×15×2㎜のサイズを採用

写真（左上）：西川公朗

ピクチャーレールで見切れば湿気対策にもなる

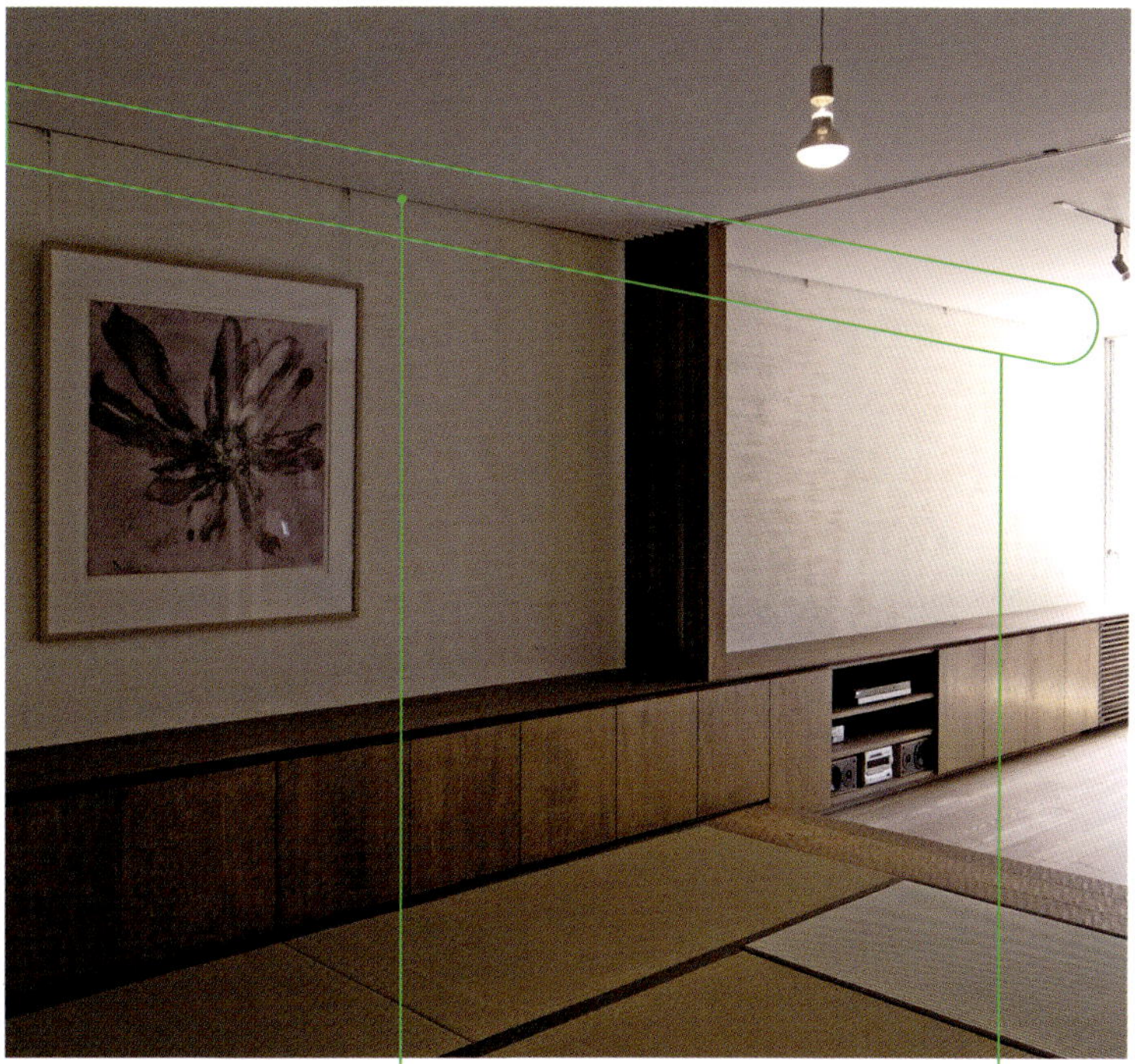

壁と天井が異素材で、湿気対策と見切を兼ねる場合は、部屋の端から端まで、ピクチャーレールを設置することが原則[＊1]

紙クロスと、漆喰壁が取り合う部分は、水分が漆喰から紙クロス側に放出されるので、湿気対策としての見切りが必要になる

ピクチャーレールは中量用の「コレダーラインC－1」（タキヤ）を中心に採用（推奨荷重は30kgまで）。絵画の大きさは約1m角

■負けるほうにレールを入れる

壁と天井を異素材で仕上げる場合には、見切を設けるのが望ましい。特に、壁を左官（漆喰）、天井を紙クロスとする場合には、取合い部分で紙クロスが調湿作用のある漆喰の水分を吸収してしまい、不陸などが生じかねないので注意が必要だ［＊2］。

この場合、通常は木製の廻り縁や塩ビ製の見切材を用いるのが常套手段である。ただし、シャープには見切れない。そこで、アルミ製のピクチャーレールを見切材として使用する手法が浮上する。漆喰の壁を傷めることなく、大きな絵画を掛けることも可能だ。

施工上のポイントは下地の補強［図］。壁側に設置する場合は間柱などに、天井側に設置する場合はピクチャーレールの位置に、それぞれ受け材（野縁）を合わせて入れて、十分に固定する必要がある。

一方、意匠的には、壁と天井の勝ち負けによって、ピクチャーレールの位置を変えることが重要だ。勝つほうの仕上げをのばして、負けるほうにピクチャーレールを入れるのが原則だ。写真の例では壁を勝たせているので、天井側にピクチャーレールを仕込んでいる。

［村上太一＋村上春奈］

図 勝ち負けで納まりを変える［S＝1:15］

❶壁側にピクチャーレールを入れる場合

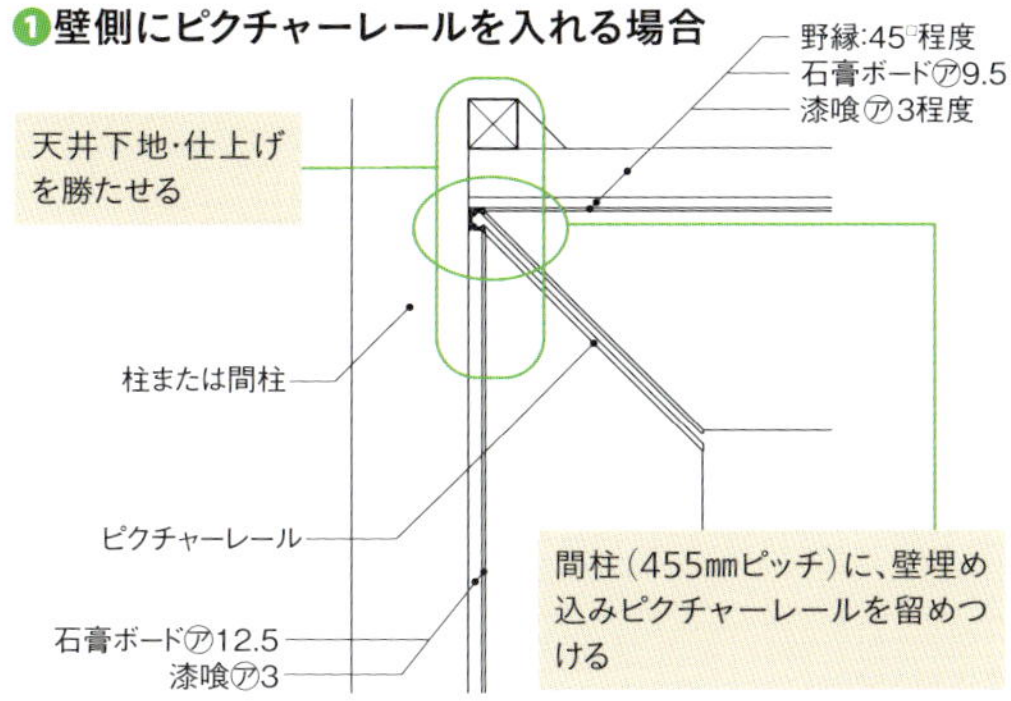

❷天井側にピクチャーレールを入れる場合

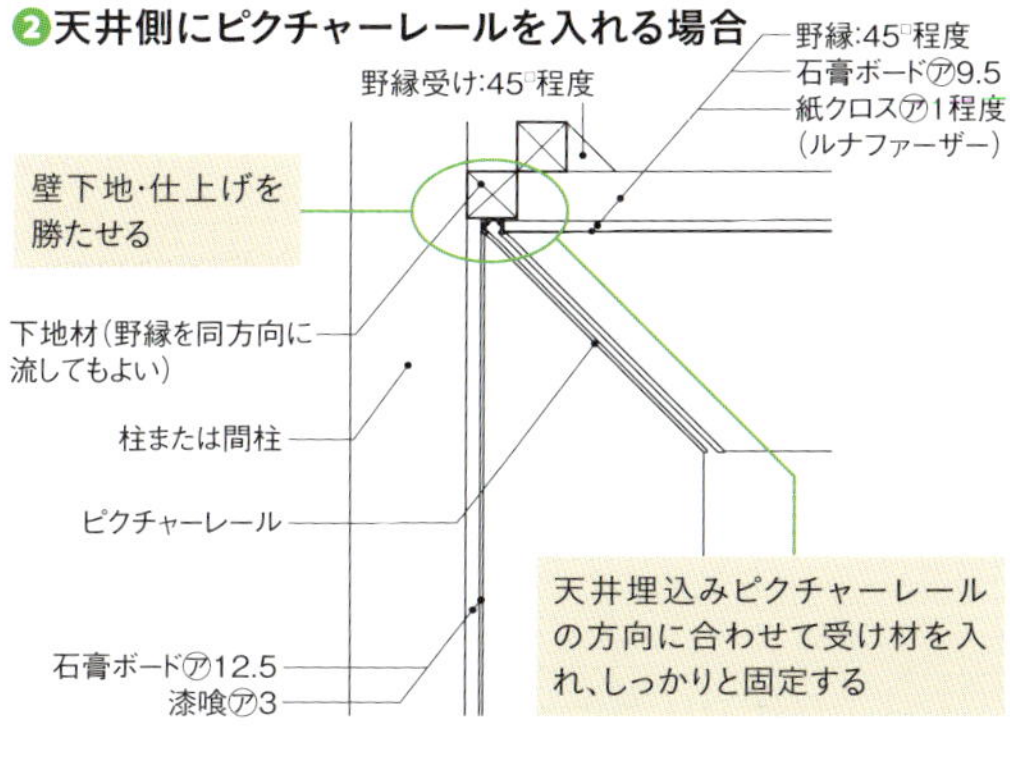

＊1：同素材で仕上げた壁と天井を、シームレスに見せたい場合には、絵画を掛ける部分のみにピクチャーレールを設置すればよい
＊2：特に漆喰が湿っている施工中に問題が生じやすい

［速報］見切材による最高の幅木が発見される

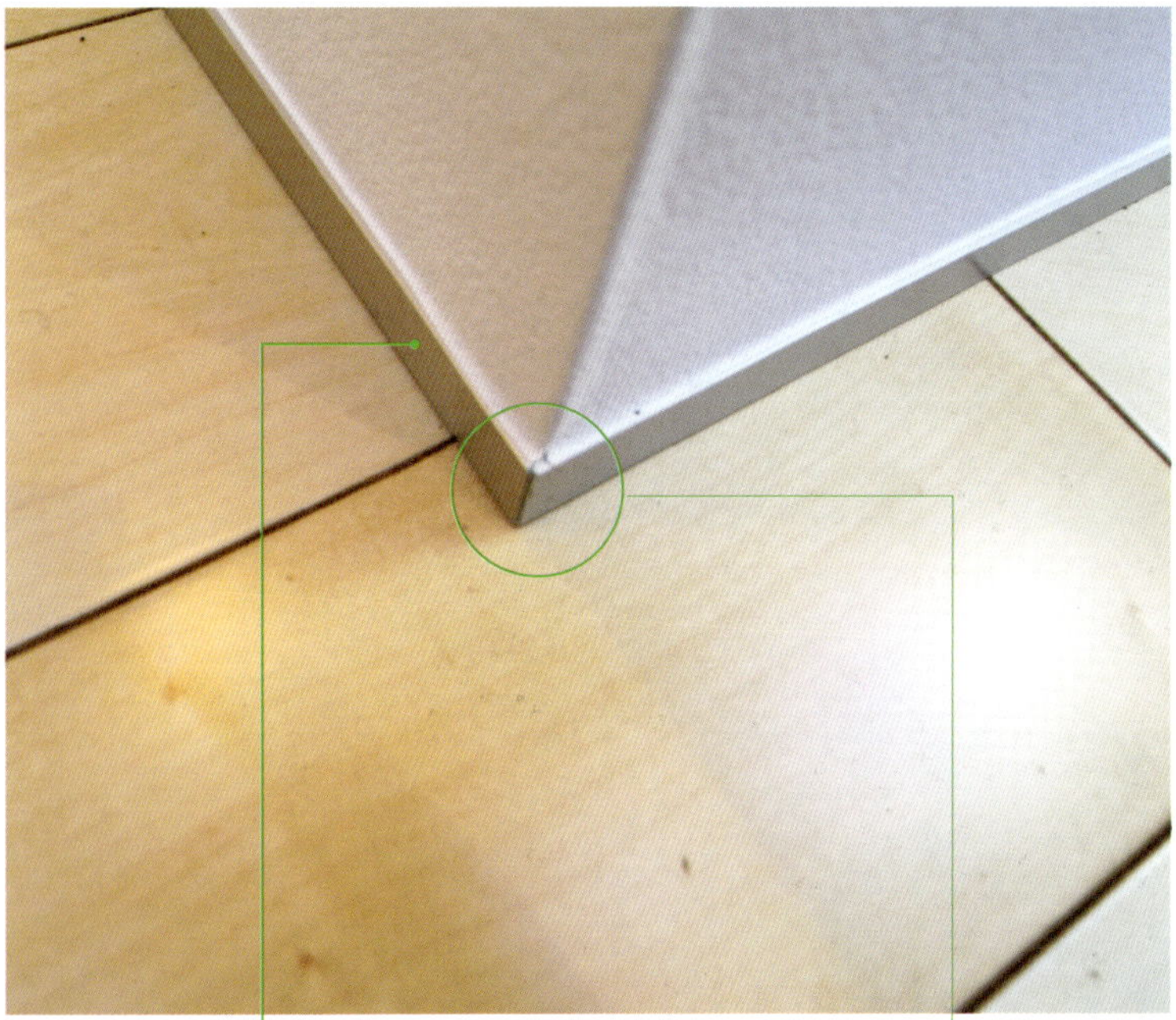

コの字型のチャンネル（廻り縁）を用いた幅木。高さは25㎜で一般的な既製品の付け幅木よりも背が低い。壁は石膏ボード12.5㎜厚の上、クロス仕上げ（LW-169／リリカラ）。フローリングは複合の「ライブナチュラル」（朝日ウッドテック）を採用しており（樹種はシカモア）、壁際には数㎜程度の隙間が設けられている

幅木の出隅部。小口が見えないように留めで納めているが、けがを防止するため、面取り加工を施した採用しており、壁際には数㎜程度の隙間が設けられている

51033 アルミA型13
［創建］

コの字型の見切材で、通常は天井と壁の見切材として利用される。材料を挿入して固定する。幅木に利用する場合は、石膏ボードの厚さ12.5㎜を考慮して、開口寸法が13㎜である上記の製品を選ぶ

リビングの内観。シルバーの小さな幅木は目立たず、壁と床は軽やかに見切られている

床に密着する見切り材幅木

幅木はＭＤＦ製の既製品付け幅木を用いた納まりが一般的だが、高さが最低30㎜程度以上あるので、軽やかな印象を得るのは難しい［図❶］。一方、製作の入り幅木や面幅木は、壁と床をシャープに見切れるものの、施工しづらいという問題がある。ここで浮上するのが、アルミアングルなどの見切材を用いた幅木である。一般的には、Ｌの不等辺アングルを用いるケースが多いのではないだろうか［図❷］。

ただし、この方法では、無垢材のフローリング材を採用した場合、突付け部の伸縮による隙が生じるという問題が生じる。同様に、アルミ見切り材幅木も問題［図❸］。

そこで提案したいのが、コの字形の不等辺アングルを用いた幅木［図❹］。通常は壁・天井の見切材として使用されるものだ。これを用いると、等間隔でフローリングにビス打ちするため、不陸方向の隙もなく施工が行える。注意点は出隅部。ここでは、留めで納めているが、形状が鋭利なため危険である。最後にヤスリ掛けを行い、なるべく平滑になるように心がけたい。［田口彰］

図 各種幅木の納まり［S＝1:4］

Ⓐ

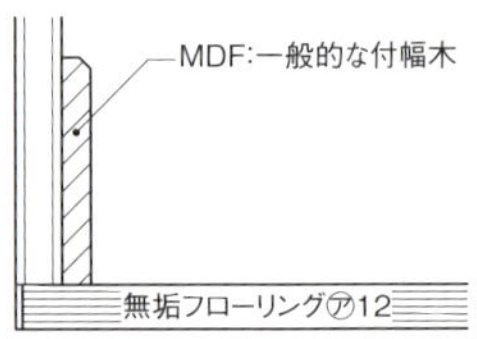

最も一般的な付け幅木。フローリングを張った後に、石膏ボードを張り、幅木を取り付ける

Ⓒ

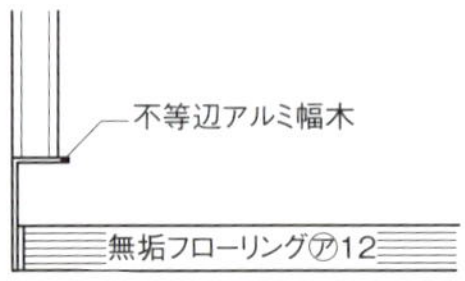

不等辺アルミ幅木を用いた幅木では最も一般的。フローリングの伸縮に追従できる隙間の奥にアングルを取り付けるため、隙間が目につく可能性がある

Ⓑ

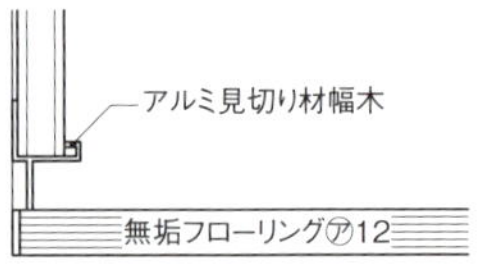

アルミ見切材を幅木として応用した例。石膏ボードとフローリングが接しないので、フローリングの不陸が目につく可能性がある

Ⓓ

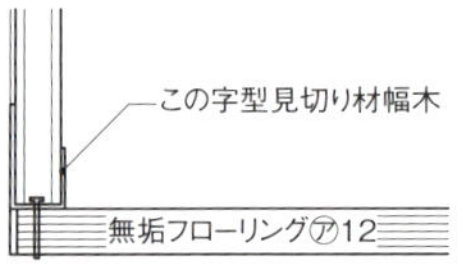

コの字型見切り材を幅木として応用した例。フローリングの伸縮に対応しながら、石膏ボードとフローリングが接する理想的な納まり

格安の集合住宅用建具は戸建てでも十分使える

ノッポ
［サンワカンパニー］

主にマンション・リノベーション用に開発された建具で、シンプルなデザインが特徴。写真の例で採用したW642×H2,100㎜（枠見込み85）の価格は1万9,800円。ホワイト、ナチュラル、ダークの3色があり、控え壁のいらないアウトセット引戸や間仕切戸などもラインアップされている

幅木は既製品のラインなし幅木「ノッポ巾木・廻り縁兼用タイプ」（サンワカンパニー）を採用。隅部は役物を使わず、留め加工で納める

採用した開き扉は枠見込み寸法が85㎜なので、木造戸建住宅の壁厚寸法に合わない。写真のように幅木・壁仕上げ（ここではAEP）を壁の小口まで巻き込んで納める［図❸］

建具はコストダウンを図るために、「片開きドア（ホワイト）」を2枚使用

図 仕上げ・幅木は枠に巻き込む［S＝1:15］

❶標準的な木造壁の枠納まり

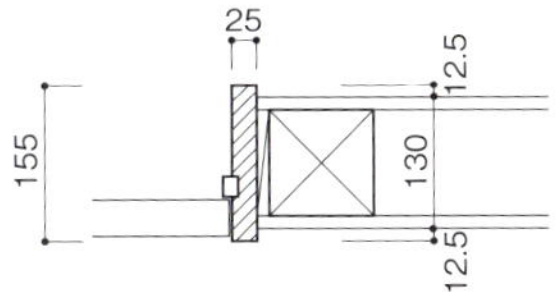

105㎜角の柱、12.5㎜厚の石膏ボード2枚、チリ寸法12.5㎜×2で、枠見込み寸法は155㎜となる

❷マンションなどにおける薄壁の枠納まり

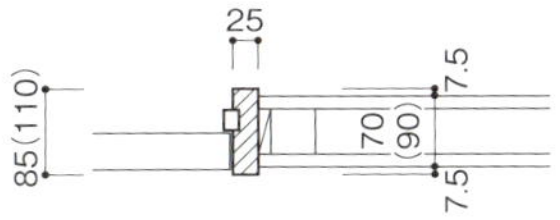

45（65）㎜厚の下地（木下地およびLSG下地）、12.5㎜厚の石膏ボード2枚、チリ寸法7.5㎜×2で、枠見込み寸法は85（110）㎜となる

❸薄壁枠を木造壁に転用するときの納まり

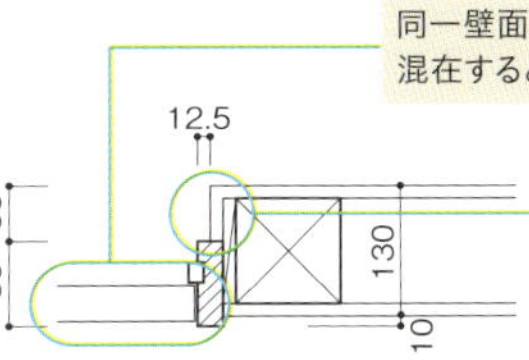

同一壁面で内開きと外開き、引戸などが混在すると、開口高さが微妙にずれる

枠見込み寸法が小さいため、残りの部分に壁仕上げおよび幅木を巻き込んで仕上げる

巻き込み側の枠見付け寸法が小さくなるので、すっきりとした印象になる

■壁仕上げ・幅木を巻き込む

デザイン的に重要な要素である内部建具。個室や収納など、プライベート性が高く、デザインにそれほどこだわらない部分については、既製品を活用してコスト抑制に役立てたい。

採用の基準は「デザインがシンプルであること」「価格が安いこと」である。そこで浮上するのが「ノッポ」。デザインはフラッシュ戸とガラス入り框戸の2種類のみだが、開き戸に加え、引戸や折れ戸もそろっており、価格も1万9千800円～と、かなりリーズナブルだ。

ただし、同製品は主に賃貸マンション・リノベーションを想定して開発された製品で、標準の枠見込み寸法は85㎜と110㎜である。木造住宅で使用する場合は、枠廻りの納まりを工夫したい。

RC造のマンションなどでは、一般的な壁厚は70～90㎜だが、木造住宅の大壁では、柱寸法を基準に130㎜もしくは145㎜となる［図］。そのため、オプションで枠見込み寸法を155㎜とするか、枠の納まりを工夫しなければならない。写真の例のように、壁仕上げや幅木を壁の小口まで巻き込むと、すっきりとした印象が得られる。

［中西ヒロツグ］

まな板の素材なら枠なしの障子も簡単

プラスチックまな板
［マイキッチン］
［住べ テクノプラスチック］

まな板に使用される素材。乳白色で、ディスプレーや間仕切に採用できる。面材の加工（孔あけなど）も自由に行うことが可能

■ 加工が容易な素材を使う

和室は柱や障子の枠などによって、凹凸の多い空間となりやすい。特に障子は、組子・框・桟、引手といった要素が多く、シンプルな和室を実現したい場合には悩ましい。枠なしのシンプルな障子を実現することは、果たして可能なのだろうか。

熟慮を重ねた結果、筆者は〝まな板の材料〟（調理用まな板などが主な用途）でもある**「プラスチックまな板［マイキッチン］」**を障子の代わりに使用するというアイデアに行きついた。採用の決め手には、❶外側のサッシを隠しつつ、外部からの光を十分に透過できること、❷枠なしで簡単に納められること、が挙げられる。

特に❷については、けんどん式で簡単に納められるというメリットがある［図］。最初に上下の枠に溝を入れ、コの字形のアルミチャンネルを取り付けた後で、パネルを差し込むだけで構わない。動作についても問題はなく、戸車も必要はない。

引手についても何かを取り付ける必要はない。パネルを彫り込むだけで引手は完成する。〝まな板の材料〟だけあって、この程度の加工は非常に容易である。

［納谷学・納谷新］

図 まな板障子のシンプルな枠［S＝1:10］

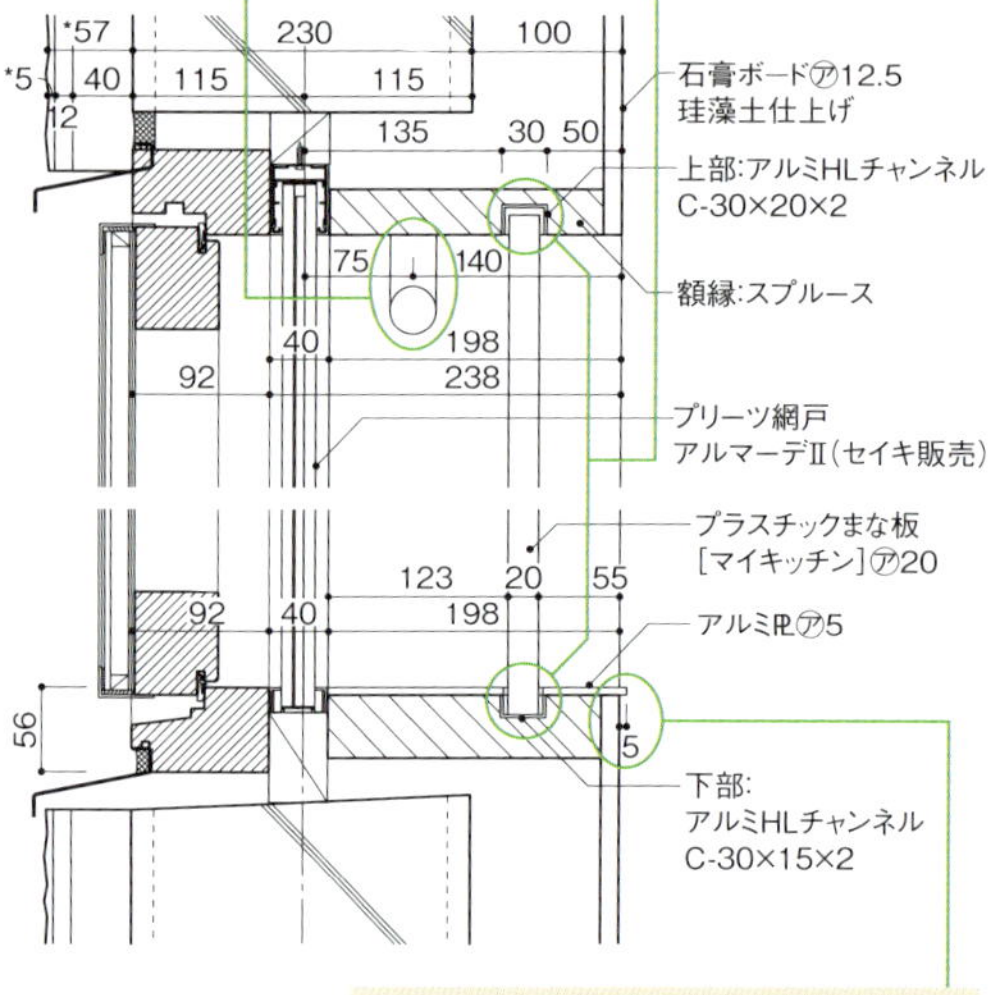

写真：吉田誠

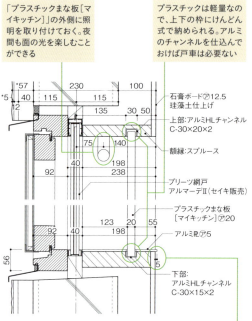

ノンスリップは丸いドットにしてもいい

難燃性クッションゴム（C-30-CS-4-EP-UL）
［タキゲン］
取付けが容易で、いったん固定されればしっかりと固定される。透過性がある点も意匠的にはメリット。価格は18円（税別）

写真❶黒いゴムを用いたノンスリップ

黒いゴムには、ゴムが取れてしまうという可能性が少なからずある
黒い小さなゴムとタモ集成材の組み合わせは、色のコントラストが強く、視線を段鼻に集中させることができる
段板が薄いスチールの階段では

写真❷光るノンスリップ

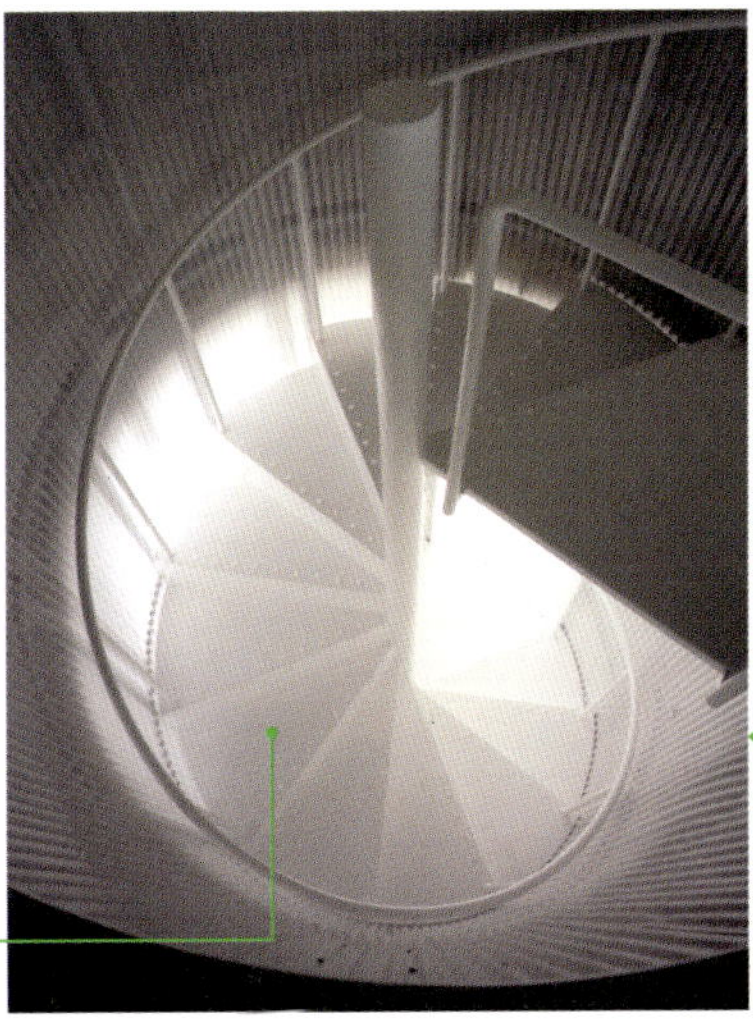
透過性のある半透明のゴム脚を、厚さ3.2㎜のスチール製段板に差し込む。スポットライトのような光が、階段の上下から差し込む
段板厚さを3.2㎜に設定すると、半透明ゴムが完全に貫通し、しっかりと固定される

■スチールでは半透明ゴムが◎

階段のノンスリップがライン状である必要はない。機能さえ満たせば、形状は自由である。

そこで筆者は、黒い小さなゴム［＊］を応用して、ノンスリップを「点」にすることを試みた［写真❶］。φ12㎜程度の小さな黒いゴムを、70㎜ピッチで配置するのである。機能を満たしつつ、段板（タモ集成材）の色とのコントラストがうまく表現できた例である。ただし、この手法は必ずしも万全ではあるとはいえない。段板に穴を開けて、ゴムを差し込んでいるだけなので、ゴムが取れてしまうおそれが少なからず残ってしまうのである。

そこで、半透明のゴム脚「**難燃性クッションゴム**」を使用する。特にスチールのように、段板が薄い場合は、ゴムの先端と土台の部分が広がっているので、段板に差し込めば、しっかりと固定される［写真❷・図］。

加えて、光の透過性をもつというメリットも大きい。半透明ゴムを段板に完全に貫通させると、階下からの光を上階に取り込むことが可能になる。夜間にはノンスリップ部分が光るので、段鼻の認識性が高まり、安全上のメリットもある。

［納谷学・納谷新］

図 半透明ゴムを逆さまにして差し込む

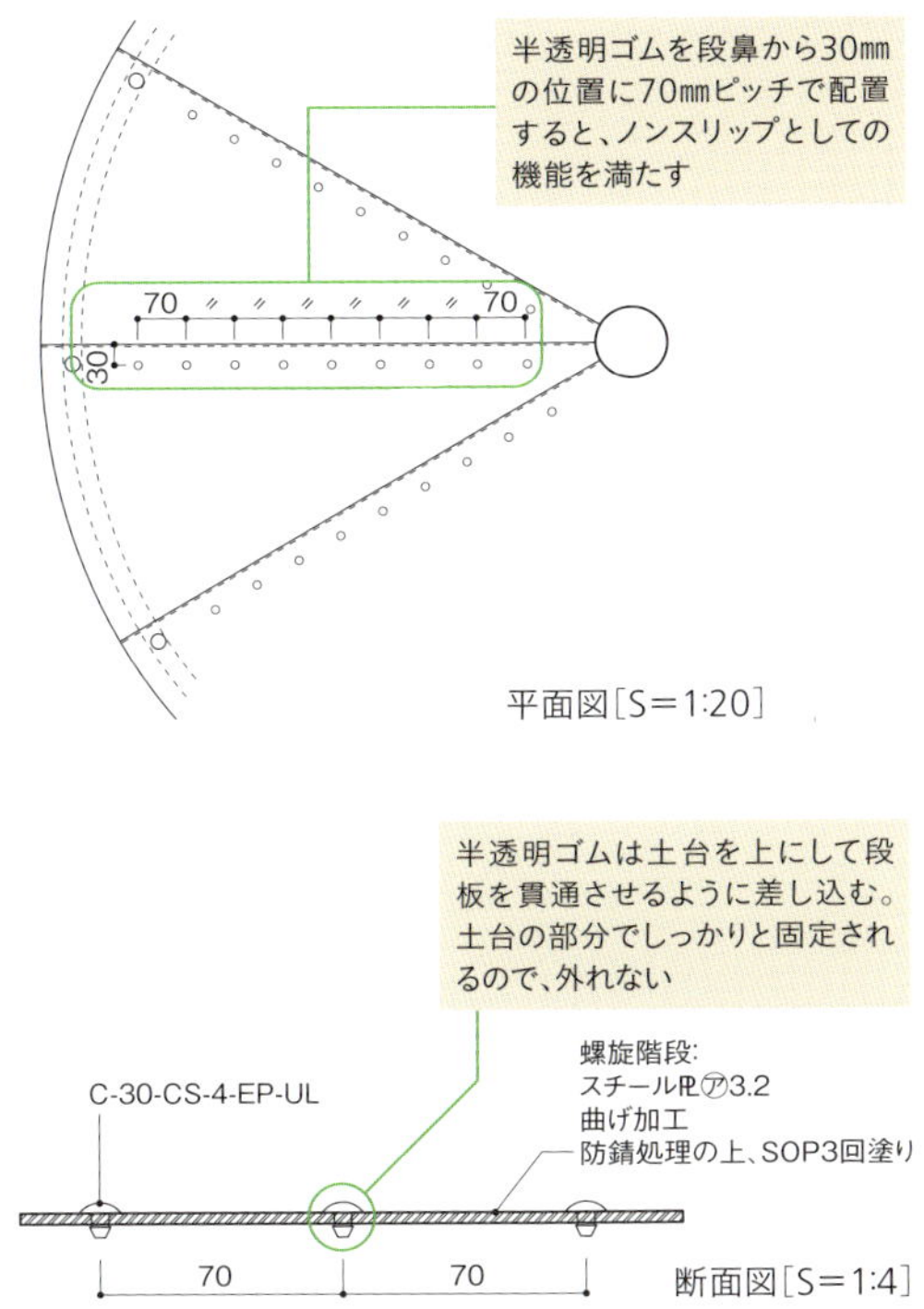

写真①：Nacasa & Partners、写真②：高山幸三
＊：駅などの公共用歩廊や、家具などに使用される

安価な収納用品を組み込む造作の収納スペース

ポリプロピレンクローゼットケース
［無印良品］
乳白色でシンプルなデザインが特徴。重ねて使用できる

KASSETT
［IKEA］
2個で399円。収納を使用するのに都合がよい

壁面上部は棚のみを製作。無印良品の収納用品（ポリプロピレン製）を並べて、書類などを収納する

デスクの下は「KASSETT」が5個横に並べて置けるモジュール。当初からこの箱を入れる想定で寸法を決める。あまり高く積むと、出し入れが面倒なので、積むのは2段までとし、間に棚を1枚入れて合計4段の箱を積む。高さ70㎝のデスクの下にうまく納まる

■クロゼット仕様の収納用品

住宅の工事のなかでも家具工事は、金額的に多くの割合を占めることが多く、コストを可能な限り抑える必要がある。たとえば、家具の内部をシンプルにして、量販店で入手できる収納ケースを設置する、などは有効な手法である。この収納ケースはベーシック商品なので仕様変更もあまりなく、寸法体系も一定なので、そのモジュールに家具寸法を合わせれば、安く効率よく機能的な収納が設けられる。

クロゼットを安くつくるのであれば、まずは無印良品が候補に挙がる。引出し式の「**ポリプロピレンクローゼットケース**」が最適である。上部はシャツなどのハンガーを掛けられるようにポールを渡し、下部に、「ポリプロピレンクローゼットケース」を設置すれば、たたんだシャツや下着・靴下などを収納できる。

造作（家具工事）でこのような引出しを設けるとかなり費用がかかるので、大幅なコストダウンになる。「**（宅送）ポリプロピレンクローゼットケース・引出式・大宅（V）**」（約幅44×奥行55×高さ24㎝）2個を4段で8個並べると9千円程度だが、これを造作すると6万～7万円はかかってしまう。

通常、クロゼットの奥行きは60㎝程度なので、奥行き55㎝、幅44㎝のものを使用し、それらが2つ並べられるような幅で家具の寸法を決める。図で示している施工例では、ただんだシャツがちょうど入るくらいに奥行き44・5㎝、幅34㎝という小さめの「**ポリプロピレン収納ケース**」を使用している。

一方、ほかの衣装ケースは、ほとんどが押入れで使用するために設計されたものである。在来軸組構法が3尺（910㎜）を基準にしているため、奥行きは900㎜。クロゼット用（シャツをハンガーに掛けるタイプ）としては使いづらい。クロゼットは奥行きが600㎜程度あればよいので、衣装ケースそのものの奥行きが深すぎる。このような衣装ケースは、季節物を衣替えでしまうときに使用するのがよいだろう。

「ポリプロピレンクローゼットケース」はシンプルな乳白色であり、どのような仕上げにも合う。少し透けているので、ケースの中に何が入っているかもうっすらと見える。そのまま外に置いて使用してもよいが、下着などが見えてしまうので、扉のある家具の中にセットするのが好ましい。

■399円の箱を生かす

無印良品とともに、ローコスト収納用

図 無印·IKEAの収納用品を使って壁面を収納にする［S=1:25］

❶デッドスペースは惜しみなく使う

「ポリプロピレン収納ケース」の奥行き44・5㎝と建具のクリアランス1㎝を合わせると45・5㎜。クロゼットの奥行きが64・6㎝なので、19・1㎝が余る。それを利用して奥側に小物入れを設ける（❷）

❷「KASSETT」に合わせて棚をつくる

❶の反対側。小口露しとしたシナ合板で4段の棚をつくり「KASSETT」を収納する。シャツを収納している部分の壁はコルク掲示板として活用

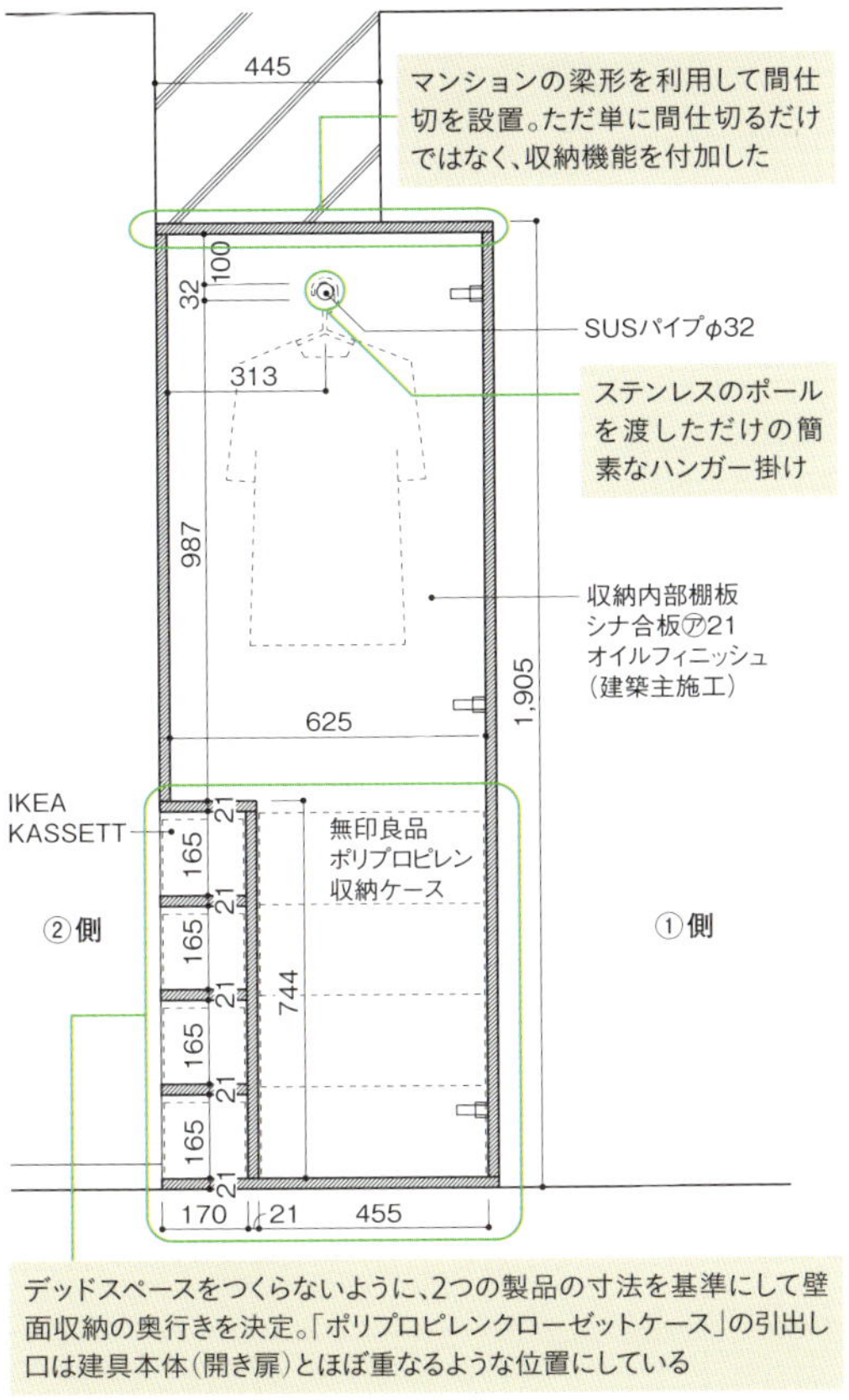
445
マンションの梁形を利用して間仕切を設置。ただ単に間仕切るだけではなく、収納機能を付加した
100
32
SUSパイプφ32
313
ステンレスのポールを渡しただけの簡素なハンガー掛け
987
収納内部棚板
シナ合板㋐21
オイルフィニッシュ
（建築主施工）
1,905
625
IKEA
KASSETT
無印良品
ポリプロピレン
収納ケース
②側
①側
165
21
744
170
21
455
デッドスペースをつくらないように、2つの製品の寸法を基準にして壁面収納の奥行きを決定。「ポリプロピレンクローゼットケース」の引出し口は建具本体（開き扉）とほぼ重なるような位置にしている

品メーカーの代表的な存在がIKEAである。同社からは「KASSETT」という紙製の蓋付き箱のシリーズが何年も前から販売されており、これも寸法は変わっていない［＊］。

コーナーが金物で補強されているほか、内容物を示すラベルを挿入できるラベルホルダーが付いているのが特徴である。最も一般的なサイズは幅16㎝、奥行き26㎝、高さ15㎝という、CDがちょうど入る大きさのもの。CDに限らずさまざまな小物を入れるのに便利なサイズである。

「KASSETT」は自分で組み立てる箱であることも特徴。購入時にはかさばらず、値段も2個で399円とかなり安い。30㎝の本棚に埃がかぶらないように小物を収納したい場合などにとても便利である。

クロゼットの下部を前面と背面で使い分けるというテクニックを紹介する［図］。壁の片側は上部にシャツ用のポールを渡し、奥行き44・5㎝の「ポリプロピレン収納ケース」の引出しを4段積んで、たためるシャツや下着など収納する。すると、奥行きが20㎝弱余るので、反対側には、奥行き15㎝の「KASSETT」を利用して小物を収納する。デットスペースはないといってよい。［小山光］

＊：筆者もイギリスに住んでいた1998年から使用しているが、寸法、デザインともにあまり変わっていない（以前は白のみだったが、最近はカラーバリエーションが増えている）

無印良品のベンチに合わせてテーブルをつくってみた

①木製ベンチ 幅100×奥行き37×高さ44㎝
②木製サイドテーブルベンチ 幅37×奥行き37×高さ44㎝
［無印良品］

タモ集成材を使用した定番の家具。現在は、取り扱っていないが、樹種違いのオークでは、①が定価1万9,000円（税込）、②が定価9,500円（税込）。本事例は2011年当時のもの

テーブルのほうが脚のプロポーションがシャープである。テーブルの脚は太さ30㎜で、ベンチよりも細い

無印良品のベンチに合わせて製作したテーブル。同じタモ集成材を採用したほか、塗装や木目、集成材の向きも合わせている

テーブルの中央には、脱着式の天板を設け、その下に4人分の広島風お好み焼きが同時に調理できる専用の器具を納めている。通常は4人掛けだが、両側に吊り下げたエクステンション部分を広げると、最大10人掛けにまで対応できる

木目の向きや艶に合わせる

ダイニングテーブルはボリュームが大きく、間取りとの兼ね合いがあるため、既製品を持ち込むよりも製作したほうが使い勝手がよい場合がある。ベンチ（椅子）を既製品、テーブルを製作とする場合に、これらを違和感なくなじませるにはどうすればよいか。

デザインの出発点はベンチ。無印良品のベンチを採用した写真の例では、テーブルの素材・仕上げ、形状はベンチに合わせた［図］。素材と仕上げでは、ベンチが比較的安価で強度があり、木目のきれいなタモ材のムク集成材をウレタンクリア塗装で仕上げているので、テーブルにもタモ材を選択。木目や集成材の向き、ウレタン塗装の艶もそろえている。ベンチの形状は、背もたれがなく、長方形の座面を下から脚で支えるというもの。テーブルも、長方形の天板面をエクステンション部分で折り曲げただけにした。

ただし、ベンチよりも、建物全体のデザインコンセプトに合わせたほうがよい要素もある。ここでは、建物全体に合わせて、面の取り方や脚の太さをよりシャープにしている。［中佐昭夫］

図 ベンチに合わせてテーブルをつくる［S＝1:30］

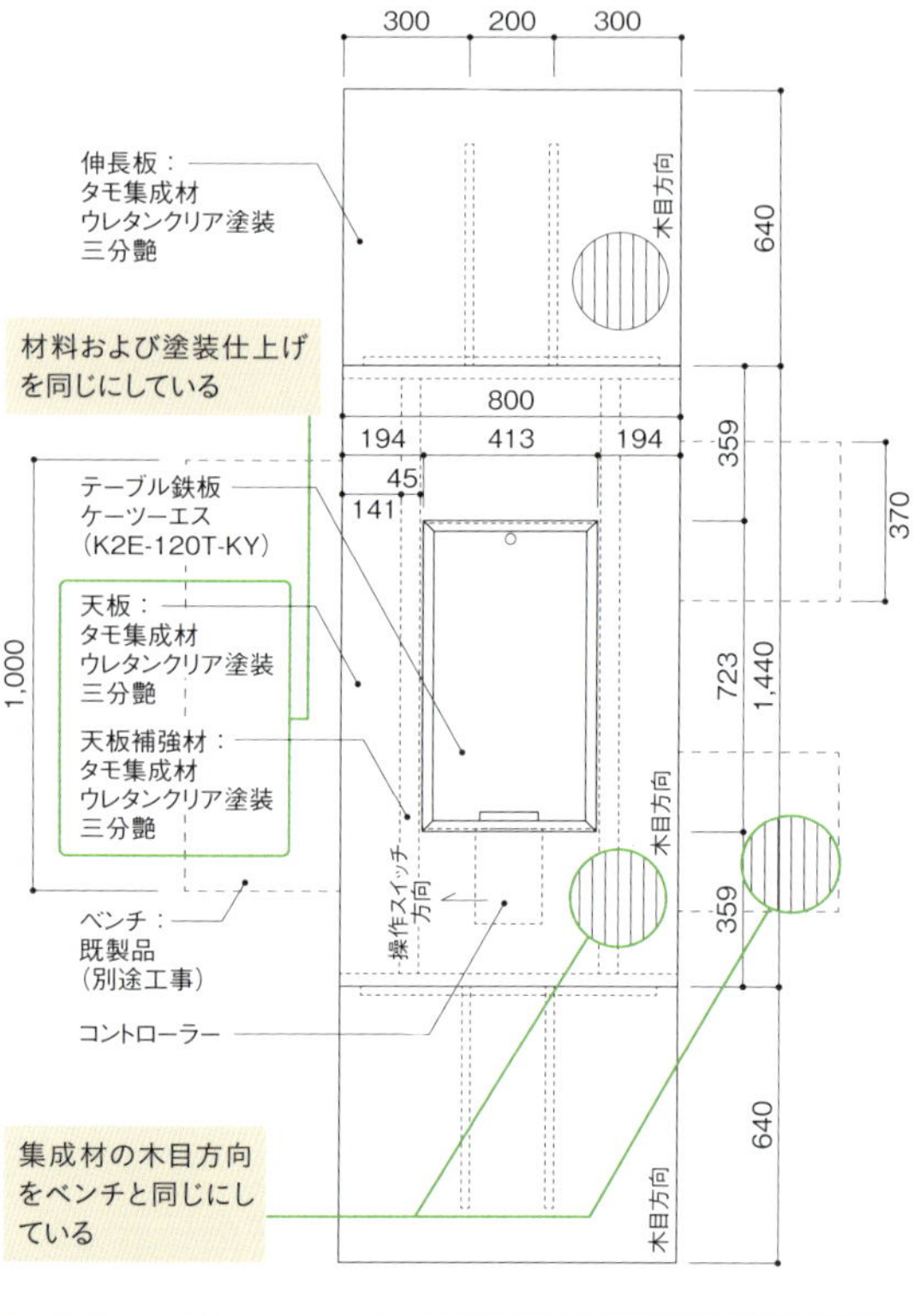

写真：矢野紀行

Jパネルならテーブルづくりも楽勝

Jパネル
［協同組合レングス］

間伐材を使用した構造材。埋木などで表面を補修した材料もあるので、天板や仕上材としても利用可能

「Jパネル」はムク材とは異なり、3層クロスパネル（36㎜厚）のため、乾燥による狂いなども少なく、1,000×2,000㎜の大判が利用できる。3層の小口はオイル仕上げとすれば、3本のラインが強調され、合板とは違う趣もある。ここでは、テーブルについて、2つのパターンを紹介したい。　［森政巳］

❶スチール脚なら分解も可能

切りっぱなしのJパネルの裏に鬼目ナットを取り付け、スチールで作成した脚をボルトで固定する。分解も容易で持ち運びしやすい。反り止めの桟が不要で、肘があるタイプの椅子をしまうことができる

❷コの字形テーブル

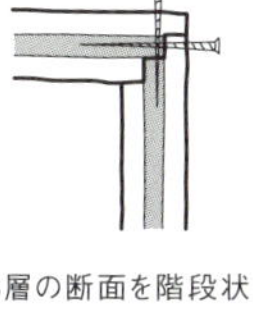

3層の断面を階段状に加工し、接合強度を得るための接着面を増やす。さらに、天板と側面から長いビスで接合部を固定し、木栓で仕上げた。接合部を階段状にすると、小口の層が連続して、自然な仕上がりとなる

天板と脚に同じ幅のJパネルを使用すると、シンプルなコの字形のテーブルとなる（写真の事例では、長さ2,000㎜目一杯に使い、オフィスの6人掛けテーブルを製作している）。❶のテーブルと同様に、桟を設ける必要はないが、ここでは、脚と天板との接合部をしっかり固定しておかないと歪んでつぶれてしまう点と、小口の意匠上の納まりに注意

建具だってJパネルで

Jパネル
［協同組合レングス］

ムクのスギ板を接いだJパネルは表面スギ板）の木目も表情豊か建具としての魅力もたっぷり

Jパネルで建具をつくることの大きなメリットは、フラッシュ戸の製作工程で必要な「骨組材・表面材・小口材などの材料、またその切出し・組立て」といった加工を「Jパネルから必要なサイズを切り出す」というシンプルな工程に置き換えられることである。結果として、コストも安く抑えられる。　［山中祐一郎］

Jパネルで製作した開き扉。サイズは幅650×高さ1千900×厚さ36㎜（1枚分）。継ぎ目に合わせたV字形の溝がムクのような表情を映し出す

図 Jパネルによる建具製作

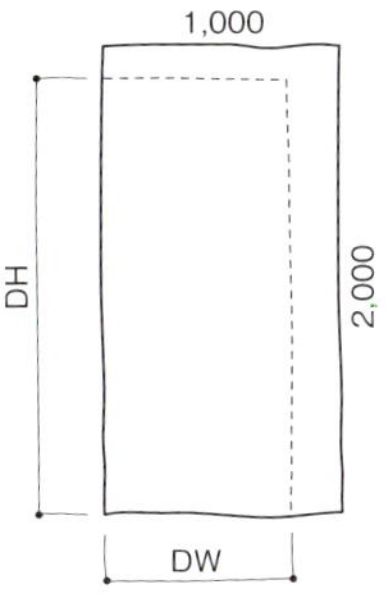

①既製サイズから建具に必要なサイズを切り出す
②小口はプレーナー加工として、4周面取り程度とする（余計なコストを省くため）
③Jパネル表面に現われている材の継ぎ目に合わせてV字形の溝を入れる（スギのムク羽目板を建具材に使っているような表現に）
④扉として必要な加工・丁番・ハンドルなどを加え、必要に応じて塗装する（重量用の特殊な丁番を用意する必要はない）

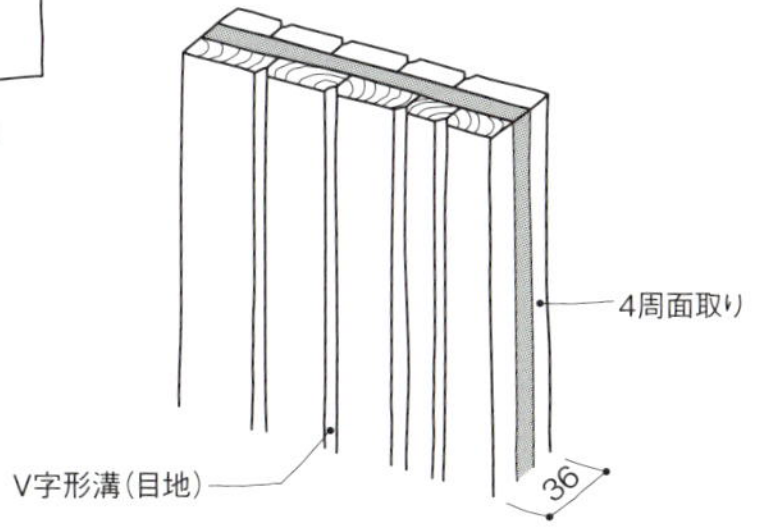

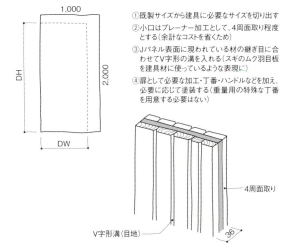

テレビの背後の壁はチャコールグレーで塗れ！

梁下高さは1,920㎜しかなく、壁のデザインを工夫しなければ、テレビ（写真は46型のもの）が目立ちすぎてしまう

壁仕上げを黒くするとテレビが目立たない。光の反射を考慮すると、チャコールグレーを選択するのがよいだろう。N-40の色でAEP塗装としている。テレビラックについては、天板と側板（内部・外部）をチャコールグレー（RK-6305／アイカ工業）のポリ合板を張り付けている。面が異なるので、壁とラックの色はあえてそろえていない

近くで見ると、テレビの色（黒）と壁の色、収納の天板・側板の色が微妙に異なることが分かる

■チャコールグレーで塗る

薄型テレビの普及により、テレビの大型化が急速に進んでいる。現在の主流は50型前後で、黒いテレビが目立ちすぎてしまい、インテリアに悪影響を及ぼすという事態が顕在化している。

この問題を解決する手立てとして、背後の壁仕上げを暗くするという手法がある。ただし、真っ黒にしてしまうと、壁が立体感を失い無表情なものになってしまう。開口部が一面にしかなく、採光条件が厳しいことが多いマンション・リノベーションにおいて「壁を白くして室内の奥にまで光を取り込む」ことが常套手段であることからも、この結論の妥当性は理解できるだろう。

壁は真っ黒ではなく、チャコールグレーとするとよいだろう。具体的には、N-20〜N-40（日本塗装工業会［通称：日塗工］の色番号。N-20のほうが黒に近く、N-40のほうがグレーに近い）程度の間で色を選択するとよい。AEP仕上げとした写真の例では、N-40の色番号を選択している。

予算に余裕があれば、テレビラックにも配慮する［図］。合板の小口の色はアクセントとしつつ、天板と側板（外部内部）は、テレビや壁と色合わせすれば、より効果的だ。

［芦沢啓治］

図 浮遊感のあるテレビラック

❶展開図［S=1:40］

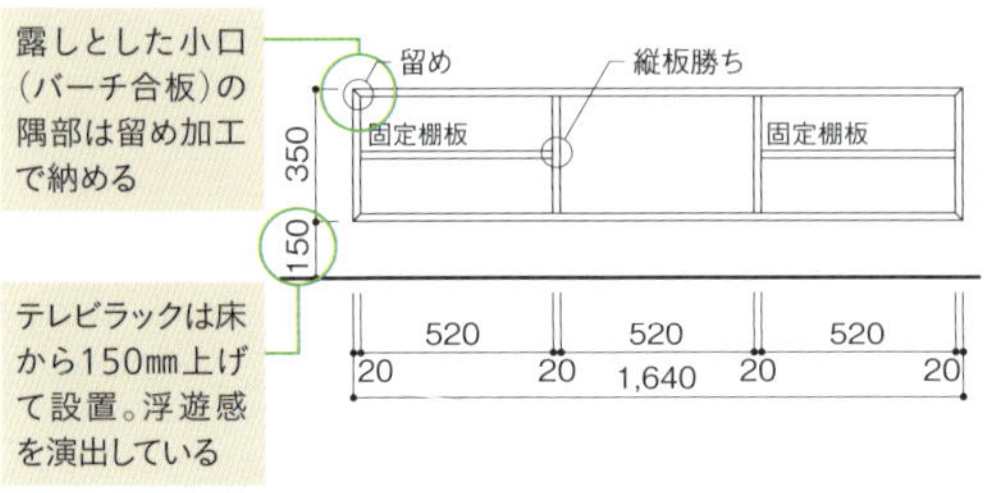

❷断面図［S=1：20］

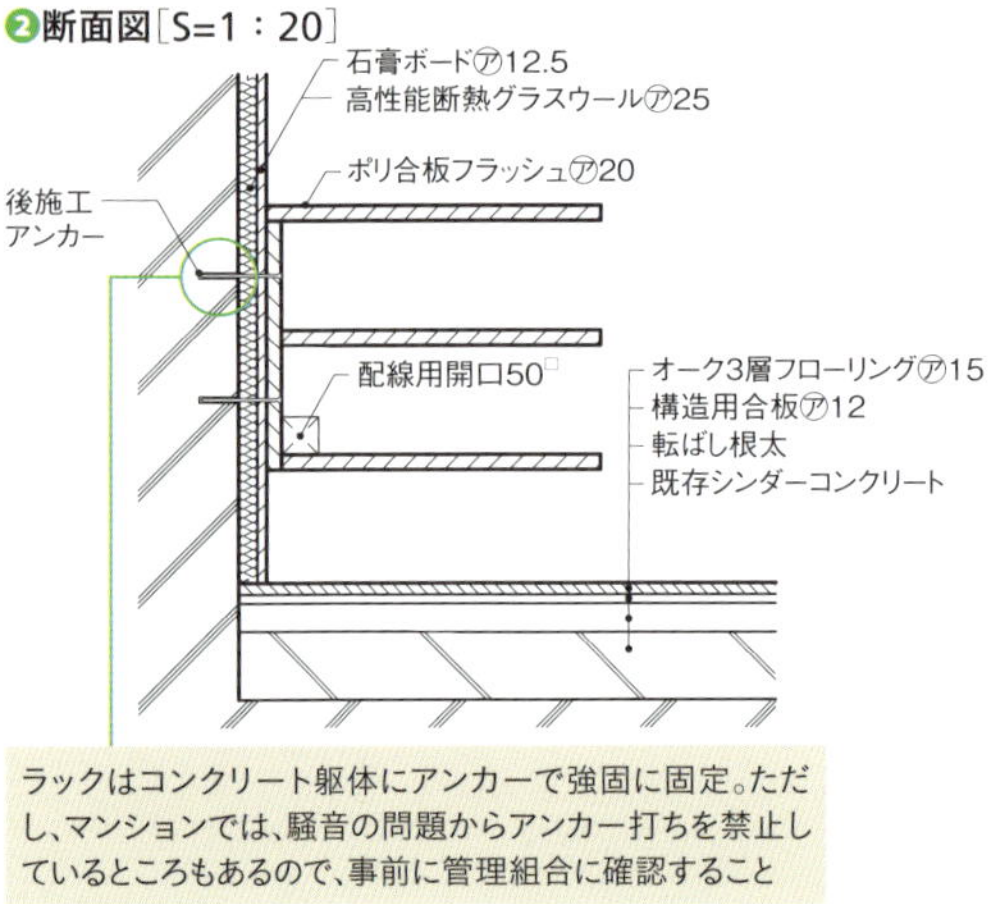

そろそろ「ルーバーで隠す」から卒業しよう

■使用時にはエアコンを見せる

エアコンの存在感をできるだけ小さくするための方法として、ルーバーなどで隠す手法が広く用いられている。しかし、ルーバーで隠してしまえば、エアコンの性能は大きく落ち込む可能性がある（風向きに制約が生じる、ショートサーキットによってエアコンが停止する、ムーブアイ［＊］などのセンサーが機能しないなど）。

ならば、発想を転換して、別の方法を模索すべきではないだろうか。ここでは、〝エアコンを造作の家具の中に納めて、使用時には開け、不使用時には閉じる〟という手法について紹介したい。使用時には潔く見せて、エアコンの性能低下を避けながら、不使用時には見えなくするというメリハリをつけた設計手法である。

ポイントは、エアコンが家具の中に隠れていることが分かりにくい納まりを実現すること［図］。柱形や梁形などの凹凸をうまく利用しながら、動作時や取付け工事時の必要寸法を念頭に、エアコンを設置する部分の大きさを決める。省エネ性能の高いエアコンはサイズ（奥行き）が大きいことが多く［124～126頁参照］、壁からの突出を抑えるには、壁の中に半分埋め込むなどの方法が有効になる。

［石井正博］

開けている場合

使用時には潔く見せ、エアコンの性能を十分に発揮させる。枠の中に納められているので、壁にそのまま設置するよりは煩わしくはない

閉めている場合

エアコンを隠している状態。壁の厚さを利用してエアコンを60㎜程度埋め込むことで、壁からの家具の出っ張りを240㎜に抑えている

図 エアコンは可能な限り壁から突出させない

❶平断面図［S=1:50］

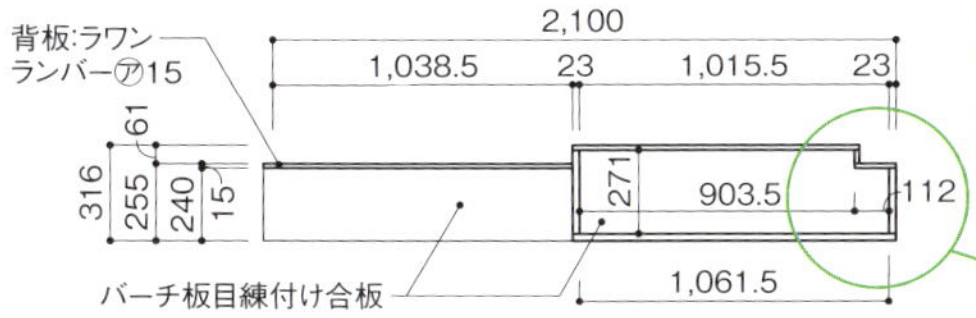

柱形の奥行きを利用して、エアコンを少し埋め込むようにする。収納部分を含めて、家具の出っ張りを抑えることが可能

❷断面詳細図［S=1:10］

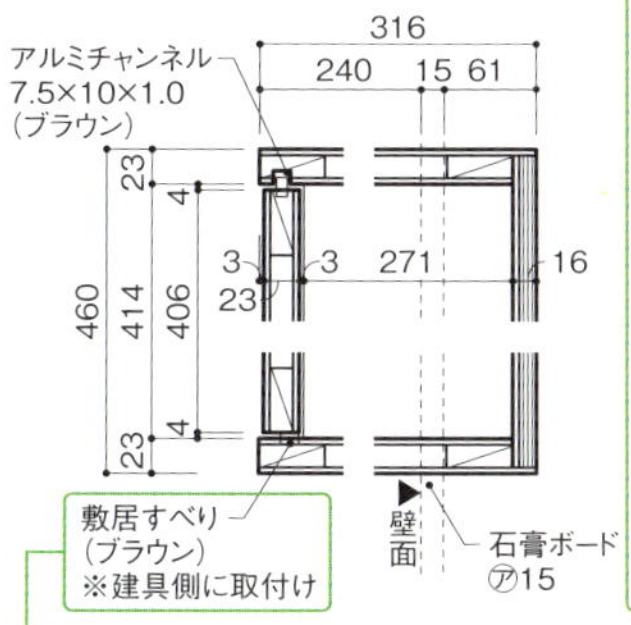

扉は片引き戸。上部は家具上板にアルミチャンネルを埋め、下部は底板に直接溝をつくり、敷居すべりを建具側に張って、すべりをよくしている

❸平断面詳細図［S=1:10］

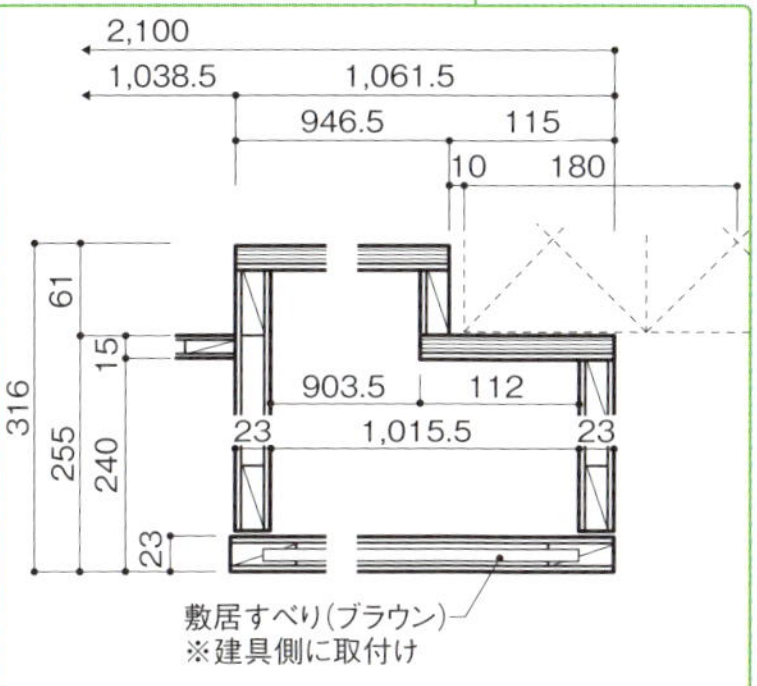

エアコンを設置する部分は特に、配管の孔あけや工事に必要な寸法を含めて、エアコン取付け業者との綿密な打ち合わせが必要である

＊：三菱電機の「霧ヶ峰」に搭載されている機能。部屋の温度を細かく検知することによって、部屋の温度ムラをなくすようにする

ペンダントライトは天井金具を隠すだけで見違えるほどに

ラワン合板ワトコオイル仕上げの天井。ペンダントライトをそのまま設置してしまうと、天井金具が目立つので、建築主の了解を得て天井裏に隠した

天井材(ラワン合板)とペンダントコードの接触部分には絶縁テープを張り、熱の影響をなくす

■ 建築主の承認を得て行う

ペンダントライトは空間の中心を計画的につくるときに重宝するアイテムである。このとき、天井金具の存在がいつも悩ましい。天井素材が木製の場合は特に目立つ。天井高が低い空間や、ライト越しの借景を重要視する場合も、デザインされた照明シェード以外の存在はできるだけ消したい。

ならば、天井金具は配線器具ごと天井裏に隠すように納めるというのはどうだろうか。これで天井の印象が一気に変わる。隠す場合のポイントは図に示すとおりだが、ほかにも、❶器具コードの切断を行うため、メーカーによっては故障時保証の対象にならないことについて建築主に承認を得ること、❷照明器具の取替え時には、電気工事が必要になることについて建築主の了解を得ること、が重要である。

天井を白い材料で仕上げる場合には、存在を抑えた天井金具がある。お薦めはMEMOに示した。

[北野博宣]

図 天井金具を天井裏に隠す [S=1:20]

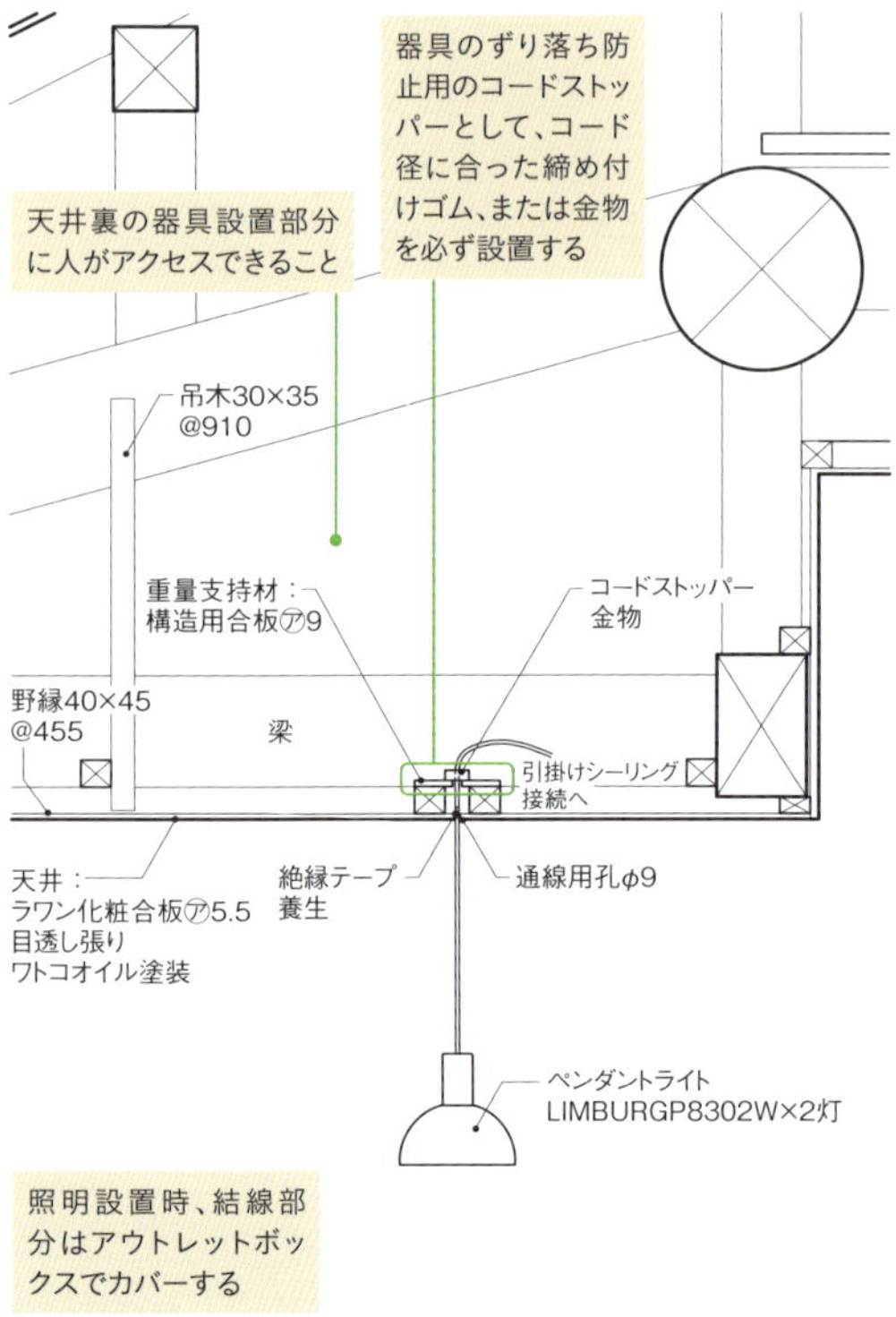

MEMO | 存在感が目立たない天井金具

天井をクロスなどの白い材料で仕上げる場合は、白い色で目立たない天井金具もあるので、無理に天井金具を隠す必要はない

「コード吊ペンダント用シーリングカバー」(ルイスポールセンジャパン)	同社製の照明を使用する時のみオプション購入が可能。シーリングカバーのみの購入は不可
「埋込収納フランジ」(大光電機)	大光電機製品であればこのフランジを標準装備していないものにも交換取付けが可能。ただしメーカー問い合わせが必要

間接照明の幕板は三角形がいい

天井の間接照明には、器具を見せないよう幕板を設けることが多いものの、その立上り面が大きいと天井が思いのほか重く見えてしまうことがある。特に狭小住宅などの場合は、なるべく線を排除して軽やかに見せたい。そこで提案したいのが幕板を三角形にするという手法。下から見上げたとき、天井が薄い１枚板のように見える。［関本竜太］

構造露し（化粧垂木）とする場合は、できるだけ天井面に照明を設置しないほうがよい［＊］

図 三角形の幕板［S＝1:10］

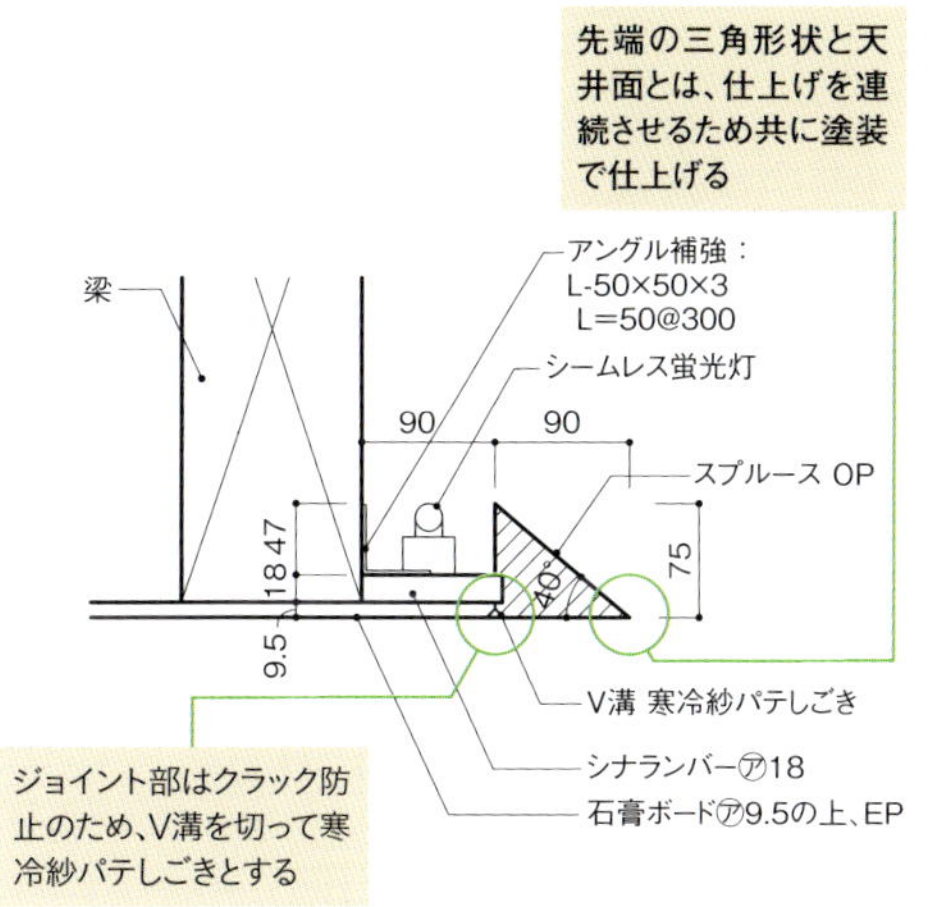
先端の三角形状と天井面とは、仕上げを連続させるため共に塗装で仕上げる
梁
アングル補強：
L-50×50×3
L=50@300
シームレス蛍光灯
90
90
スプルース OP
18
47
9.5
75
40°
V溝 寒冷紗パテしごき
シナランバー㋐18
石膏ボード㋐9.5の上、EP
ジョイント部はクラック防止のため、V溝を切って寒冷紗パテしごきとする

ピクチャーレールを組み込むなら間接照明の中に

壁際の間接照明ボックスを有効に活用しない手はない。壁埋込みのピクチャーレールを設置すれば、消灯時には絵画が天井から直接吊り下がっているようにみえる効果が、点灯時には絵画が建築と一体化して壁全体がひとつのコーナーのように見える効果が、それぞれ得られる。

［直井克敏＋直井徳子］

間接照明の立上りに、耐荷重30kgの壁埋込みピクチャーレール「ピクチャーレール T-1 ／ホワイト」（トーソー）を組み込んでいる

図 ピクチャーレールの納まり［S＝1:5］

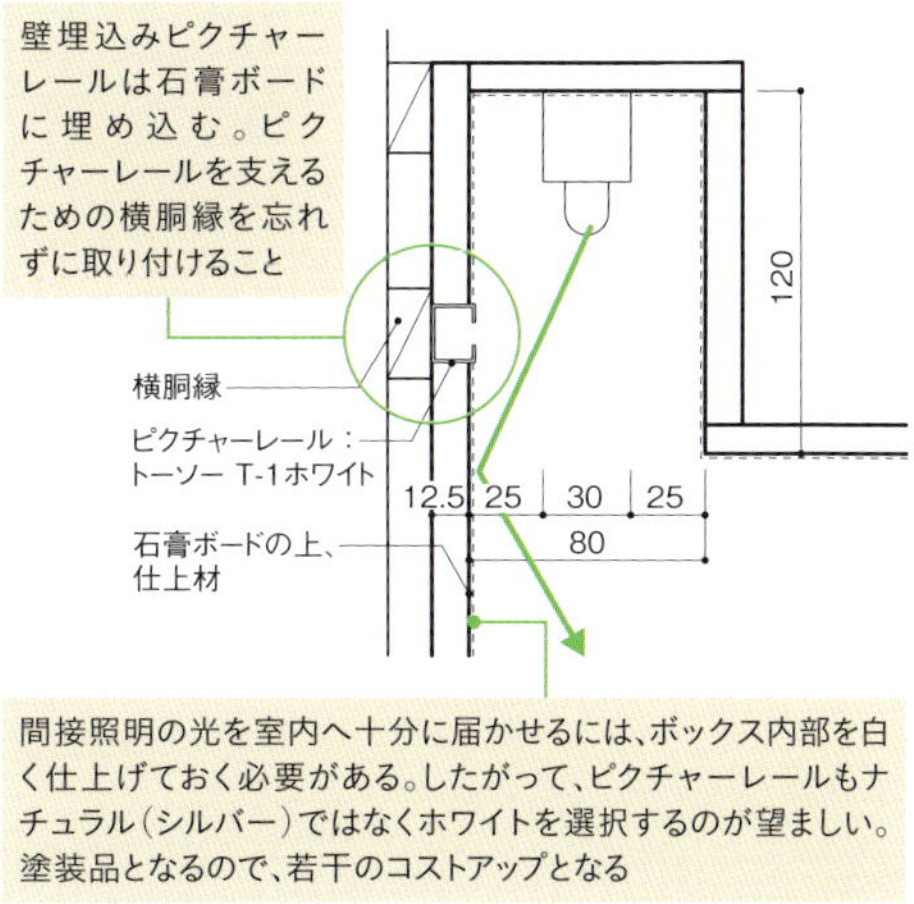
壁埋込みピクチャーレールは石膏ボードに埋め込む。ピクチャーレールを支えるための横胴縁を忘れずに取り付けること
横胴縁
ピクチャーレール：
トーソー T-1ホワイト
石膏ボードの上、
仕上材
120
12.5
25
30
25
80
間接照明の光を室内へ十分に届かせるには、ボックス内部を白く仕上げておく必要がある。したがって、ピクチャーレールもナチュラル（シルバー）ではなくホワイトを選択するのが望ましい。塗装品となるので、若干のコストアップとなる

＊：この建物ではシームレス蛍光灯（器具高さ47㎜）を使用しているが、キセノンランプ（器具高さ23㎜）やLEDなど、より薄型の光源を仕込めば先端形状もより薄く納めることも可能

規格寸法の扉でできる垂壁は間接照明の大好物

VERITIS

［パナソニック エコソリューションズ社］

「VERITIS」シートを採用した内装建材。建具のほかにも床や収納など、さまざまな製品がラインアップ。色柄は「しっくいホワイト柄」「ホワイトオーク柄」「チーク柄」「メープル柄」「オーク柄」「チェリー柄」「ウォールナット柄」「スモークオーク柄」「ホワイトアッシュ柄」の8種類がある

片引き戸の左右に設けた飾り棚の引違い戸と食器棚の3枚連動引違い戸（色柄は重厚で落ち着きのあるウォールナット柄を採用）。天井高は2,400㎜である一方、建具の高さは規格寸法の2,035㎜、天井との段差（365㎜）を利用して間接照明（コーブ照明）を組み込んだ。システムキッチンは「リビングステーション」（パナソニック エコソリューションズ社）で吊り戸棚収納・キッチン全面には建具同様の「VERITIS」シートを採用している

間接照明にはLEDランプ「AL37259L」（コイズミ照明）を採用。器具高さは40㎜で幕板の立ち上がりは90㎜で抑えた（50㎜分は引戸を保持するための下地スペース）

天井はクロス仕上げで「空気を洗う壁紙 Paint Touch」（ルノン）を採用。間接照明（コーブ照明）で天井を照らすため、表情が柔らかく不陸が目立ちにくい"ローラー"テクスチャの"粗目"エンボスサイズ、カラーは暖かみのある"ウォーム"を採用

■引戸の鴨居を生かす！

既製品の内部建具を採用する場合は、無地の白とするか、できるだけ木質感のある面材を採用したい。お薦めは「VERITIS」（パナソニック エコソリューションズ社）。天然木や漆喰の質感を忠実に再現した特殊シートを面材に採用した内装建具で、天然木と遜色ない質感を実現している。もちろん、精度や品質での安心感は製作建具をしのぐ。ただし、規格寸法品を選択する場合は、建具の高さが2千35㎜（上吊り引戸の場合）のため、居室の天井高が2千300～2千500㎜と仮定すると、垂壁のデザインが悩ましい。

一方、この垂壁は間接照明（コーブ照明）にとって格好のスペースになる。垂壁の長さは300㎜程度以上確保できるので、光が天井に「面」となって広がり、LDKの開放感がより高められる。引戸を壁から持ち出して納めると、上枠の真上に間接照明用のボックスを設けられる。納まり上のポイントは、上吊り戸の場合、ボックスの強度が十分確保されているかどうか。鴨居をアングルなどで補強することが必要になる。

［中西ヒロツグ］

図 建具の上に間接照明を設ける［S＝1:10］

3連引戸を壁から持ち出して納めて、間接照明のスペースを確保するため、L形のアルミアングルを壁に取り付けている。既製品の引戸・鴨居を十分に支持できる強度を備えているほか、出幅を100㎜確保した

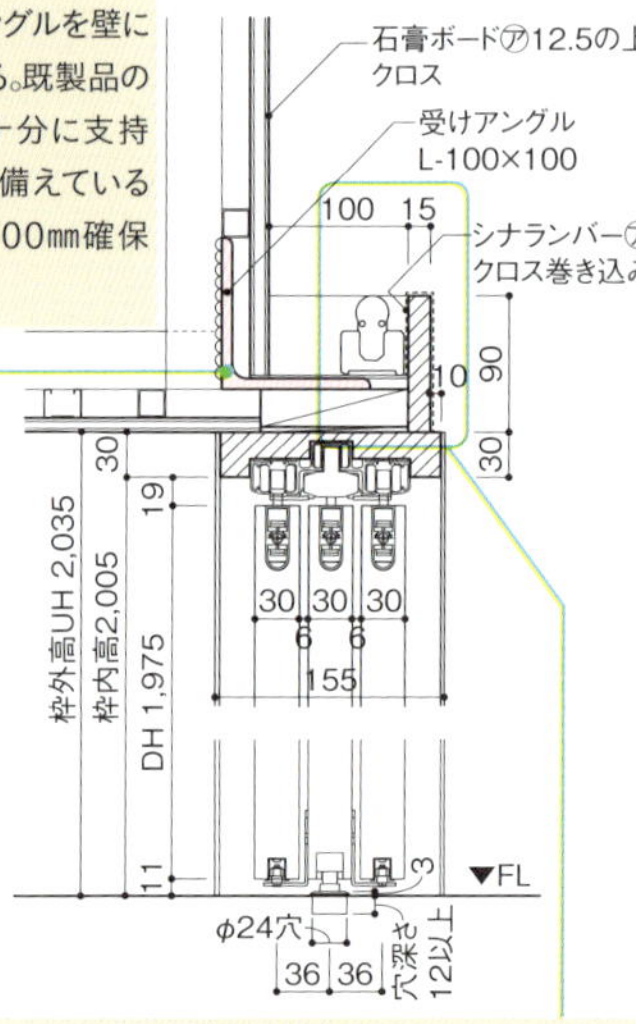

LEDランプは幕板に接するように設置。これは、光源を壁に近づけると、壁際が明るくなりすぎて、光の広がりが感じられないため

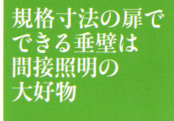

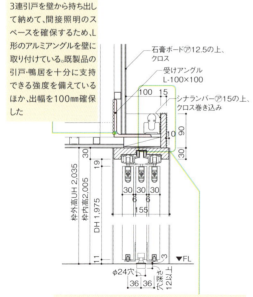

間接照明を直接照明として使うとかなりいい感じ

低輝度コンパクト型SHE-F

［DNライティング］

間接照明用のシームレススリム照明器具。現在は、器具は生産終了となっており、ランプのみを販売している。蛍光灯とLEDがあり、LEDでは「SA-LED」、蛍光灯では「SAL-F」となる

壁際（建具枠）に寄せて設置されたシームレス照明器具。AEP仕上げの壁面を柔らかく照らす

廊下の照明にはダウンライト（DDL-8248YW／大光電機）を採用。拡散タイプで、壁面まで光が届く

■ライン照明を立てる

ライン状の間接照明用に、金具のないシームレス照明器具を選ぶと、きれいな光のラインを表現できる。その効果は直接照明として使う場合も同様である。直接照明として使用する場合は、器具の存在が目立たないように、シームレス照明器具を取り付ける壁や天井にニッチを設けて、仕上げ面と面で納めるのがポイント。

ここでは、廊下の照明として、天井にシームレス照明器具を埋め込み、照明のラインが空間の連続性を強調させるようにした。取付け位置を廊下の中心ではなく、壁際に寄せて、壁面をなめるように照らしているのも工夫の1つだ。

［石川素樹］

図 器具の存在感が小さい天井埋め込み照明

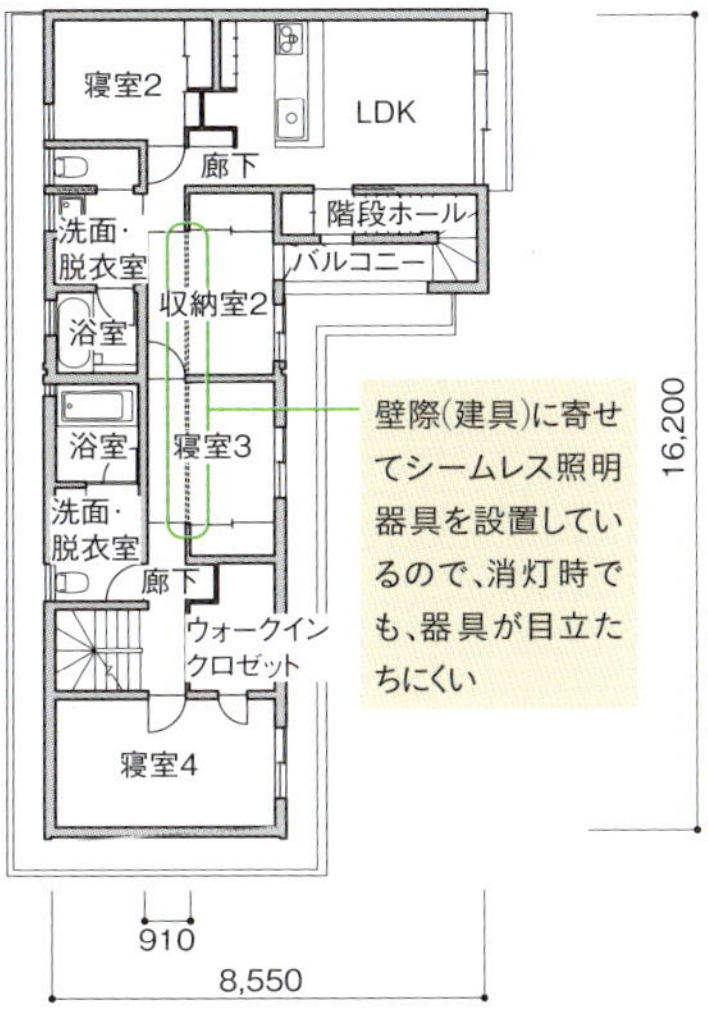
寝室2
LDK
廊下
階段ホール
洗面・
脱衣室
バルコニー
収納室2
浴室
浴室
寝室3
洗面・
脱衣室
廊下
ウォークイン
クロゼット
寝室4
壁際（建具）に寄せてシームレス照明器具を設置しているので、消灯時でも、器具が目立ちにくい
16,200
910
8,550

2階平面図［S=1:300］

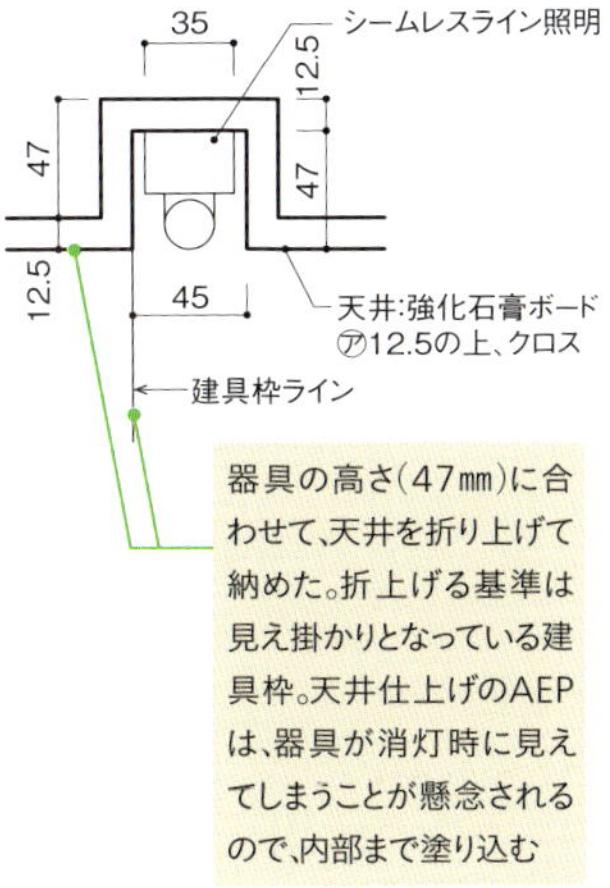
35
シームレスライン照明
12.5
47
47
12.5
45
天井：強化石膏ボード
㋐12.5の上、クロス
建具枠ライン
器具の高さ（47㎜）に合わせて、天井を折り上げて納めた。折上げる基準は見え掛かりとなっている建具枠。天井仕上げのAEPは、器具が消灯時に見えてしまうことが懸念されるので、内部まで塗り込む

天井詳細図［S=1:6］

写真：西川公朗

薄くて曲がるLEDはどこにでも納まると話題に

ルーチ・パワーフレックス
［プロテラス］

テープ状のLED間接照明。薄くて、長さをある程度自由に（40㎜間隔）カットできるフレキシブルさが特徴［＊1］

玄関の間接照明（コーブ照明）には同じ「ルーチ・パワーフレックスコネクト」を使用したが、折上げ寸法が80㎜と浅く、横向きに変更。色温度は3,000K。ダウンライトにはグレアレスタイプのLEDダウンライト「MD20588-00-90」（Maxray）を採用

廊下ホール。間接照明（コーブ照明）には「ルーチ・パワー・フレックスコネクト」を採用し、AEP仕上げの天井面を照らした。色温度は3,000K。ダウンライトにはグレアレスタイプのLEDダウンライト「MD20588-00-90」（Maxray）を採用

図 極薄LED間接照明の納め方［S＝1:15］

玄関折上げ天井詳細図

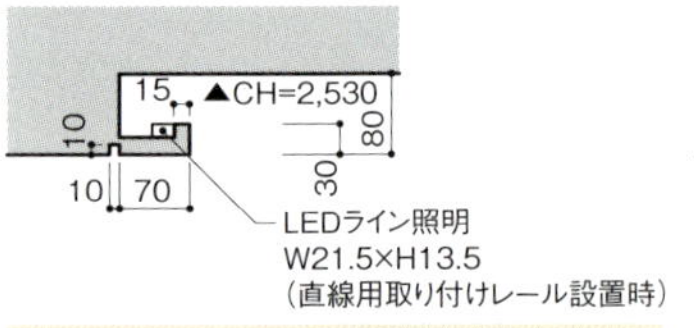

間接照明の光を天井面に広げるため、器具を幕板と接するように納めた。隠れた梁（RC）の存在で、天井面とのクリアランスは50㎜となったので、器具は横向きに設置

廊下折上げ天井詳細図

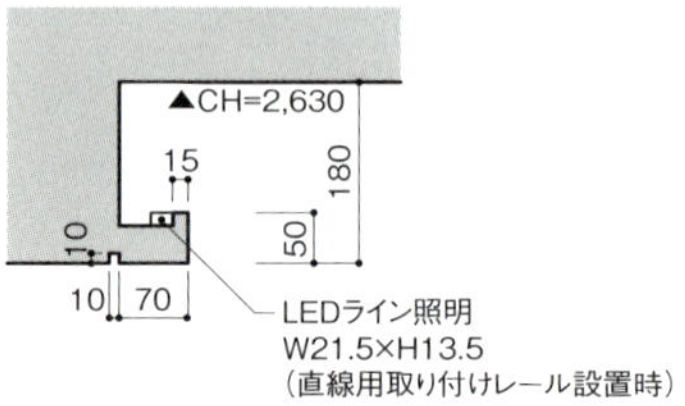

折上げ天井間接照明の標準ディテール。幕板の厚さは50㎜。天井面とのクリアランスは130㎜

ライブラリー折上げ天井詳細図

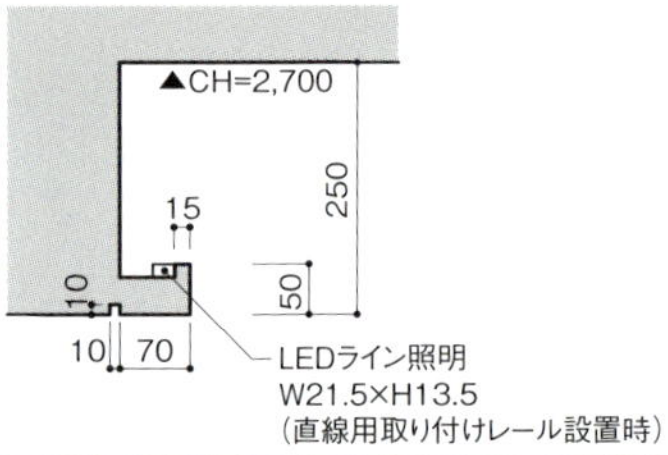

本棚の上に抜け感をもたせるため、天井面とのクリアランスは130㎜

リビング折上げ天井詳細図

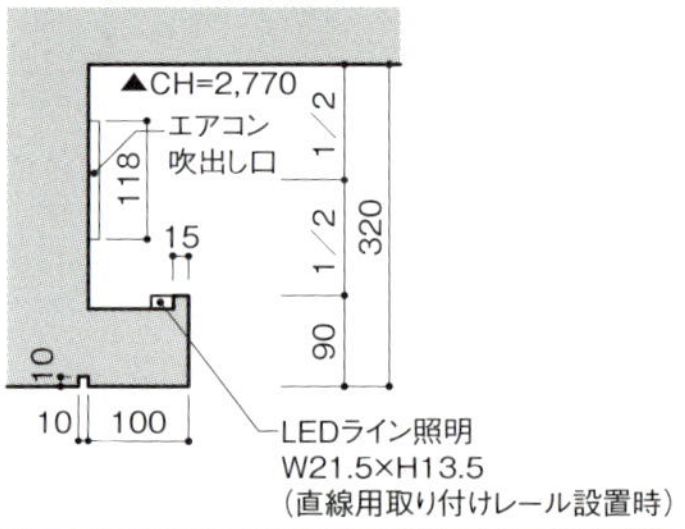

エアコンの吹出し口があり、折上げの寸法が大きいので、幕板の厚さは90㎜。天井面とのクリアランスは230㎜

■ LED間接照明の選び方

洗面カウンター上のメディスン・ボックスの間接照明や飾り棚の棚下灯を選ぶ際に一番留意すべきは、光を上手く回り込ませて、棚に飾ったものや背面の仕上げ材をきれいに見せること。ただし、照明器具の厚さによって棚板の厚さを変えざるをえないほか、下に光を反射する素材を使った際に、反射で光の粒が見えるかどうか、を念頭に置いて設計しなければならない［＊2］。

こうしたニーズに細かく応えられるのがLED。サイズや色温度などに関して、間接照明（棚下灯）に最適なアイテムだ。数あるLEDの中でも「**Luci**（**ルーチ**）」（**プロテラス**）は、光の質や使い勝手のよさに一日の長がある［各務謙司］

＊1：「ルーチ・シルクス」は、設置した真下だけでなく、特異な照射面を持つことで、光がうまく背面まで回り込むのが特徴。下部に反射面があっても均一な光なので、光の粒が目につくことがない

＊2：光量や色温度はもちろん、調光可能かどうか、継ぎ目なく光の帯を繋げることができるかなどのポイントも重要

プラダンでできる天井いっぱいの照明

プラダンシート
［ヤマコー］

養生に用いられるプラダンシート。石膏ボードの上にビニルクロスを張るよりも安価に施工できることが最大の魅力。強度などの弱点については、納まりの工夫で対処可能だ

プラダンシートは強度的な問題もあるので、木製の枠を細かなピッチで配置して補強する。枠はデザインとしても映えるので一石二鳥

材料費の主な内訳は以下のとおり。プラダン5mm厚（880円）が14枚で1万2,320円、天井下地野縁6,240円、天井押縁4,940円、塗装1万円である

■プラダンの弱点は枠で補強

天井面いっぱいの照明＝光天井を実現したいときには、透過性のある材料で複数の照明器具を覆うという手法が考えられる。しかし、コストの制約が厳しければ使用できる材料の選択肢は少なくなる。ポリカーボネート単板やポリカーボネート複層板、アクリル板などの材料は使いづらい。

　そのようなケースで重宝するのが、前述の材料に比べて価格が格段に安い養生用プラダンシートである。透過光にも独特の柔らかさがある。ただし、ほかの材料に比べて強度が低く、寸法精度も高くない。温度変化によって大きく伸縮してしまう材料でもある。したがって、ある程度幅のある押縁で押さえ、比較的細かいピッチで枠を配置し、垂れ下がりを防ぐ必要がある［図］。ほかの材料に比べて表面が柔らかく傷つきやすいものの、天井での使用ならば深刻な問題にはならない。

　メンテナンスなどに関する留意点は2つ。シートの内部に虫や埃が入ることを防止するために、小口をテープやシールでふさぐこと、照明を交換する時に、照明廻りのプラダンシートを取り外せるように枠はビスで留めること、である。

［石井正博］

図 プラダンシートの納まり

❶シートは強固に固定する［S=1:4］

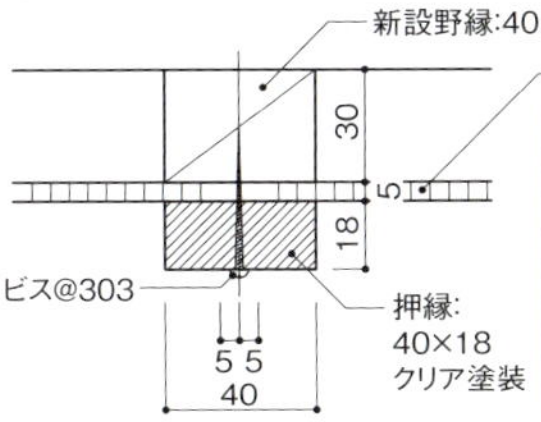

プラダンシートを支えるために、野縁を920㎜ピッチ（縦）、610㎜ピッチ（横）で配置し、その直下でプラダンシートを継いで、幅40㎜の押し縁で支える。固定方法はビス

❷取替え可能なプラダンシート

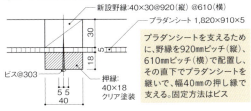

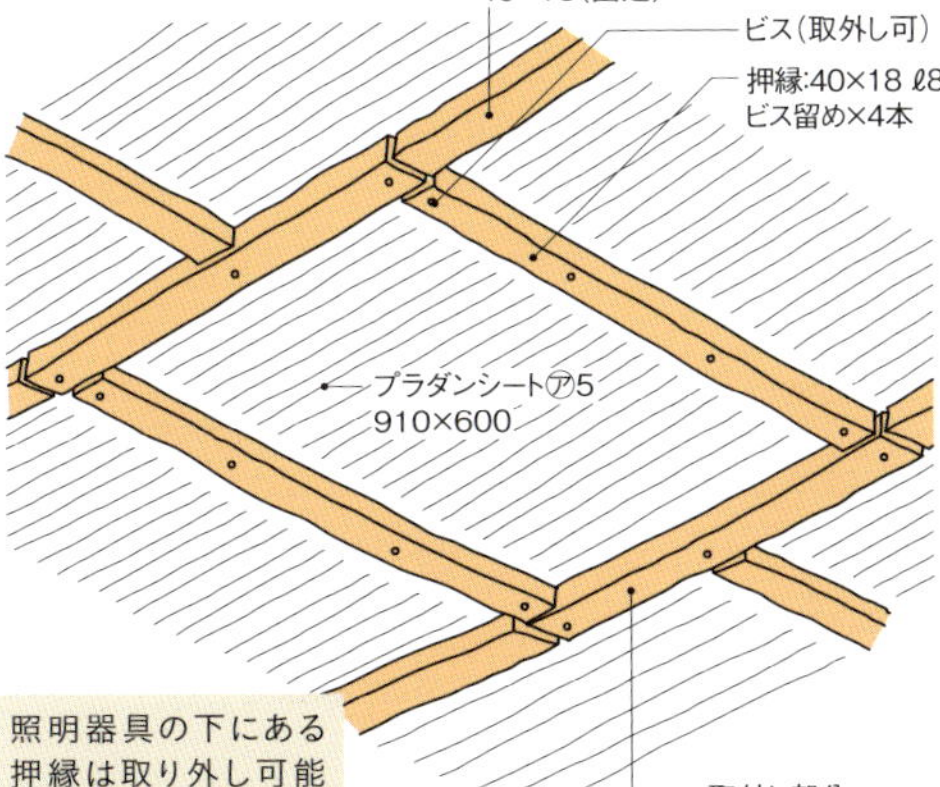

照明器具の下にある押縁は取り外し可能なものとしておく。ビスで固定する

スイッチプレートに間取り図まで付けると完璧

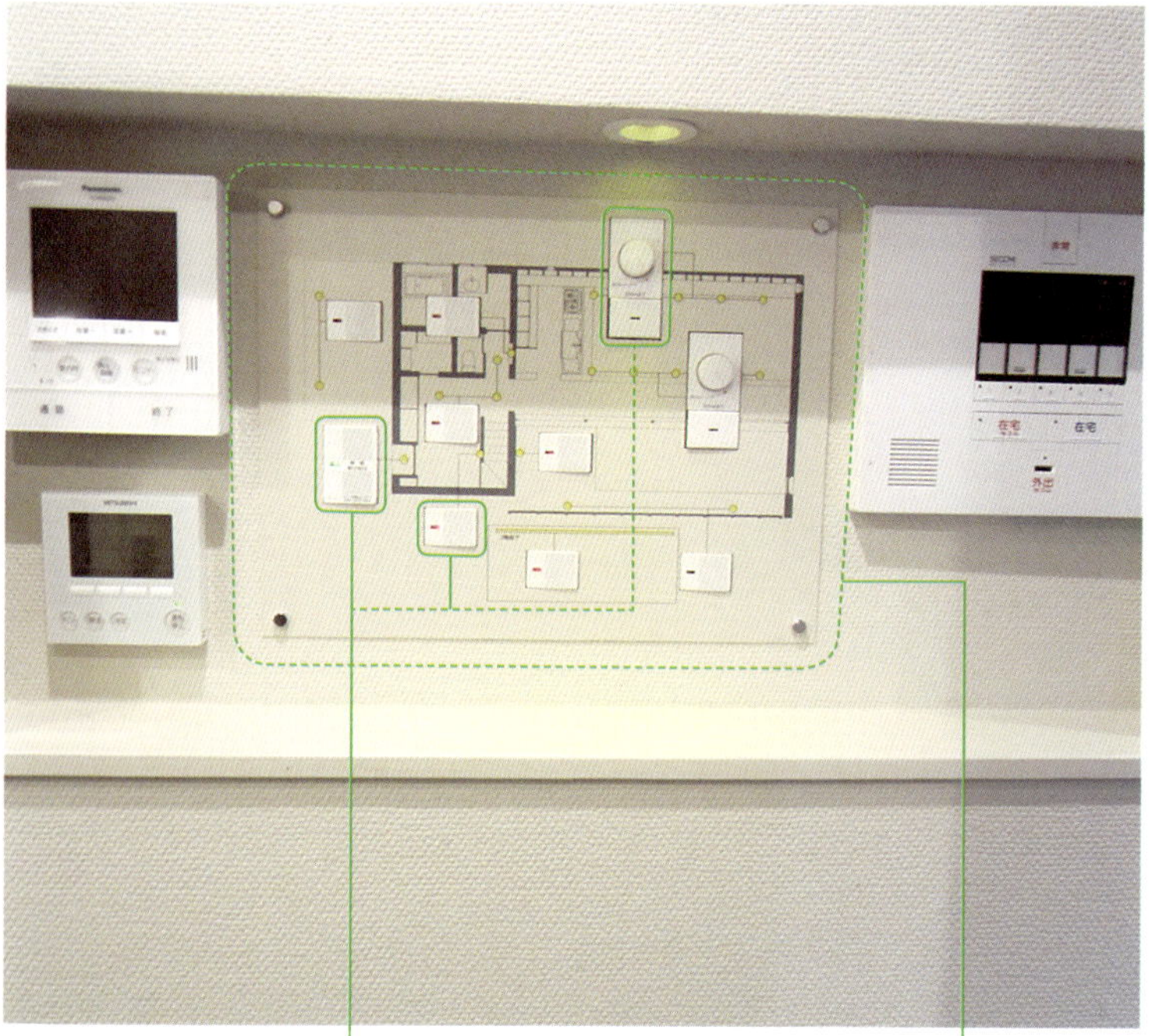

既製品のスイッチを平面図プレート内に見やすくレイアウトするため、ハンドルと内部の取付け枠が小さい既製品を選ぶ。スイッチのカバープレートは使用しない

平面図をイラスト化したプレートを取付けることで、各スイッチの位置関係が直感的に理解できるようになる

MEMO｜プレートに組み込んだスイッチ

❶コスモミニスイッチプレート WTC7071W
［パナソニック エコソリューションズ社］
❷埋込パイロット・ほたるスイッチB WT5041
［パナソニック エコソリューションズ社］
❸埋込トリプルスイッチハンドル WT3023W
［パナソニック エコソリューションズ社］
❶～❸は「コスモシリーズワイド21」に含まれる製品。スイッチの操作部分が大きく、手のひらで軽く押すことができる
❹あけたらタイマ（2線式） WTC5331WK
［パナソニック エコソリューションズ社］
照明のON／OFFをタイマーで管理することができるスイッチ
❺調光スイッチ DP-37154E
（1万4,040円）［大光電機］
LED専用の調光器で、容量は300VA

■プレート下地は面落ちさせる

「スイッチの存在感が煩わしい」――この問題を解決するためには、ニッチを設けて複数のスイッチを1カ所にまとめるというのも1つの手だ。しかし、スイッチ類をまとめてしまうことで、かえって使い勝手が悪くなることも考えられるだろう。この問題を解決するアイデアとして、各スイッチの位置関係を印刷したプレートをニッチに取り付けるという手法がある。

ステンレスプレートに、照明の位置を入れた平面図を印刷。各照明に対応するスイッチを組み込んだスイッチプレートを取り付けば、直感的に位置を把握できる。「電気設備図面にスイッチが付いていたら分かりやすいのでは」という発想をかたちにしたものだ。照明の点灯消灯はホタルで確認できる。

ポイントはスイッチプレートを取り付ける位置［図］。スイッチハンドルがプレートから突き出るように、面落ちさせる。スイッチプレートについては、玄関表札プレートを製作依頼（シルクスクリーン印刷）する要領と同じ。平面図をイラスト化し、スイッチの孔あけ位置と印刷色を指示した原寸版下を作成し、印刷業者に依頼すればよい。

［杉浦英二］

図 スイッチプレートの取付け方［S＝1:10］

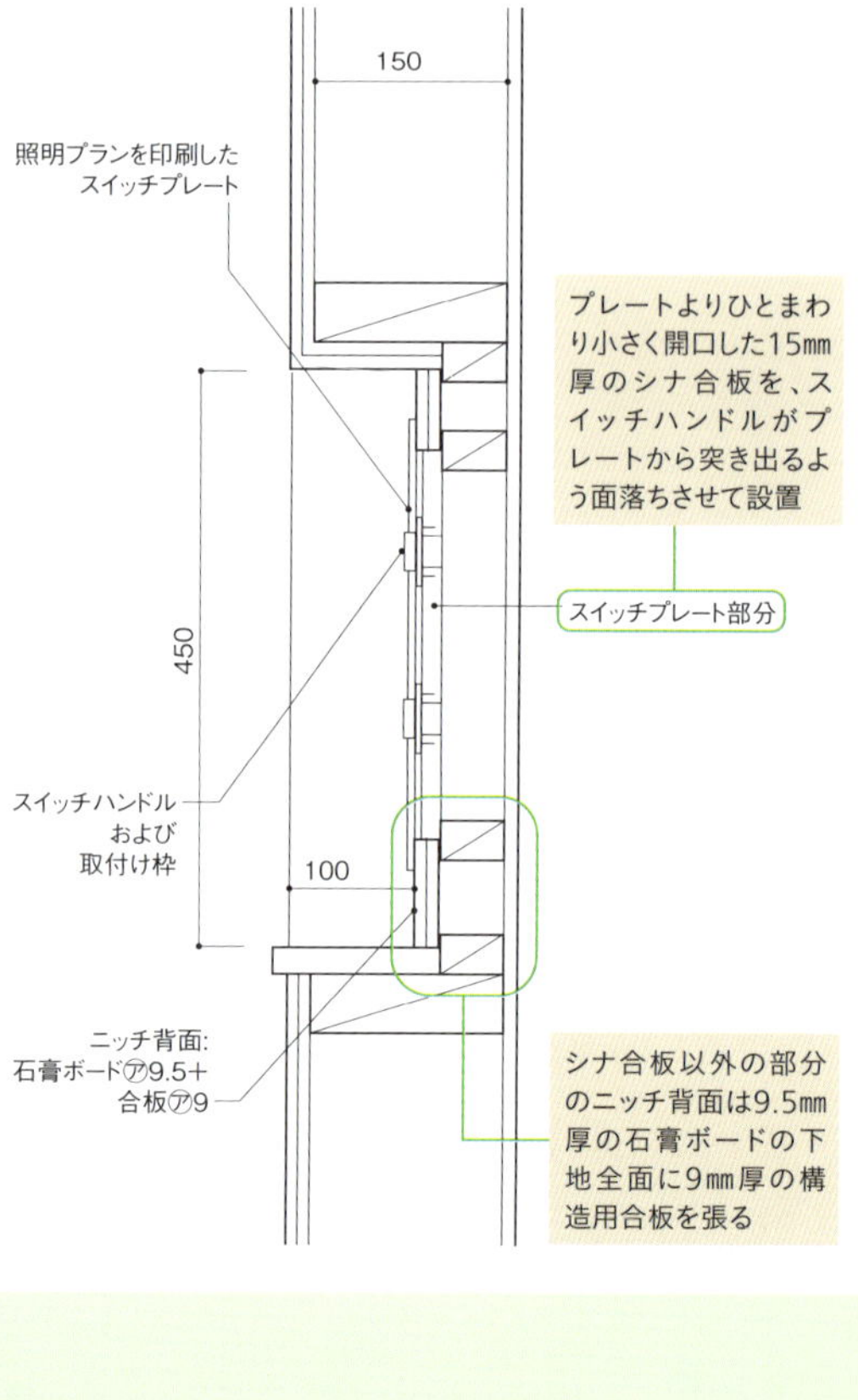

150
照明プランを印刷したスイッチプレート
プレートよりひとまわり小さく開口した15㎜厚のシナ合板を、スイッチハンドルがプレートから突き出るよう面落ちさせて設置
スイッチプレート部分
450
スイッチハンドルおよび取付け枠
100
ニッチ背面:石膏ボード㋐9.5＋合板㋐9
シナ合板以外の部分のニッチ背面は9.5㎜厚の石膏ボードの下地全面に9㎜厚の構造用合板を張る

インターネットを使ったイマドキの既製品の探し方

■Webで変った情報環境

設計者には、市場に溢れる膨大な数の既製品から、最適な「1つ」を選り抜く力が求められる。従来は、メーカーからカタログを取り寄せて検討するという方法が主流だったが、インターネットが発達しWebカタログなどが自由に閲覧できるようになった現在は、Web上で情報を入手し、採用する既製品を決定するケースが増えている。また、日ごろから住宅や製品に関心を抱き、インターネットでの情報収集を当然のように行っている多くの建築主に対し、設計者が情報面で後れをとることは、なるべく避けたい。

インターネットの登場による情報環境の変化を具体的に整理すると、以下のようになる。❶製品の選択肢が圧倒的に増えた、❷1つの製品について多様な価値基準に照らしての評価が可能になった、❸中小サプライヤーの製品についても知見を簡単に得られるようになった、❹情報公開が進んだ、❺アウトレット品を破格の値段で入手できるようになった、の5点である。

特に❶～❸は相関関係が強い。❷について、価格に限らずデザインなども一定の範囲で自由に比較・評価できるようになると、その過程で、より多くのメーカーとの「出会い」が可能になる（❸）。結果として、選択肢がさらに広がる（❶）のである。

■運営会社の信頼性も重要

❹については、ワンプライス建材（定価と卸値という価格体系ではなく、実際のメーカーからの出荷額のみが提示されている建材のこと。施工会社のマージンビジネスが成立しにくい商材）が増えているとの印象がある。建材市場は、よくも悪くも「正直なマーケット」になってきているのではないだろうか。

❺の低価格というメリットはやはり大きい。供給側にとっても、売れ残った在庫を捌くためのアウトレット情報を簡単に発信でき、無駄な廃棄を避けられる、というメリットがある。

以上のように、既製品をインターネットで探すことには多くのメリットがある。積極的に活用すべきであろう。

しかし、お互いの〝顔〟が見えにくいビジネスなので、信頼性には十分注意したいところだ。製品そのものの信頼性はもちろん、取扱い業者、Web運営会社についてもシビアにチェックする必要がある。電話の対応が丁寧かどうか、サンプル対応が的確かつ素早いか、などが利用に当たっての判断基準となるだろう。

最後に、筆者がよく利用しているインターネットサイトや、活用事例を紹介したい［図❶］。筆者がよく利用するのがタイルライフ。図❷の事例では、リビングの床仕上げについて「アンティーク調石材（ラフエッジ仕上げ）」というライムストーンの一種を採用した。ラフで素朴な仕上がりが特徴で、価格も4千200円／㎡と破格なものだった。

［寳神尚史］

図 ネット建材を利用する

❶筆者お薦めの使えるウェブサイト！

タイルライフ	石材、タイル、レンガなどのアウトレット品を専門に扱う通販サイト。サンプル対応も丁寧
アカリセンター	照明器具専門の通販サイト。スペック検証も含めて、とても見やすいのが特徴。比較的リーズナブルな価格設定で、特殊なランプ球も安心して購入できる
ジューシーガーデン	郵便ポストや表札などデザインにこだわって買いつけるセレクトショップ型エクステリア用品の通販サイト［60頁参照］
サンワカンパニー	カタログ型ビジネスを行いつつも、時々、アウトレット商品をネット限定で展開している。カタログ商品の在庫はネットで確認可能

❷「タイルライフ」を利用したリビングの床

暖炉廻りの床に「アンティーク調石材（ラフエッジ仕上げ）」を採用。独立柱（構造柱）とのコントラストが印象的

READY MADE PRODUCTS

3

INTERIOR MATERIALS

RECOMMEMDED

本当に使える［内装］の既製品

クロスのように張れる木質系仕上げ材

リブリーニュー（20mmピッチ）RN210005J ナラ塗装品［朝日ウッドテック］

天井を木質系の素材で仕上げたい場合に悩ましいのが施工の手間。羽目板などを正確に張り付けていくのは、割付けの指示も含めて、作業が煩雑なものとなる。ここで重宝するのが「リブリーニュー」。パネル状になっているので施工がしやすく、羽目板を張るよりコストも抑えられる。羽目板張りよりも繊細なテクスチャが得られるのも特徴的だ。一般用とフレックス用があり、フレックスタイプを採用すれば、円形天井などの木質系仕上げも容易だ。本事例で採用した製品の価格（一般用）は税抜で9,100円／枚（5,590円／m²）。フレックスタイプでは、同じく12,000円／枚（7,370円／m²）となる。　［関本竜太／リオタデザイン］

ムクのような複合フローリング

20シリーズ チーククリアオイル［IOC］

表面の突き板が2.2㎜厚で、ムクのような表情が得られる複合フローリング。リーズナブルな価格（7,600円）で、現場の大工造作での留め加工などが可能である。写真の建物では、2枚の建具間の壁にフローリングを張る（通常と同じく接着剤と釘を併用）ことで、木製の建具と雰囲気を合わせている。突き板を張ると、表面材の薄さで、正面から見た印象が貧弱になってしまううえ、サンプル確認も難しい（サンプルと実物が違う場合が多い）。同製品ではこうした問題が起きないので、建築主の了解を得やすい。

［各務謙司／カガミ建築計画］

ラインのなしの付け幅木

スマート幅木［パナソニック］

既製品の付け幅木にはMDFの基材に樹脂フィルムを張り付けたものが多いが、釘打ちのガイドに溝（ライン）が入っているため、デザインがあか抜けない。その点、「スマート幅木」には溝がない。見た目がプレーンで、高さも30㎜と小さい。幅木と壁仕上げの色を合わせ、存在感を極力消すことが、すっきりと納めるコツだ。

［中西ヒロツグ／イン・ハウス建築計画］

本特集で取り上げた主な既製品一覧

日頃の業務にご活用ください!

外装

製品群	製品名	会社名	掲載頁
雨樋	ガルバリウム雨とい スタンダード半丸105	タニタハウジングウェア	011/017
窯業系サイディング	モエンエクセラード16 フラットウォール	ニチハ	011
木材保護塗料	キシラデコール	大阪ガスケミカルズ	015
窯業系サイディング	KANPEKI ラップ14ハードタイプ	東レACE	015
ガルバリウム鋼板(スパンドレル)	スパンドレル 目地なしタイプ	セキノ興産	015
ガルバリウム鋼板	ガルバリウムカラー萠	淀川製鋼所	016
ガルバリウム鋼板	ニクスカラー	日鉄住金鋼板	018·019
ガルバリウム鋼板	ICだんぶき ダンビー303	稲垣商事	018·019
木製サッシ(網入りガラス)	アイランドプロファイル FIX	アイランドプロファイル	020·021
木製玄関扉	RE-DOOR	阿部興業	021·021
自然健康塗料	リボス	イケダコーポレーション	021
玄関扉(防火設備)	DD	LIXIL(TOSTEM)	022
外部扉	店舗引戸/16522 ランマなしテラス(通し障子)	LIXIL(TOSTEM)	023
戸建て用インターホンカバー	GP-092	カワジュン	024
玄関収納	ゲタボックス	サンワカンパニー	024
アルミサッシ(引違い窓)	デュオPG	LIXIL(TOSTEM)	025·030·031
アルミサッシ(引違い窓)	エイピアJ 引き違い窓	YKK AP	026·027
大型アルミサッシ	WIDE WIN	LIXIL(TOSTEM)	028
固定式トップライト(高断熱タイプ)	ホームトップライトシリーズ	菱晃	032
防火シャッター	ファイター	文化シヤッター	036
ガルバリウム鋼板(スパンドレル)	ガルスパン	アイジー工業	038
窯業系サイディング	打ちコンフラット(OPA048188D)	神島化学工業	038
アクリル樹脂吹付け仕上材	ジョリパットアルファJP-100 小粒ロックS	アイカ工業	038
玄関錠	シリンダー彫込引戸錠(TRシリンダー)·沈み型サムターン	堀商店	038
外壁下地材	三菱フレキシブルボードN	三菱マテリアル建材	039
外壁仕上材	スーパー白洲そとん壁W	高千穂シラス	039
玄関ポスト	bobi	セキスイエクステリア	039

水廻り

製品群	製品名	会社名	掲載頁
システムキッチン	FAKTUM	IKEA	043~045
収納アクセサリー	RATIONELL	IKEA	044
収納アクセサリー	システムバックガード	ノーリツ	045
システムキッチン	サンヴァリエ〈リシェルSI〉	LIXIL(sunwave)	048
内装用不燃ボード	REAL PANEL	ニッシンイクス	049
ハーフユニットバス	ハーフバス08	TOTO	050~052
内外装下地材	ラスカット	ノダ	051
浴室出入口	サニセーフII	YKK AP	050·053
床排水トラップ	FT-6BL-B型	福西鋳物	055
磁器質タイル	ハートストーン	サンワカンパニー	056·057
セメントボード	デラクリート	吉野石膏	057
医療用洗面流し	病院用流し	TOTO	057
アルミ手摺(バルコニー)	ハンドラインIII+バー手すりIII	LIXIL(TOSTEM)	058
磁器質タイル(方形石)	ムスタングブラック	東京水産流通グループ ユーロハウス	059
分岐水栓	カラー双口自在水栓(ブロンズ)	カクダイ	060
天然石シート	HANDY STONE	松下産業	060
ステンレスアンダーシンク	S311	エクレア(参創ハウテック)	060
ニギリバー	R2207	リラインス	061
ペーパーホルダー	SA-323-XT	カワジュン	061
洗面ボウル	ラバトリーボウル	MRC·デュポン	061
洗面鏡	MOLGER	IKEA	061
洗面鏡	STAVE	IKEA	061

内装

製品群	製品名	会社名	掲載頁
複合フローリング	20シリーズ	IOC	063·088
複合フローリング	ライブナチュラルプレミアム	朝日ウッドテック	063
織物クロス	ノイエローヴ	旭興	064
内装仕上材	ポーターズペイント	NENGO	066
外壁下地材	エクセルジョイント	渋谷製作所	066
モザイクタイル	SW-2001	平田タイル	067
見切材	51033 アルミA型13	創建	070
木製内部建具内装ドア	ノッポ	サンワカンパニー	071
まな板	プラスチックまな板[マイキッチン]	住べ テクノプラスチック	072
半透明ゴム脚	難燃性クッションゴム	タキゲン	073
収納ケース	ポリプロピレンクローゼットケース、ポリプロピレン収納ケース	無印良品	074·075
収納ケース	KASSETT	IKEA	074·075
ベンチ	木製ベンチ、木製サイドテーブルベンチ	無印良品	076
スギ3層クロスパネル	Jパネル	協同組合レングス	077
ペンダントライト用天井金具	コード吊ペンダント用シーリングカバー	ルイスポールセン ジャパン	080
ペンダントライト用天井金具	埋込収納フランジ	大光電機	080
内装ドア	VERITIS	パナソニック エコソリューションズ社	082
間接照明	低輝度コンパクトSHE-F	DNライティング	083
間接照明	Luci(ルーチ)	プロテラス	084
養生用プラダン	プラダンシート	ヤマコー	085
木質系仕上げ材	リブリーニュー(20mmピッチ)RN210005J ナラ塗装品	朝日ウッドテック	088
ラインなし幅木	スマート幅木	パナソニック エコソリューションズ社	088

執筆者プロフィール

相坂研介［あいさか・けんすけ］相坂研介設計アトリエ
1973年東京都生まれ。'96年東京大学工学部建築学科卒業後、安藤忠雄建築研究所入社（個人住宅・集合住宅・事務所・診療所・美術館・複合商業建築などの設計監理を担当。）2003年に相坂研介設計アトリエを設立

秋野卓生［あきの・たくお］匠総合法律事務所
慶応義塾大学法学部法律学科在学中の1995年11月、司法試験に合格。その後、2001年4月に現在の弁護士法人匠総合法律事務所の前身である秋野法律事務所を開設。現在、㈳日本建築士事務所協会連合会理事・㈳住宅生産団体連合会消費者制度部会コンサルタントを務める

芦沢啓治［あしざわ・けいじ］芦沢啓治建築設計事務所
1973年東京都生まれ。'96年横浜国立大学建築学科を卒業後、architectureWORKSHOPに入社。2002年superrobot参加。'05年芦沢啓治建築設計事務所を開設する。家具や仕上げ、色にこだわった空間デザインに定評があり、プロダクトのデザインも手掛けている。震災後の復興プロジェクト「石巻工房」の発起人

井川一幸［いがわ・かずゆき］井川建築設計事務所
1974年茨城県生まれ。2000年関東学院大学大学院工学研究科建築学修了。瀬野和広＋設計アトリエなどでの勤務を経て、'04年に井川建築設計事務所開設。新築やリノベーションなどを含めて、茨城県南部を中心に設計監理業務を展開している。'12年には、「富里・K邸」と「東庄・K邸」の2作品が「グッドデザイン賞2012」を受賞

石井正博［いしい・まさひろ］設計事務所アーキプレイス
1962年広島県生まれ。'86年広島大学工学部第四類建築学課程卒業。CORE建築都市設計事務所（森義純建築設計室）、石堂一級建築士事務所、RTKLインターナショナルリミテッド東京支店での勤務を経て、'97年設計事務所アーキプレイス（ARCHIPLACE）設立。SE構法登録建築士。現在、一級建築士である近藤民子をパートナーに活動を続けている

石川素樹［いしかわ・もとき］石川素樹建築設計事務所
1980年東京都生まれ。手嶋保建築事務所での勤務を経て、'09年石川素樹建築設計事務所設立。第27回住まいのリフォーム・コンクールにおいて「鯵沢の家」が優秀賞を受賞

井上洋介［いのうえ・ようすけ］井上洋介建築研究所
1966年東京都生まれ。'91年京都大学工学部建築学科卒業。同年坂倉建築研究所入所。2000年井上洋介建築研究所設立

奥野公章［おくの・まさあき］奥野公章建築設計室
1973年山梨県生まれ。'96年東洋大学工学部建築学科卒業、'98年東洋大学大学院工学研究科建築学専攻博士前期課程修了、スタジオ建築計画入社。2002年建築・家具設計ユニットのホワイトベース共同設立、'04年一級建築士事務所奥野公章建築設計室を設立。東洋大学ライフデザイン学部人間環境デザイン学科非常勤講師。『最高にステキな「間取り」の図鑑』（エクスナレッジ刊）などメディア掲載多数

各務謙司［かがみ・けんじ］
カガミ建築計画／カガミ・デザインリフォーム
1966年東京都生まれ。'90年早稲田大学理工学部建築学科卒業、'93年ハーバード大学デザイン大学院。'94～'95年Chicoganani Kalla設計事務所（ニューヨーク市）に勤務。'95年カガミ建築計画を設立し、現在に至る。都心を中心とした100㎡以上のマンション・リフォームを得意とする。2006年以降は、設計実績や自身のバックグラウンド、設計事務所の立地などを複合的に考えて、リフォーム・リノベーションに特化。主著に『驚異のリフォーム・リノベーション術』（エクスナレッジ刊）

北野博宣［きたの・ひろのぶ］北野博宣建築設計事務所
1973年大阪府生まれ。'97年東北大学工学部建築学科卒業、2000年早稲田大学大学院修士課程修了。'00年～'06年内藤廣建築設計事務所勤務。'06年に北野博宣建築設計事務所を設立し、住宅や店舗などの設計活動を行っている

木村智彦［きむら・ともひこ］
グラムデザイン一級建築士事務所
1978年鳥取県生まれ。2001年三重大学工学部建築学科卒業。建築設計および現場監理の実務経験を積んだ後、'05年にgarchitecturaldesignを設立。'07年にグラムデザイン一級建築士事務所に改称。鳥取県や島根県で設計活動を精力的に行っている

小林真人［こばやし・まひと］小林真人建築アトリエ
1956年東京都生まれ。'80年京都工芸繊維大学工芸学部住環境学科卒業、同年黒川雅之建築設計事務所入社。同事務所チーフアーキテクトや取締役建築部長、コラボレーターを経て、'96年に小林真人建築アトリエ設立

古谷野裕一［こやの・ゆういち］
古谷野裕一建築設計事務所
1984年東京都生まれ。中央工学校工業専門課程建築室内設計学科卒業。2007年～'11年小川広次建築設計事務所勤務。その後、古谷野祐一建築設計事務所を設立

小山　光［こやま・あきら］キー・オペレーション
1970年東京都生まれ。東京都立大学工学部建築学科卒業。'96年ロンドン大学バートレット校建築修士課程優等修了。東京工業大学建築学科修士課程修了。現在はキー・オペレーションを主宰し、店設計やマンション・リノベーション、集合住宅などを手掛けている。2012年、四谷の集合住宅で、英国王立建築家協会国際賞を受賞

杉浦英一［すぎうら・えいいち］杉浦英一建築設計事務所
1957年東京都生まれ。'81年東京藝術大学美術学部建築学科卒業、'83年同大学院修了。同年より内井昭蔵建築設計事務所勤務、'89年主任建築家。'93年に杉浦英一建築設計事務所設立。東京建築賞都知事賞など、受賞歴多数

関本竜太［せきもと・りょうた］リオタデザイン
1971年埼玉県生まれ。'94年日本大学理工学部建築学科卒業し、'99年までエーディーネットワーク建築研究所に勤務。2000～'01年、フィンランドヘルシンキ工科大学に留学、現地の設計事務所にて設計プロジェクトにかかわる。帰国後、'02年にリオタデザイン設立。'08年より日本大学理工学部非常勤講師。'12年10月、トークイベント「リオタデザインの10年」を開催

田口　彰［たぐち・あきら］
TAGKEN（田口建設一級建築士事務所）
1979年埼玉県生まれ。'03年京都精華大学芸術学部デザイン学科建築専攻卒業、'06年米南カルフォルニア建築大学大学院卒業。'10年～'12年京都精華大学デザイン学部建築学科非常勤講師。'07年～田口建設一級建築士事務所所属

直井克敏［なおい・かつとし］直井建築設計事務所
1973年茨城県生まれ。'96年東洋大学工学部建築学科卒業後、藤澤陽一朗建築設計事務所、R&K partners、奥村和幸建築設計室での勤務を経て、'02年、徳子氏とともに、直井建築設計事務所を設立。東洋大学非常勤講師

直井徳子［なおい・のりこ］直井建築設計事務所
1972年東京都生まれ。'94年東京家政学院大学家政学部住居学科卒業後、スタジオ4設計、インターデザインアソシエイツでの勤務を経て、'02年、克敏氏とともに直井建築設計事務所を設立

中佐昭夫［なかさ・あきお］ナフ・アーキテクト&デザイン
1971年広島県生まれ。'95年広島大学工学部第四類（建設系）卒業、'97年早稲田大学大学院理工学研究科修士課程修了。'97年～2000年山本理顕設計工場勤務。'01年、中薗哲也氏とともにナフ・アーキテクト&デザインを設立。'12年日本建築学会作品選集に準・庭付き一戸建て住宅（A House Made of Two）が選出される

中西ヒロツグ［なかにし・ひろつぐ］イン・ハウス建築計画
1964年大阪府生まれ。'86年京都工芸繊維大学工芸学部住環境学科卒業。'86年菊竹清訓建築設計事務所入所。京都信用金庫や北九州メディアドームのプロジェクトチーフを担当。'99年イン・ハウス建築計画設立。住宅、店舗などの設計だけでなく、数多くのリノベーションを手掛け、大改造～劇的ビフォーアフター」（ABC放送）にも最多となる8回出演を果たす。主著に『驚異のリフォーム・リノベーション術』（エクスナレッジ刊）

納谷　新［なや・あらた］納谷建築設計事務所
1966年秋田県生まれ。'91年芝浦工業大学工学部建築工学科卒業後、山本理顕設計工場での勤務を経て、'93年、実兄の学氏とともに納谷建築設計事務所を設立。学氏とともに、'90年代末より、リノベーションを積極的に手掛けている。受賞歴多数

納谷　学［なや・まなぶ］納谷建築設計事務所
1961年秋田県生まれ。'85年芝浦工業大学工学部建築学科卒業後、黒川雅之建築設計事務所、野沢正光建築工房での勤務を経て、'93年、実弟の新氏とともに納谷建築設計事務所を設立。JIA日本建築大賞2011日本建築家協会優秀建築100選（門前仲町の住宅、鷹ノ巣の2世帯住宅）など、受賞歴多数

西久保毅人［にしくぼ・たけと］ニコ設計室
1973年佐賀県生まれ。'95明治大学理工学部建築学科卒業。'97年同大学院修了。'97年象設計集団に入所、'98年アトリエハルに入所後、2001年に独立し、ニコ設計室を設立。主に住宅の設計を手掛ける。'11年より明治大学兼任講師。『日本の住宅をデザインする方法2』（エクスナレッジ刊）などメディア掲載多数

寳神尚史［ほうじん・ひさし］日吉坂事務所
1975年神奈川県生まれ。'97年明治大学理工学部建築学科卒業、'99年明治大学大学院理工学部建築修士課程修了。同年～2005年青木淳建築計画事務所に勤務。青森県立美術館などの設計に携わる。'05年に日吉坂事務所を設立、店舗や住宅など、設計活動を幅広く行っている。建築におけるインテリアの重要性を説く

村上太一［むらかみ・たいち］村上建築設計室
1969年東京都生まれ。早稲田大学芸術学校建築都市設計科卒業。椎名英三建築設計事務所などを経て'99年村上建築設計室開設。デザインファーム建築設計スタジオ講師を務める。主著に『住宅インテリア究極ガイド』『心地よい住まいの間取りがわかる本』（いずれもエクスナレッジ刊）

村上春奈［むらかみ・はるな］村上建築設計室
1971年東京都生まれ。日本女子大学家政学部住居学科卒業。住宅メーカー・設計事務所ゴンドラなどを経て'99年村上建築設計室開設。デザインファーム建築設計スタジオ講師を務める

森　政巳［もり・まさみ］ファロ・デザイン
1974年佐賀県生まれ。'98年多摩美術大学美術学部建築学科卒業、2000年芝浦工業大学大学院工学研究科修了。'02年シェアオフィスダイブに参加。野本陽氏、住吉正文氏とともに住宅や店舗などの設計活動に携わる。'03年ファロ・デザインを設立。'05年～多摩美術大学非常勤講師

森田桂一［もりた・けいいち］匠総合法律事務所
2007年東京大学法学部卒業、'09年東京大学大学院法学政治学研究科法曹養成専攻修了。'10年、第二東京弁護士会に弁護士登録し、弁護士法人匠総合法律事務所に入所

山中祐一郎［やまなか・ゆういちろう］
S.O.Y建築環境事務所
1972年栃木県生まれ。'94年東京造形大学卒業後、A.A.SchoolofArchitectureInter.3修了。'96年内藤廣建築設計事務所に入社。'99年にS.O.Y建築環境研究所を設立。現在はアルヴァロ・シザ氏との共同プロジェクト「NIKICLUB ARASAKI HOTEL&SPA」などを進めている。2012年「伊予三島の家」が「hope&homeアワード2012」のグランプリを受賞

吉川英之［よしかわ・ひでゆき］ブルースタジオ
1999年東京工芸大学建築学科卒業。ブルースタジオでジェネラル・マネージャーを務め、多くのリノベーション設計実績をもつ。2013年1月に「職」「環境のデザインに特化した新サービス「WORK STYLE b」をスタートさせた

Part 2

各社横断！

定番既製品の規格寸法ガイド

監修＝**中西ヒロツグ**（イン・ハウス建築計画）

引違い窓（アルミ樹脂複合サッシ・アルミサッシ）

既製品サッシで最もよく使用されるのが引違い窓。従来はアルミサッシが一般的であったが、現在では、室外側がアルミ、室内側が樹脂で構成された、断熱性能の高いアルミ樹脂複合サッシも普及している。在来軸組構法の木造戸建住宅で代表的なものは半外付けタイプのもの。かつては各社で規格寸法が異なっていたものの、現在では統一されており、製品の選定や枠廻りの寸法が抑えやすくなっている。

YKK AP

APW310／APW311

Low-E 複層ガラスを採用したアルミ樹脂複合サッシ。引手と錠が一体化した「戸先錠」を採用、召し合わせ部にクレセントがつかない。APW310 は腰窓、APW311 は掃き出し窓。熱貫流率は 2.15 ～ 2.33（W／m^2·K）

	069（W730）	074（W780）	078（W820）	083（W870）	114（W1,185）	119（W1,235）	128（W1,320）	133（W1,370）	150（W1,540）	160（W1,640）	165（W1,690）	178（W1,820）
障子枚数	2											
03（H370）		●		●		●		●			●	
05（H570）	●	●	●	●	●	●	●	●	●	●	●	
07（H770）	●	●	●	●	●	●	●	●	●	●	●	
09（H970）	●	●	●	●	●	●	●	●	●	●	●	●
11（H1,170）		●		●	●	●	●	●	●	●	●	●
13（H1,370）					●	●	●	●	●	●	●	●
18（H1,830）									●	●	●	●
20（H2,030）									●	●	●	●
22（H2,230）									●	●	●	●

	183（W1,870）	233（W2,370）	243（W2,470）	251（W2,550）	256（W2600）
障子枚数	2				
03（H370）					
05（H570）	●				
07（H770）	●				
09（H970）	●		●		●
11（H1,170）	●	●	●	●	●
13（H1,370）	●	●	●	●	●
18（H1,830）	●			●*	●*
20（H2,030）	●	●		●*	●*
22（H2,230）	●	●		●*	●*

＊：4 枚建ての用意あり（ただし、クレセント仕様のみ）

エピソード

次世代省エネルギー基準に適合した、複合ガラスのアルミ樹脂複合サッシ。Low-E 複層ガラスの使用も可能。カラー内観・外観ともに 5 色で、自由に組み合わせられる。熱貫流率は 2.15 ～ 4.07（W ／m²·K）

	060（W640）	069（W730）	074（W780）	078（W820）	080（W845）	083（W870）	114（W1,185）	119（W1,235）	128（W1,320）	133（W1,370）	150（W1,540）	160（W1,640）	165（W1,690）
障子枚数	2												
03（H370）	●	●	●			●		●		●			●
05（H570）	●	●	●	●	●	●	●	●	●	●	●	●	●
07（H770）	●	●	●	●	●	●	●	●	●	●	●	●	●
09（H970）	●	●	●	●	●	●	●	●	●	●	●	●	●
11（H1,170）			●			●	●	●	●	●	●	●	●
13（H1,370）							●	●	●	●	●	●	●
15（H1,570）											●	●	●
18（H1,830）								●		●	●	●	●*
20（H2,030）								●		●	●	●	●*
22（H2,230）											●	●	●

	174（W1,780）	176（W1,800）	178（W1,820）	180（W1,845）	183（W1,870）	186（W1,900）	233（W2,370）	251（W2,550）	256（W2,600）	270（W2,740）	278（W2,820）	347（W3,510）
障子枚数	2						2・4					4
03（H370）												
05（H570）					●							
07（H770）					●							
09（H970）	●	●	●	●	●			●	●		●	
11（H1,170）	●	●	●	●	●	●	●	●	●		●	
13（H1,370）	●	●	●	●	●		●	●	●		●	
15（H1,570）												
18（H1,830）	●	●	●	●	●			●*	●*		●	●*
20（H2,030）	●	●	●	●	●	●	●	●*	●*	●	●	●*
22（H2,230）			●		●	●	●	●*	●*		●	●*

＊：3 枚建ての用意あり

3 枚障子

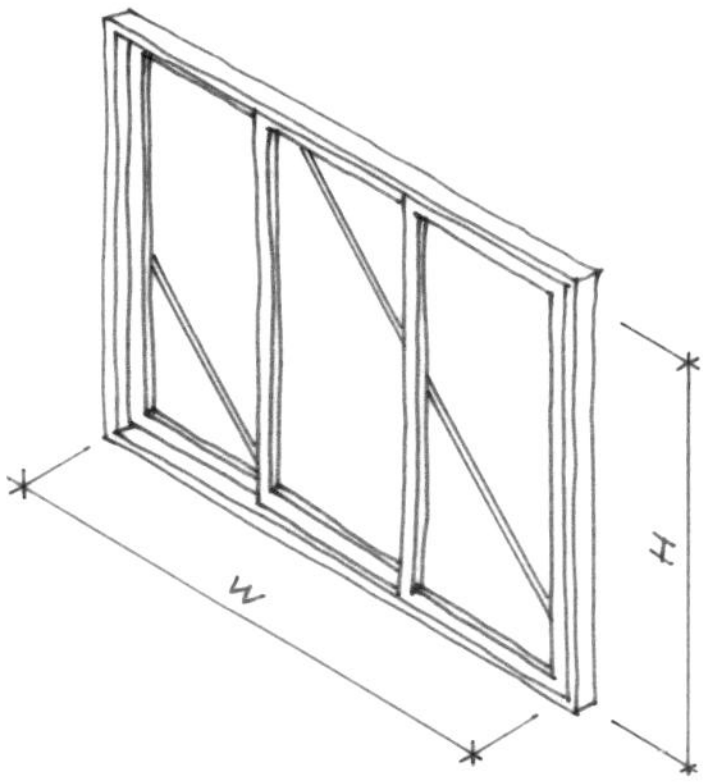

2 枚障子

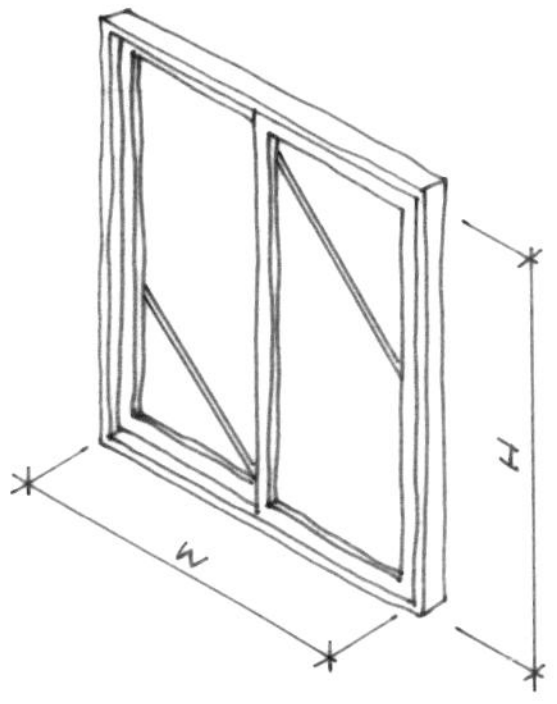

エイピアＪ

アルミ樹脂複合サッシ。アルミ複層障子樹脂複合枠（下枠二重断熱）により、高い断熱性能を実現している。複層ガラスを使用しており、Low-E 複層ガラスの使用も可能。熱貫流率は 3.49 ～ 4.65（W ／㎡･K）

	060（W640）	069（W730）	074（W780）	078（W820）	080（W845）	083（W870）	114（W1,185）	119（W1,235）	128（W1,320）	133（W1,370）	150（W1,540）	160（W1,640）	165（W1,690）
障子枚数	2												
03（H370）	●	●	●			●		●		●			●
05（H570）	●	●	●	●	●	●	●	●	●	●	●	●	●
07（H770）	●	●	●	●	●	●	●	●	●	●	●	●	●
09（H970）	●	●	●	●	●	●	●	●	●	●	●	●	●
11（H1,170）			●			●	●	●	●	●	●	●	●
13（H1,370）							●	●	●	●	●	●	●
15（H1,570）											●	●	●
18（H1,830）								●		●	●	●	●
20（H2,030）								●		●	●	●	●*
22（H2,230）											●	●	●

	174（W1,780）	176（W1,800）	178（W1,820）	180（W1,845）	183（W1,870）	186（W1,900）	233（W2,370）	251（W2,550）	256（W2,600）	270（W2,740）	278（W2,820）	347（W3,510）
障子枚数	2						2･4					4
03（H370）												
05（H570）	●	●	●	●	●							
07（H770）	●	●	●	●	●							
09（H970）	●	●	●	●	●	●		●	●			
11（H1,170）	●	●	●	●	●	●	●	●	●	●	●	
13（H1,370）	●	●	●	●	●	●	●	●	●			
15（H1,570）	●	●	●	●	●							
18（H1,830）	●	●	●	●	●	●		●*	●*			●
20（H2,030）	●	●	●	●	●	●	●	●*	●*	●	●	●
22（H2,230）	●	●	●	●	●	●	●	●*	●*	●	●	●

＊：3 枚建ての用意あり

LIXIL（TOSTEM）

SAMOS《サーモス》Ⅱ-H

アルミ樹脂複合サッシ。サッシ枠で障子枠を隠すことで、枠の見付け寸法を細くし、Low-E ガラスの面積を最大限に確保した製品。下表はＰＧ（ペアガラス）障子のもの。熱貫流率は 2.15 ～ 3.49（W ／㎡･K）

	060（W640）	069（W730）	074（W780）	078（W820）	080（W845）	083（W870）	114（W1,185）	119（W1,235）	128（W1,320）	133（W1,370）	150（W1,540）	160（W1,640）
障子枚数	2											
03（H370）	●	●	●					●				
05（H570）	●	●	●	●	●	●	●	●	●	●	●	●
07（H770）	●	●	●	●	●	●	●	●	●	●	●	●
09（H970）	●	●	●	●	●	●	●	●	●	●	●	●
11（H1,170）			●			●	●	●	●	●	●	●
13（H1,370）							●	●	●	●	●	●
15（H1,570）											●	●
18（H1,830）								●		●	●	●
20（H2,030）								●		●	●	●
22（H2,230）											●	●

	165（W1,690）	174（W1,780）	176（W1,800）	178（W1,820）	180（W1,845）	183（W1,870）	186（W1,900）	251（W2,550）	256（W2,600）	347（W3,510）
障子枚数	2							2・4		4
03（H370）	●									
05（H570）	●	●	●	●	●	●	●			
07（H770）	●	●	●	●	●	●	●			
09（H970）	●	●	●	●	●	●	●	●	●	
11（H1,170）	●	●	●	●	●	●	●	●	●	
13（H1,370）	●	●	●	●	●	●	●	●	●	
15（H1,570）	●									
18（H1,830）	●	●	●	●	●	●	●	●	●	●
20（H2,030）	●	●	●	●	●	●	●	●	●	●
22（H2,230）	●	●	●	●	●	●	●	●	●	●

デュオ PG

断熱性能や防犯性能などの基本性能を備えているアルミサッシ。サイズも豊富で、在来軸組構法用のテラス戸は、4 枚障子の場合、377（W 3,810）まで対応している。熱貫流率は 3.49 ～ 4.65（W ／㎡·K）

	060（W640）	069（W730）	074（W780）	080（W845）	083（W870）	114（W1,185）	119（W1,235）	128（W1,320）	133（W1,370）	150（W1,540）	160（W1,640）	165（W1,690）
障子枚数	2											
03（H370）	●	●	●	●	●		●	●	●			●
05（H570）	●	●	●	●	●	●	●	●	●	●	●	●
07（H770）	●	●	●	●	●	●	●	●	●	●	●	●
09（H970）	●	●	●	●	●	●	●	●	●	●	●	●
11（H1,170）			●		●	●	●	●	●	●	●	●
13（H1,370）						●	●	●	●	●	●	●
15（H1,570）										●	●	●

	174（W1,780）	176（W1,800）	180（W1,845）	186（W1,900）	251（W2,550）	256（W2,600）	270（W2,740）	278（W2,820）	281（W2,850）
障子枚数	2				2・4		4		
03（H370）	●	●	●	●					
05（H570）	●	●	●	●					
07（H770）	●	●	●	●					
09（H970）	●	●	●	●	●	●	●	●	●
11（H1,170）	●	●	●	●	●	●	●	●	●
13（H1,370）	●	●	●	●	●	●	●	●	●
15（H1,570）	●	●	●	●					

テラス

	119（W1,235）	133（W1,370）	150（W1,540）	160（W1,640）	165（W1,690）	174（W1,780）	176（W1,780）	180（W1,845）	186（W1,900）	251（W2,550）	256（W2,600）	270（W2,740）
障子枚数	2				2・3					2・3・4		
18（H1,830）	●	●	●	●	●	●	●	●	●	●	●	●
20（H2,030）	●	●	●	●	●	●	●	●	●	●	●	●
22（H2,230）			●	●	●	●	●	●	●	●	●	●

	278（W2,820）	281（W2,850）	347（W3,510）	366（W3,700）	377（W3,810）
障子枚数	2・3・4		4		
18（H1,830）	●	●	●	●	●
20（H2,030）	●	●	●	●	●
22（H2,230）	●	●	●	●	●

シンフォニー ウッディ／マイルド

アルミ樹脂複合サッシ。木質系の仕上げになじみのよい「シンフォニー ウッディ」、外壁は外壁、内壁は内壁に調和する色が設定される「シンフォニー マイルド」で構成される。熱貫流率は 2.33 ～ 4.65（W ／㎡K）

	060（W640）	069（W730）	074（W780）	078（W820）	080（W845）	083（W870）	114（W1,185）	119（W1,235）	128（W1,320）	133（W1,370）	150（W1,540）	160（W1,640）
障子枚数	2											
03（H370）	●	●	●		●	●		●	●	●		
05（H570）	●	●	●	●	●	●	●	●	●	●	●	●
07（H770）	●	●	●	●	●	●	●	●	●	●	●	●
09（H970）	●	●	●	●	●	●	●	●	●	●	●	●
11（H1,170）			●			●	●	●	●	●	●	●
13（H1,370）							●	●	●	●	●	●
15（H1,570）											●	●

	165（W1,690）	174（W1,780）	176（W1,800）	178（W1,820）	180（W1,845）	183（W1,870）	186（W1,900）	251（W2,550）	256（W2,600）	270（W2,740）	278（W2,820）	281（W2,850）
障子枚数	2							2・4		4		
03（H370）	●	●	●		●		●					
05（H570）	●	●	●	●	●	●	●					
07（H770）	●	●	●	●	●	●	●					
09（H970）	●	●	●	●	●	●	●	●	●	●	●	●
11（H1,170）	●	●	●	●	●	●	●	●	●	●	●	●
13（H1,370）	●	●	●	●	●	●	●	●	●	●	●	●
15（H1,570）	●	●	●	●	●	●	●					

	119（W1,235）	133（W1,370）	150（W1,540）	160（W1,640）	165（W1,690）	174（W1,780）	176（W1,780）	178（W1,820）	180（W1,845）	183（W1,870）	186（W1,900）	251（W2,550）
障子枚数	2				2・3							2・3・4
18（H1,830）	●	●	●	●	●	●	●	●	●	●	●	●
20（H2,030）	●	●	●	●	●	●	●	●	●	●	●	●
22（H2,230）			●	●	●*	●*	●*	●*	●*	●*	●*	●

	256（W2,600）	270（W2,740）	278（W2,820）	281（W2,850）	347（W3,510）	366（W3,700）	377（W3,810）
障子枚数	2・3・4				4		
18（H1,830）	●	●	●	●	●	●	●
20（H2,030）	●	●	●	●	●	●	●
22（H2,230）	●	●	●	●	●	●	●

＊：3 枚建ての用意はなし

4 枚障子

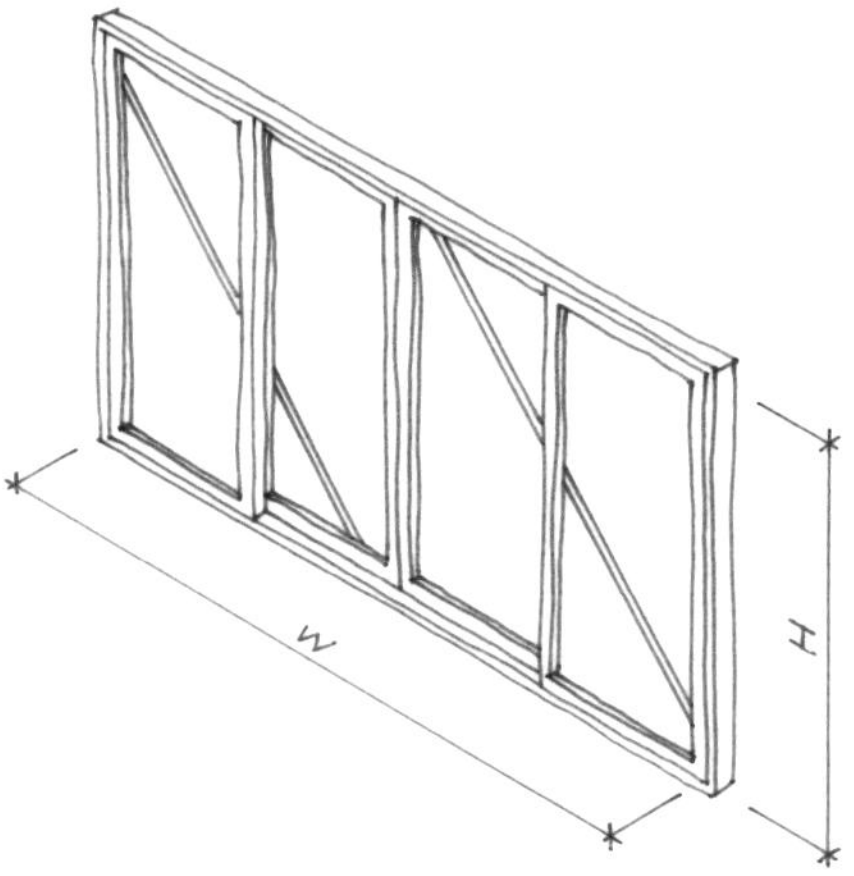

三協立山 三協アルミ

マディオ J・M

アルミ樹脂複合サッシ。断熱障子と断熱枠によって高い断熱性能を実現したのが「マディオ J」、断熱障子と標準 M 枠で断熱性能を確保しながら、価格が安めなのが「マディオ M」。熱貫流率は 2.15 ～ 4.65（W／㎡·K）

	060（W640）	069（W730）	074（W780）	078（W820）	080（W845）	083（W870）	114（W1,185）	119（W1,235）	128（W1,320）	133（W1,370）	150（W1,540）	160（W1,640）
障子枚数	2											
03（H370）	●	●	●		●	●		●	●	●		
05（H570）	●	●	●	●	●	●	●	●	●	●	●	●
07（H770）	●	●	●	●	●	●	●	●	●	●	●	●
09（H970）	●	●	●	●	●	●	●	●	●	●	●	●
11（H1,170）			●			●	●	●	●	●	●	●
13（H1,370）							●	●	●	●	●	●
15（H1,570）											●	●
18（H1,830）								●		●	●	●
20（H2,030）								●		●	●	●
22（H2,230）											●	●

	165（W1,690）	174（W1,780）	176（W1,800）	178（W1,820）	180（W1,845）	183（W1,870）	186（W1,900）	233（W2,370）	251（W2,550）	256（W2,600）	270（W2,740）
障子枚数	2										
03（H370）	●	●	●		●		●				
05（H570）	●	●	●	●	●	●	●				
07（H770）	●	●	●	●	●	●	●				
09（H970）	●	●	●	●	●	●	●	●	●	●	
11（H1,170）	●	●	●	●	●	●	●	●	●	●	
13（H1,370）	●	●	●	●	●	●	●	●	●	●	
15（H1,570）	●	●	●	●	●	●	●				
18（H1,830）	●	●	●	●	●	●	●	●	●	●	●
20（H2,030）	●	●	●	●	●	●	●	●	●	●	●
22（H2,230）	●	●	●	●	●	●	●	●	●	●	●

	278（W2,820）	281（W2,850）
障子枚数	2	
03（H370）		
05（H570）		
07（H770）		
09（H970）		
11（H1,170）		
13（H1,370）		
15（H1,570）		
18（H1,830）	●	●
20（H2,030）	●	●
22（H2,230）	●	●

	233（W2,370）	251（W2,550）	256（W2,600）	270（W2,740）	278（W2,820）	281（W2,850）	347（W3,510）	366（W3,700）	377（W3,810）
障子枚数	4								
09（H970）	●	●	●	●	●	●			
11（H1,170）	●	●	●	●	●	●			
13（H1,370）	●	●	●	●	●	●			
18（H1,830）	●	●	●	●	●	●	●	●	●
20（H2,030）	●	●	●	●	●	●	●	●	●
22（H2,230）		●	●	●	●	●	●	●	●

引違い窓（樹脂サッシ）

枠がすべて樹脂製。熱伝導率がアルミに比べて約 1／1000 と極めて低く、断熱性能に優れている。北欧や欧米では、一般的なサッシで、日本では寒冷地の北海道では普及率が高い。引違い窓の寸法体系はアルミサッシ・アルミ樹脂複合サッシと同様だが、製品数・サイズのバリエーションは、アルミサッシ・アルミ樹脂複合サッシよりも少ない。下記の表は半外付けタイプのもの。

YKK AP

APW330／APW331

複層ガラスの樹脂サッシ。“ガラス接着技術”で強度を高め、スリムなフレームを実現。従来比で見付け寸法は約 30%小さい。APW330 は腰窓、APW331 は掃き出し窓。熱貫流率は 1.90 ～ 2.33（W／㎡・K）

	060（W640）	069（W730）	074（W780）	078（W820）	083（W870）	114（W1,185）	119（W1,235）	128（W1,320）	133（W1,370）	150（W1,540）	160（W1,640）	165（W1,690）
障子枚数	2											
05（H570）	●	●	●	●	●	●	●	●	●	●	●	●
07（H770）	●	●	●	●	●	●	●	●	●	●	●	●
09（H970）	●	●	●	●	●	●	●	●	●	●	●	●
11（H1,170）			●		●	●	●	●	●	●	●	●
13（H1,370）						●	●	●	●	●	●	●
18（H1,830）							●		●	●	●	●
20（H2,030）							●		●	●	●	●
22（H2,230）										●	●	●

	178（W1,820）	183（W1,870）	233（W2,370）	251（W2,550）	256（W2,600）
障子枚数	2			2・4	
05（H570）		●			
07（H770）		●			
09（H970）	●	●			
11（H1,170）	●	●			
13（H1,370）	●	●			
18（H1,830）	●	●	●	●	●
20（H2,030）	●	●	●	●	●
22（H2,230）	●	●	●	●	●

2 枚障子

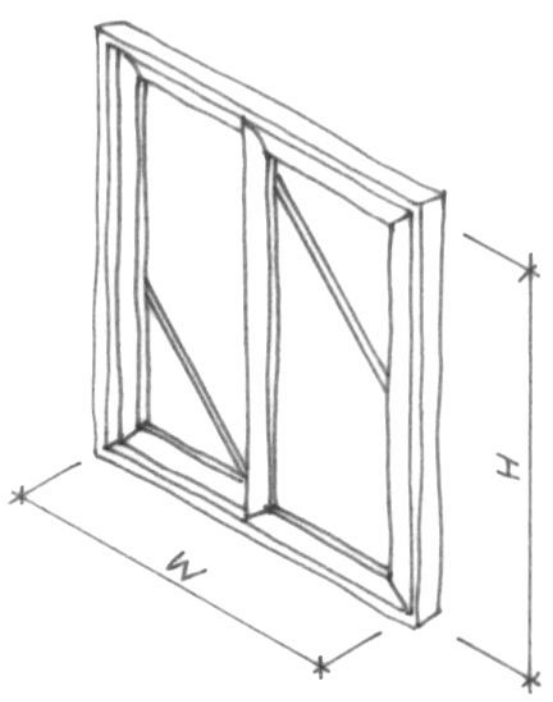

プラマードⅢ

複層ガラスの樹脂サッシ。複層ガラスの中空層は 12㎜だが、北海道向けには 16㎜とすることが可能で、断熱性能をさらに高められる。掃き出し窓までのサイズをカバー。熱貫流率は 1.90 ～ 2.91（W／㎡・K）

	074（W780）	083（W870）	119（W1,235）	133（W1,370）	160（W1,640）	165（W1,690）	183（W1,870）	256（W2,600）	347（W3,510）
障子枚数	2							2・4	4
05（H570）	●	●	●	●	●	●	●		
07（H770）	●	●	●	●	●	●	●		
09（H970）	●	●	●	●	●	●	●		
11（H1,170）			●	●	●	●	●	●	
13（H1,370）			●	●	●	●	●	●	
15（H1,570）					●	●	●	●	
18（H1,870）					●	●	●	●	●
20（H2,070）					●	●	●	●	●
22（H2,270）					●	●	●	●	●

LIXIL（TOSTEM）

マイスターⅡ

複層ガラスを組み合わせた樹脂サッシ。防犯性を考慮して、下框にサブロックを標準装備したほか、調整式気密ピースで気密性を高めている。熱貫流率は 1.90 ～ 2.91（W／㎡·K）

	074（W780）	119（W1,235）	160（W1,640）	165（W1,690）	256（W2,600）	347（W3,510）
障子枚数	2				2・4	4
05（H570）	●	●	●	●		
07（H770）	●	●	●	●		
09（H970）	●	●	●	●		
11（H1,170）		●	●	●	●	
13（H1,370）		●	●	●	●	
15（H1,570）			●	●	●	
18（H1,870）			●	●	●	●
20（H2,070）			●	●	●	●
22（H2,270）			●	●	●	●

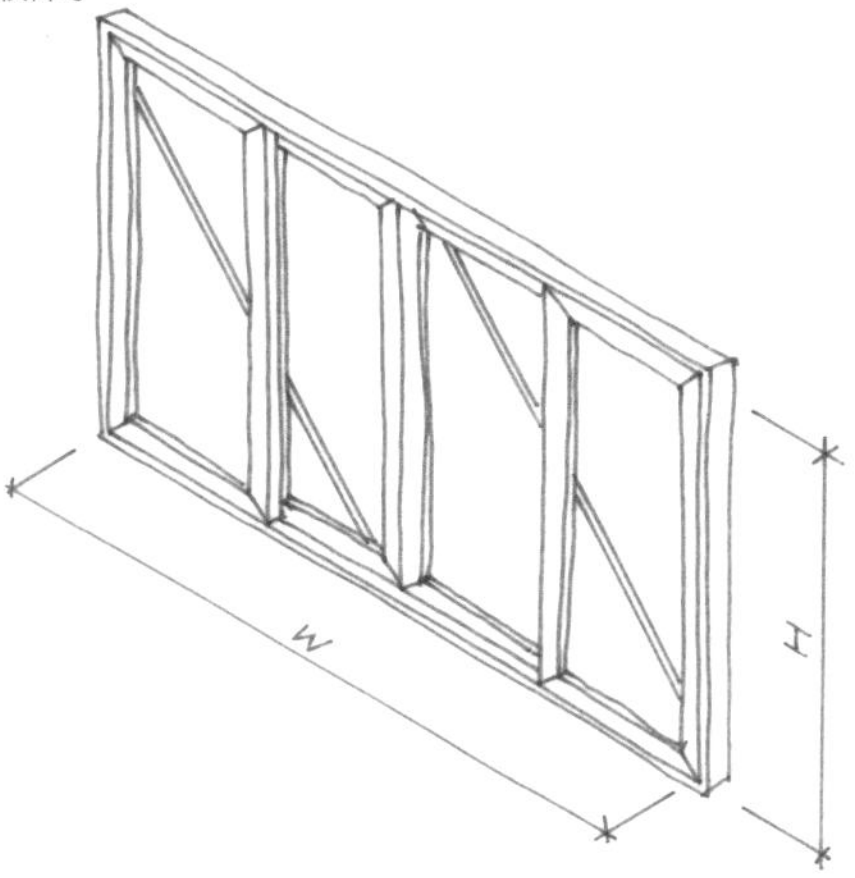

4 枚障子

三協立山 三協アルミ

スマージュ

クリプトンガス入りダブル Low-E トリプルガラスの樹脂サッシ。ガラス接着技術により框をスリム化。従来比で 21%細い。採光率＝採光面積／開口面積も向上し、採光面積は約 62%。熱貫流率は 1.90（W／㎡K）

	074（W780）	119（W1,235）	160（W1,640）	165（W1,690）	256（W2,600）	256（W2,600）
障子枚数	2					4
05（H570）	●	●	●	●		
07（H770）	●	●	●	●		
09（H970）	●	●	●	●		
11（H1,170）		●	●	●	●	
13（H1,370）		●	●	●	●	
15（H1,570）			●	●	●	
18（H1,870）			●	●	●	●
20（H2,070）			●	●	●	●
22（H2,270）			●	●	●	●

装飾窓（FIX窓）

引違い窓以外のサッシは“装飾窓”と称される。そのなかでも多用されるのサッシの1つがFIX窓。サイズのバリエーションは比較的多く、地窓に最適な横長タイプのもの、スリット窓に最適な縦長タイプのものがある。ほかの窓にくらべて意匠性を優先できるので、デザインに合わせて適切なサイズを選びたい。

YKK AP

APW430

2タイプのトリプルガラス（外側2枚がLow-Eガラスの日射遮蔽型と、内側1枚がLow-Eガラスの日射取得型）を選択できる樹脂サッシ。日射遮蔽型では、熱貫流率0.91W／（㎡・K）を実現している

	036（W405）	046（W500）	060（W640）	069（W730）	074（W780）	083（W870）	119（W1,235）	133（W1,370）	160（W1,640）	165（W1,690）	183（W1,870）
05（H570）	●	●	●	●	●	●	●	●	●	●	●
07（H770）	●	●	●	●	●	●	●	●	●	●	●
09（H970）	●	●	●	●	●	●	●	●	●	●	●
11（H1,170）	●	●	●	●	●	●	●	●	●	●	
13（H1,370）	●	●	●	●	●	●	●	●	●	●	
15（H1,570）	●	●	●	●	●	●	●	●	●	●	
18（H1,870）	●	●	●	●	●	●	●	●	●	●	
20（H2,070）	●	●	●	●	●	●					
22（H2,270）	●	●	●	●	●	●					

APW330

Low-Eガラスを組み合わせた樹脂サッシ。“ガラス接着技術”でフレーム強度を高めたことにより、スリムなフレームを実現。従来比で見付け寸法は約30%小さい。APW330は腰窓、APW331は掃き出し窓

	021（W250）	026（W300）	036（W 405）	046（W500）	060（W640）	069（W730）	074（W780）	083（W870）	119（W1,235）	133（W1,370）	160（W1,640）	165（W1,690）	183（W1,870）
018（H250）	●				●	●	●	●	●	●	●	●	●
023（H300）		●			●	●	●	●	●	●	●	●	●
03（H370）			●	●	●	●	●	●	●	●	●	●	●
05（H570）			●	●	●	●	●	●	●	●	●	●	●
07（H770）			●	●	●	●	●	●	●	●	●	●	●
09（H970）	●	●	●	●	●	●	●	●	●	●	●	●	●
11（H1,170）	●	●	●	●	●	●	●	●	●	●	●	●	
13（H1,370）	●	●	●	●	●	●	●	●	●	●	●	●	
15（H1,570）	●	●	●	●	●	●	●	●					
18（H1,870）	●	●	●	●	●	●	●	●					
20（H2,070）	●	●	●	●	●	●	●	●					
22（H2,270）	●	●	●	●	●	●	●	●					

LIXIL（TOSTEM）

SAMOS《サーモス》Ⅱ-H

アルミ樹脂複合サッシの FIX 窓。その中でも、外押縁タイプと内押縁タイプがあり、外押縁タイプは、枠の見付け寸法が小さいのが特徴。テラスタイプは、下枠アングルは床材仕上げ後にはめることが可能

	023（W275）	026（W300）	036（W 405）	060（W640）	069（W730）	074（W780）	119（W1,235）	160（W1,640）	166（W1,690）
03（H370）			●	●		●	●		
05（H570）			●	●	●	●	●	●	●
07（H770）			●	●	●	●	●		●
09（H970）	●	●	●	●	●	●	●		●
11（H1,170）	●	●	●	●	●	●	●		●
13（H1,370）	●	●	●	●	●	●	●		●
15（H1,570）			●	●	●	●	●		●
18（H1,830）			●	●	●	●	●		●
20（H2,030）			●	●	●	●	●		●
22（H2,230）			●	●		●	●		●

デュオ PG

アルミサッシの FIX 窓。サッシの色は 5 色展開。サイズは、幅に関しては「SAMOS Ⅱ -H」と同じである一方、高さについては若干異なる寸法設定となっている。

	023（W275）	026（W300）	036（W405）	060（W640）	069（W730）	074（W780）	119（W1,235）	160（W1,640）	165（W1,690）
03（H370）			●	●		●	●		
05（H570）			●	●	●	●	●	●	●
07（H770）			●	●	●	●	●	●	●
09（H970）	●	●	●	●	●	●	●	●	●
11（H1,170）	●	●	●	●	●	●	●	●	●
13（H1,370）	●	●	●	●	●	●	●	●	●
15（H1,570）			●	●	●	●	●	●	●
18（H1,830）			●	●		●	●		●
20（H2,030）			●	●		●	●		●
22（H2,230）			●	●		●	●		●

三協立山 三協アルミ

マディオ J

アルミ樹脂複合サッシの FIX 窓。内観色には、ウッドカラーとメタルカラーがある。幅広タイプ（W133 ～ 183）でもテラスタイプが規格寸法で設定されており、FIX 窓の大開口部を手軽に実現できる

	023（W275）	026（W300）	036（W 405）	060（W640）	069（W730）	074（W780）	083（W870）	119（W1,235）	133（W1,370）	165（W1,690）	183（W1,870）
03（H370）			●	●	●	●		●			
05（H570）			●	●	●	●	●	●	●	●	●
07（H770）			●	●	●	●	●	●	●	●	●
09（H970）	●	●	●	●	●	●	●	●	●	●	●
11（H1,170）	●	●	●	●	●	●	●	●	●	●	●
13（H1,370）	●	●	●	●	●	●	●	●	●	●	●
15（H1,570）			●	●	●	●	●	●	●	●	●
18（H1,830）			●	●	●	●	●	●	●	●	●
20（H2,030）			●	●	●	●	●	●	●	●	●
22（H2,230）			●	●	●	●	●	●	●	●	●

FIX 窓

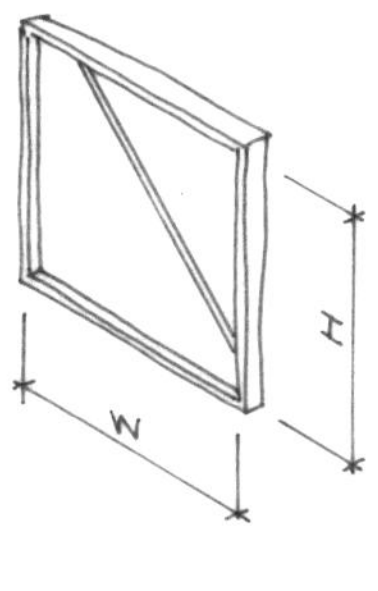

玄関扉

既製品の玄関扉は、材料別にスチール製・アルミ製・木製に大別される。最も多くの種類が販売されているのがアルミ製。デザインのバリエーションは豊富で、装飾性に富むもの、シンプルなものがある。2,000～2,300㎜が標準的な高さ寸法。各社ともに、開き戸と引き戸をラインナップしており、防火認定取得品も多数。防火地域・準防火地域で建築物を計画する際、玄関扉を製作できない場合は、下記に挙げる製品が第1の選択肢となる。

YKK AP

ヴェナート

アルミ製の開き扉で、断熱性能が高く、次世代省エネルギー基準に適合している。リモコンやカードで扉を開閉する「スマートコントロールキー」を装備しており、堅牢性も高い。扉の高さが2,018㎜／2,330㎜と2つバリーエーションあるのが特徴的

	W（㎜）	H（㎜）
片開き	780／922	2,018［*］／2,330
親子	1,135／1,235	
片袖 FIX 片開き		2,330
両袖 FIX 開き	1,235	
両開き	1,690	

*：922のみ

開き戸（片開き）

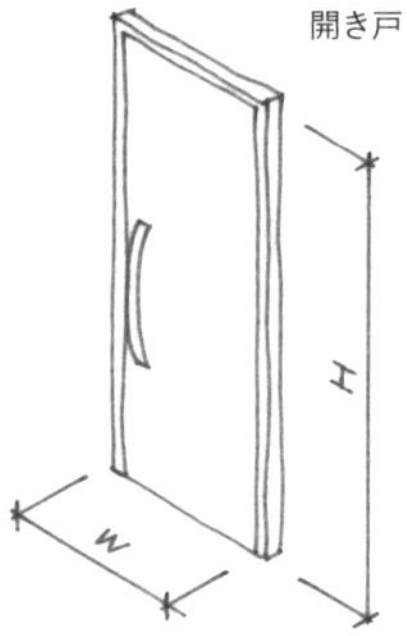

開き戸（親子）

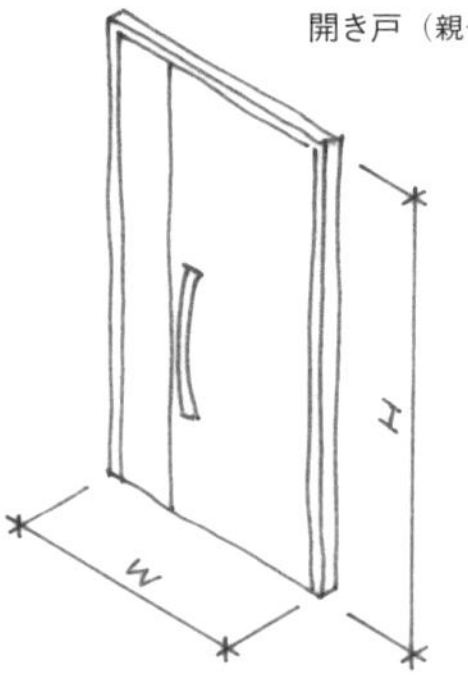

コンコード

アルミ製の引戸で、3種類のタイプがある。枠の納まりは上吊りで、床段差が少ない。間口の広さも大きな特徴の1つ。車椅子などでの通行を容易にしている

	W（㎜）	H（㎜）
袖付タイプ	1,635／1,690／1,870	2,330
内引込みタイプ		2,180
外引込みタイプ	1,650／1,730／1,910	

開き戸（袖付き片開き）

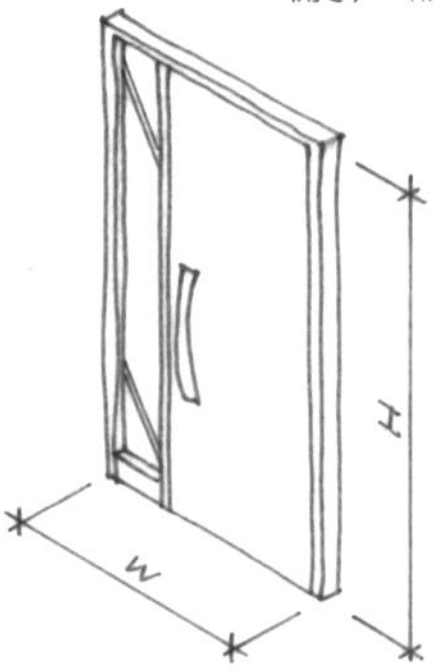

LIXIL（TOSTEM）

ジエスタ

断熱性能に優れるアルミ製玄関扉。扉を閉めたまま通風が行えるスリット窓を設けている一方、ガラス面には格子が組み込まれており、防犯性も高い。天井高は種類によらず2,330㎜で統一

	W（㎜）	H（㎜）
片開き	924	2,330
親子	1,138／1,240	
片袖 FIX 片開き	1,240	
両袖 FIX 片開き		
両開き	1,692	

エルムーブ

アルミ製の引戸で、3種類のタイプがある。枠の納まりは上吊りで、床段差が少ない。間口の広さも大きな特徴の1つ。車椅子などでの通行を容易にしている

	W（㎜）	H（㎜）
一本引き	1,608／1,660／1,838	2,150
片袖	1,640／1,692／1,870	2,330

開き戸（両袖）

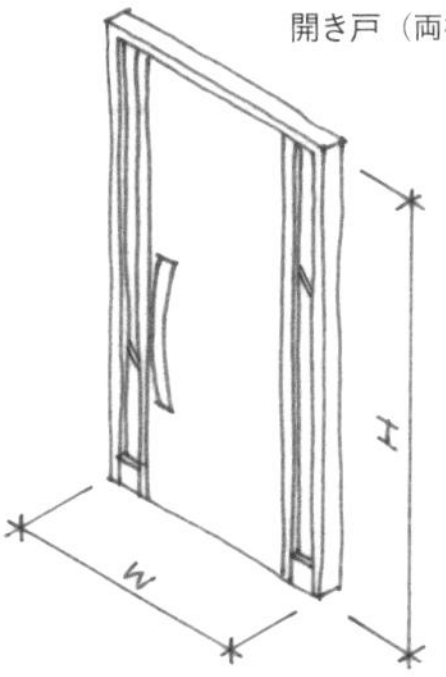

開き戸（両開き）

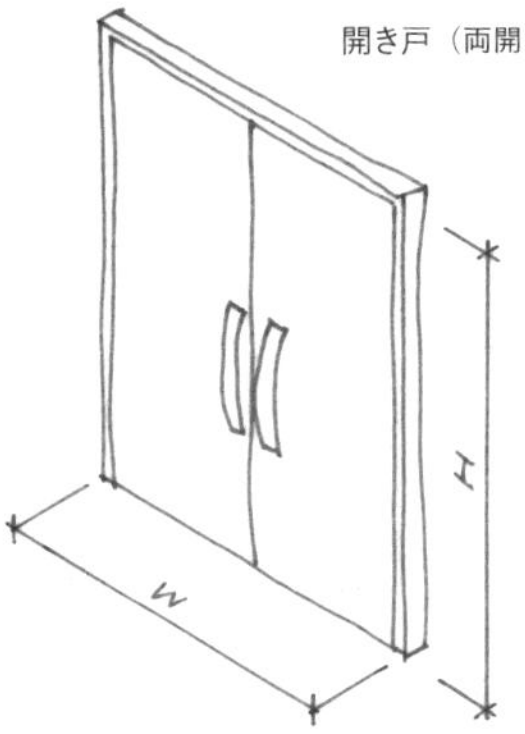

三協立山 三協アルミ

ラフォース

断熱性能に優れるアルミ製の開き戸。次世代省エネルギー基準に適合している。100V電気錠システムを採用しており、リモコンキーで離れた位置で扉を開閉できるほか、リモコンキーを身につけると、指1本タッチで扉を開閉することができる

	W（㎜）	H（㎜）
片開き	785／881／944	2,020／2,330
親子	1,137／1,235	
片袖 FIX 片開き	1,137／1,235	
吊元袖 FIX 片開き		
両袖 FIX 片開き	1,235／1,589	
両開き	1,690	

引戸（一本引き）

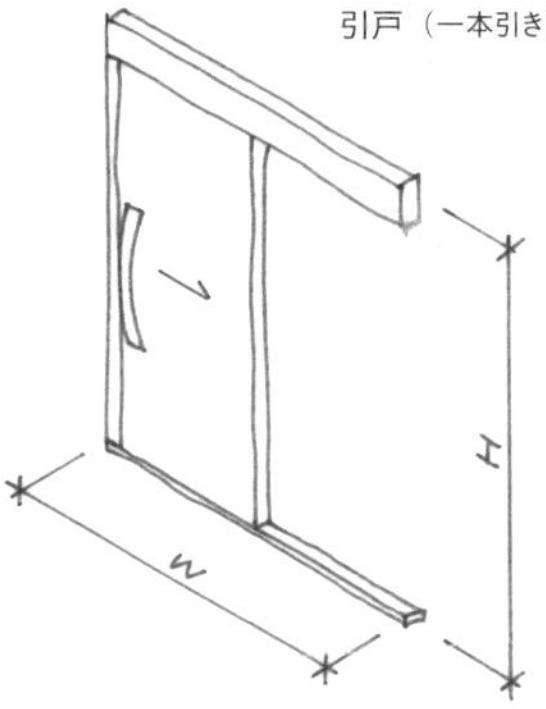

ラフォース SD

100V電気錠システムを採用したアルミ製の引戸。3種類のタイプがあり、天井高の設定がすべて2,200㎜と他の引戸に比べて低くなっているのが特徴的

	W（㎜）	H（㎜）
片引戸	1,615／1,675／1,855	2,200
片袖 FIX 片引戸		
半袖 FIX 片引戸		

引戸（片袖付き）

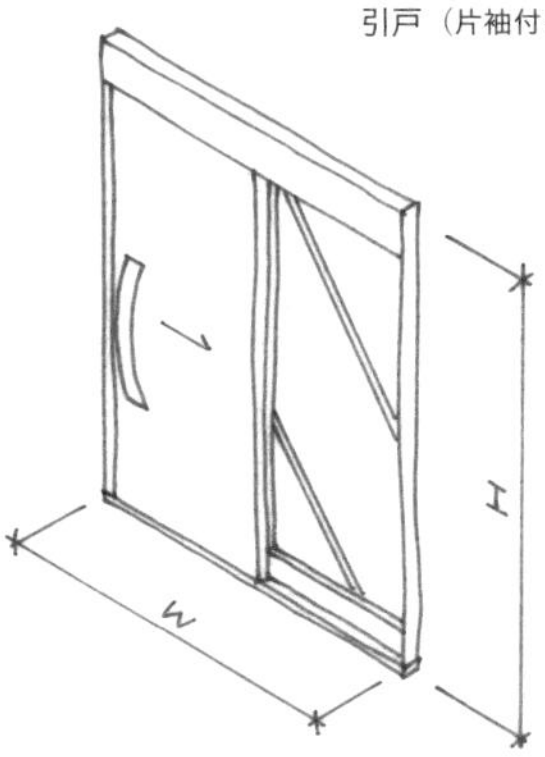

内装ドア

内装ドアは主に開き戸と引戸に大別される。外部開口部［92 ～ 103 頁参照］との違いは、各社共通の規格寸法が存在しないこと。ほぼ似かよっているものの、数㎜レベルで寸法の設定が異なるので、枠廻りの納まりを検討する際には注意が必要である。最近の傾向としては、生産技術の革新により、高さ2,400㎜程度までラインアップされており、特注寸法にもスピーディーに対応可能となっている。引戸では戸当たり枠の必要がない、ソフトクロージング機能付きのものが登場している。

パナソニック エコソリューションズ社

VERITIS《ベリティス》

天然木・天然素材の質感を忠実に再現した「VERITIS」シートを採用した内装建具。開き戸・引き戸ともに高さ寸法の設定は共通で1つ。2,035㎜となっている

開き戸

	W（㎜）	H（㎜）
片開きドア	735／755／780／825／875	2,035
洗面所用・トイレ用ドア	650／735／755／825／875	
親子ドア	1,190	

開き戸（片開き）

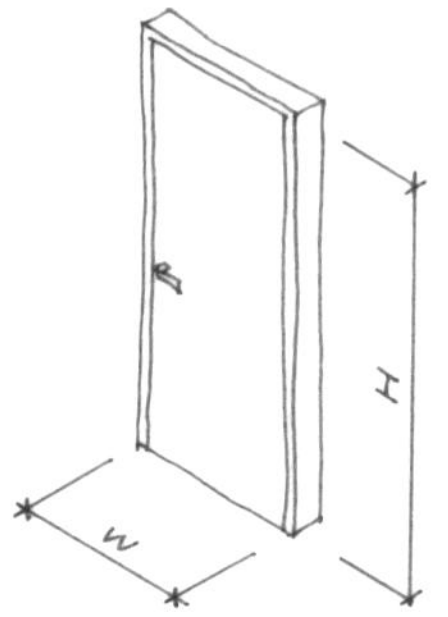

上吊引戸（枠納まり）

		W（㎜）	H（㎜）
0.75 間	片引き	1,190	2,035
1 間	片引き	1,445／1,645	
	戸袋引込み	1,645	
	引違い		
1.5 間	2 枚連動片引き	2,430	
	3 枚連動引違い		
2 間	2 枚両引き	3,250	
	4 枚引違い		
	3 枚連動片引き	3,198	

上吊引戸（アウトセット納まり）

		W（㎜）	H（㎜）
1 間	片引き	1,577	2,035
2 間	2 枚両引き	3,147	

Y 戸車引戸（枠納まり）

		W（㎜）	H（㎜）
0.75 間	片引き	1,190	2,035
1 間	片引き	1,445／1,645	
	引違い	1,645	
1.5 間	2 枚片引き	2,430	
	3 枚引違い		
2 間	2 枚両引き	3,250	
	4 枚引違い		
	3 枚片引き	3,217	

Y 戸車引戸（アウトセット納まり）

		W（㎜）	H（㎜）
1 間	片引き	1,570	2,035

LIXIL（TOSTEM）

WOODY LINE

ナチュラルで優しい風合いの「クリエカラー」、木目の美しさにこだわった「トレンドカラー」を採用した内装建具。開き戸・引き戸ともに高さ寸法の設定は共通で1つ。2,023㎜となっている

開き戸

	W（㎜）	H（㎜）
片開きドア	734／754／780／824／868	2,023
親子ドア［＊1］	1,188	
トイレドア［＊2］	648／780／824	

＊1：ルーバードアには設定がない
＊2：ルーバードアは除く

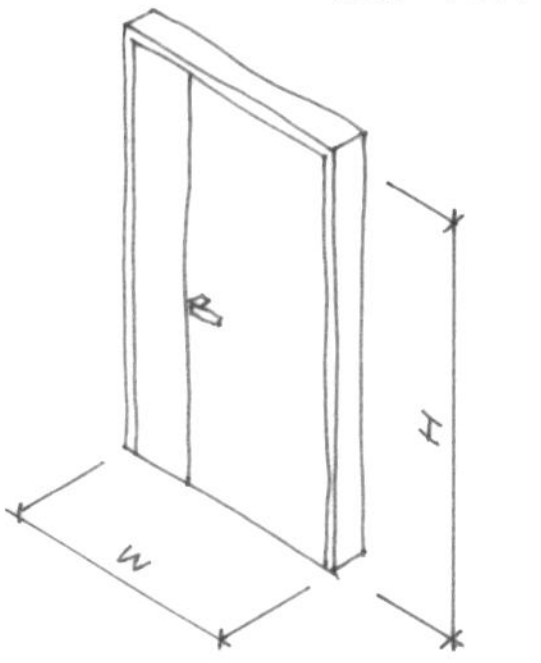

開き戸（親子）

室内引き戸／Vレール方式・通風引戸／Vレール方式／ルーバー引戸

	W（㎜）	H（㎜）
片引戸標準タイプ	1,454／1,644／1,824	2,023
片引戸幅狭タイプ［＊］	1,188／1,324	
片引戸2枚建て	2,429	
片引戸3枚建て	3,214	
引違い戸2枚建て	1,644／1,824	
引違い戸3枚建て	2,429	
引違い戸4枚建て	2,339／3,251	
引分け戸	3,251	
引戸スマート枠	1,644	

＊：ルーバー引戸は除く

室内引戸／上吊方式・通風引戸／上吊方式／ルーバー引戸

	W（㎜）	H（㎜）
片引戸標準タイプ	1,454／1,644／1,824	2,023
片引戸幅狭タイプ	1,188／1,324	
引違い戸2枚建て	1,644／1,824	
引込み戸	1,454／1,644／1,824	
引戸スマート枠［＊］	1,644	

＊：片引標準／引違い2枚のみ

大建工業

ハピアベイシス

木目長の内装ドアで、スリットからの採光が可能なものなど、デザインバリエーションが豊富。高さの設定は1,800／2,045㎜の2つで、他社製品に比べてやや低めとなっている

開き戸

	W（㎜）	H（㎜）
片開きドア	755	1,800
	735／755／780／850／875	2,000
トイレドア	650	1,800
	650／735／755／780／850／875	2,000
親子ドア	1,195	2,000

引戸（引違い）

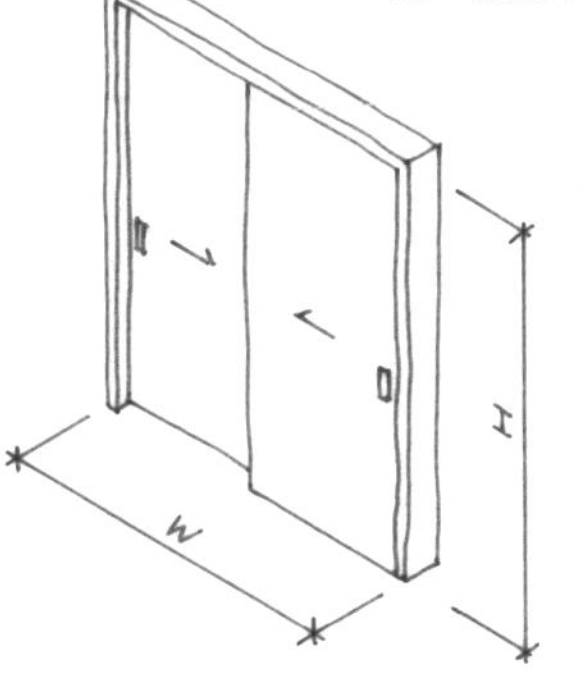

引戸

	W（mm）	H（mm）
片引き	1,450 ／ 1,645 ／ 1,745	2,000
巾狭片引き	1,195 ／ 1,315	
巾広片引	1,875	
引違い戸	1,645 ／ 1,745	
引分	3,255	
4 枚引違い		
3 枚引違い	2,432	
2 枚片引		
3 枚片引	3,219	

引戸（片引き）

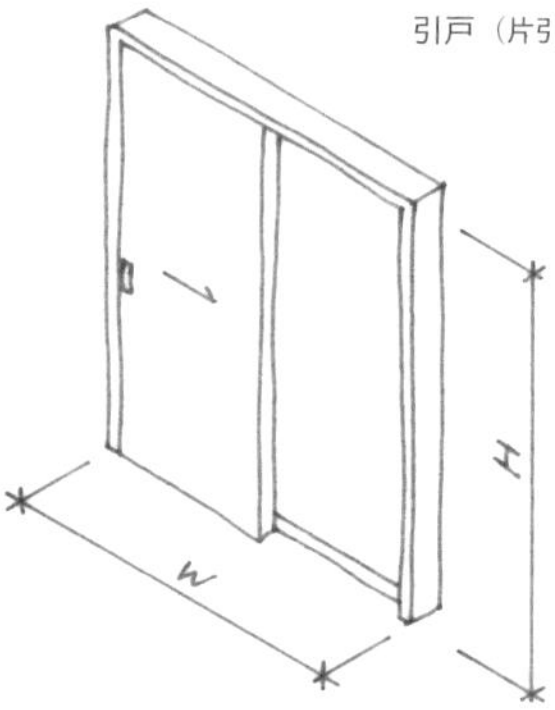

吊戸

	W（mm）	H（mm）
片引き	1,450 ／ 1,645 ／ 1,745	2,000
巾狭片引き	1,195 ／ 1,315	
巾広片引	1,875	
引違い	1,645 ／ 1,745	
引分	3,255	
4 枚引違い		
3 枚引違い	2,432	
2 枚片引き		
3 枚片引き	3,219	
引込み	1,450 ／ 1,645	

永大産業

アルティモード

要素を可能な限りそぎ落としたミニマルなデザインが特徴の内装ドア。高さの設定が 3 種類あり、他社では特注での対応となる 2,400 ～ 2,500mm程度の高さを規格寸法で対応可能としている

開き戸

	W（mm）	H（mm）
片開きドア	727 ／ 744 ／ 772	2,040 ／ 2,421 ／ 2,521
トイレドア	642	
親子ドア	1,182	
片開きドア＋袖壁パネル	1,639	

引戸

	W（mm）	H（mm）
片引き戸＋袖壁パネル	1,482	2,040 ／ 2,421 ／ 2,521
片引き戸	1,639	
トイレ用片引き戸	1,482 ／ 1,639	
引違い戸	1,639	
引分け戸	3,418	
引分け戸＋袖壁パネル		
4 枚 2 本引戸	3,244	
3 本引き戸	2,386	
2 本引込み戸	2,477	
2 本引込み戸＋袖壁パネル		
3 本引込み戸	3,224	
3 本引込み戸＋袖壁パネル		
片引き吊り戸＋袖壁パネル	1,639	2,028 ／ 2,409 ／ 2,509
片引き吊り戸		
引違い吊り戸		
引き分け吊り戸	3,418	
引き分け吊り戸＋袖壁パネル		
4 枚 2 本吊り戸	3,244	
3 本吊り戸	2,386	
2 本引込み吊り戸	2,477	
2 本引込み戸＋袖壁パネル		
3 本引込み吊り戸	3,224	
3 本引込み吊り戸＋袖壁パネル		
アウトセット吊り戸	1,625.5	2,341 ／ 2,441

引戸（2 枚引分け）

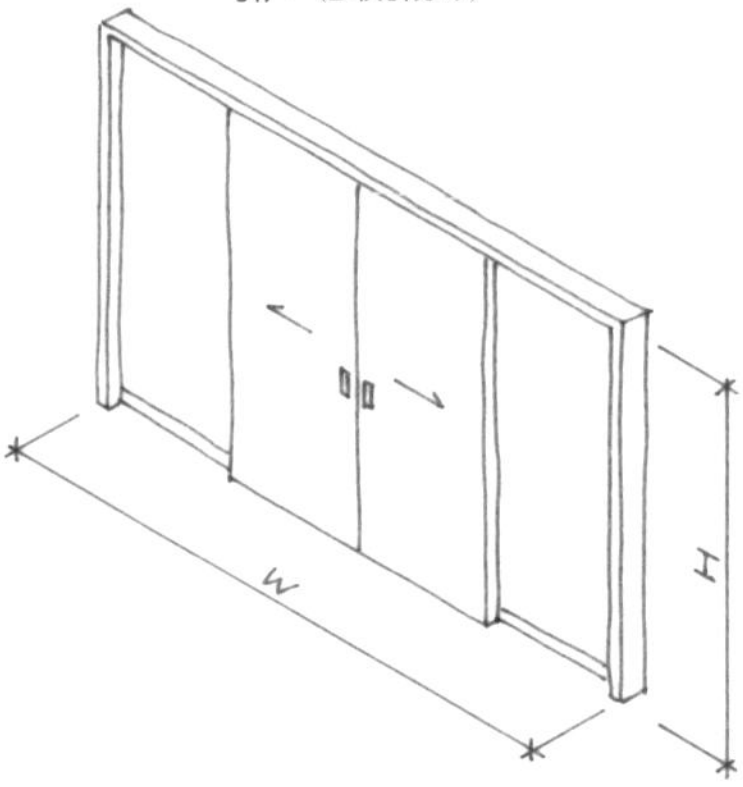

YKK AP

ラフォレスタ

木目調に限らず、アルミ調のデザインも充実している内装ドア。開き戸は高さが2,545㎜に対応している一方、引き戸は2,033㎜と低めの寸法設定となっている

開き戸

	W（㎜）	H（㎜）
片開きドア	733／752／778／823／848／878	2,033［*］
トイレドア	648／733／752／778／823	
親子ドア	1,188	

室内引戸

	W（㎜）	H（㎜）
片引戸	1,188／1,450／1,532／1,643／1,823	2,033［*］
片引戸（2枚建て）	2,433	
片引戸（3枚建て）	3,222	
トイレ片引戸	1,188／1,323／1,643	
引違い戸（2枚建て）	1,643／1,823	
引違い戸（3枚建て）	2,433	
引違い戸（4枚建て）	2,337／3,247	
引分け戸	3,247	
片引込み戸	1,450／1,643／1,823	
アウトセット引き戸・片引戸	1,674	

*：1,833のものもある

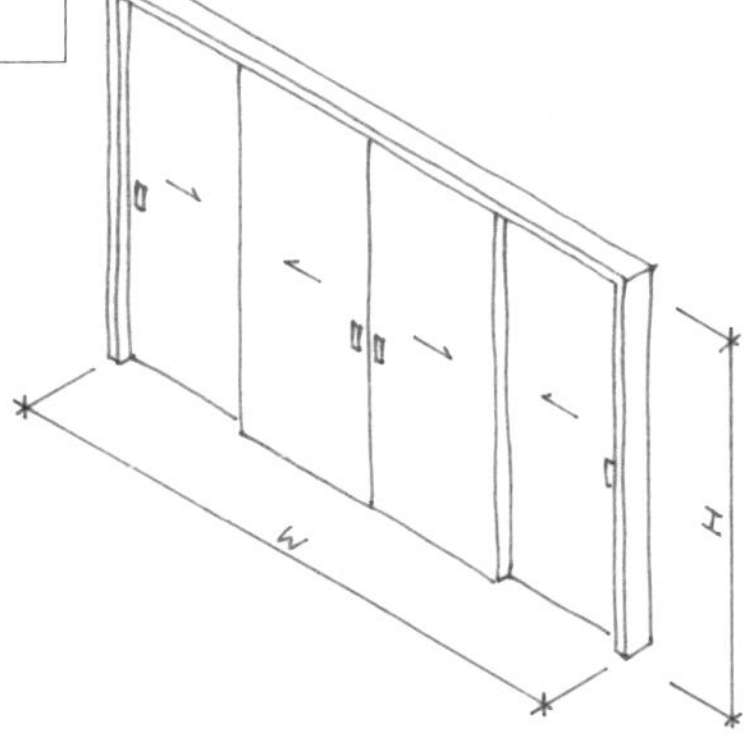

引戸（4枚引違い）

サンワカンパニー

noppo《ノッポ》

シンプルなデザインが特徴の建具で、扉の高さは2,100㎜と2,400㎜の2つ。ハンドルや戸当たりの選択肢が豊富なことも大きな特徴の1つ。色はマットな白と木目（ナチュラル・ダーク）の3種類

開き戸

	W（㎜）	H（㎜）
片開きドア	650／735／755／780／825／850／875	2,100／2,400
親子ドア	1,190	

引戸

	W（㎜）	H（㎜）
片引戸	1,450／1,645／1,745	2,100／2,400
アウトセット引戸	713／813／913	2,070／2,370
2枚引込み戸	2,465	2,100／2,400
3枚引込み戸	3,215	
引分け戸	3,428	

収納ドア

収納ドアは主に折れ戸・開き戸と引戸に大別される。引戸では、3 枚連動引戸など、機能性の高いものもある。内装ドア［104 ～ 107 頁参照］と同様に、各社共通の規格寸法が存在しない。最もバリエーションが多いのが折戸。0.5 間から 2.0 間までの間口に対応しており、壁面いっぱいに、大容量のクロゼットを設けることができる。

パナソニック エコソリューションズ社

VERITIS《ベリティス》

天然木・天然素材の質感を忠実に再現した「VERITIS」シートを採用した内装建具。開き戸・引き戸ともに高さ寸法の設定は共通で 1 つ。2,035㎜となっている

折れ戸

	W（㎜）	H（㎜）
0.5 間	735	2,035 ／ 2,350
0.75 間	1,190	
1.0 間 S	1,645	
1.0 間	1,708	
1.5 間	2,541	
2.0 間	3,380	
メーターモジュール	825 ／ 1,320 ／ 1,820	

3 枚連動引戸

	W（㎜）	H（㎜）
1.0 間 S	1,645	2,035 ／ 2,350
1.0 間	1,708	
1.5 間	2,541	

開き戸

	W（㎜）	H（㎜）
0.5 間	735	800 ／ 1,200 ／ 1,800 ／ 2,035 ／ 2,350
0.75 間	1,190	
メーターモジュール	825	

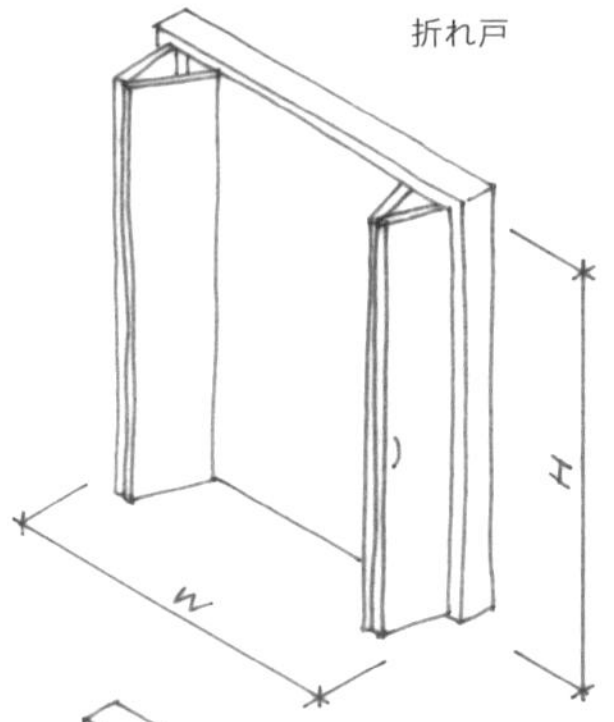

大建工業

ハピアベイシス

折れ戸はミラー扉入りもラインアップ。折れ戸・引戸・開き戸ともに、枠の納まりによって、細かく寸法が設定されている。最高高さは折れ戸・引戸が 2,330㎜、開き戸が 2,300㎜となっている

折れ戸ユニット　フラット縦木目タイプ　固定枠　尺モジュール　　※横木目タイプも同じ　※枠奥行き 79㎜

	H ／ W（㎜）	W735	W1,190	W1,644	W1,644（ミラー扉入り）	W1,680	W1,680（ミラー扉入り）	W2,450	W2,450（ミラー扉入り）	W3,327	W3,327（ミラー扉入り）
四方枠	H2,330	●	●	●	●	●	●	●	●	●	●
	H2,045	●	●	●	●	●	●	●	●		
	H1,800	●	●	●		●		●			
下レール付き三方枠	H2,320	●	●	●	●	●	●	●	●	●	●
	H2,035	●	●	●	●	●	●	●	●		
	H1,790	●	●	●		●		●			
下レールレス三方枠	H2,320	●	●	●	●	●	●				
	H2,035	●	●	●	●	●	●				

フラット縦木目タイプ　固定枠　M モジュール　　※横木目タイプも同じ

	H／W(mm)	W820	W1,320	W1,820	W1,820（ミラー扉入り）	W2,714	W2,714（ミラー扉入り）	W3,607	W3,607（ミラー扉入り）
四方枠	H2,330	●	●	●	●	●	●	●	●
	H2,045	●	●	●	●				
下レール付き三方枠	H2,320	●	●	●	●	●	●	●	●
	H2,035	●	●	●	●				

引戸ユニット　　フラット縦木目タイプ　固定枠　　※横木目タイプも同じ

	H／W(mm)	W1,190	W1,644	W1,680	1,820	2,450
四方枠	H2,330	●	●	●	●	●
	H2,045	●	●	●	●	●
三方枠	H2,318	●	●	●	●	●
	H2,033	●	●	●	●	●

開き戸ユニット

	三方枠（見切り枠・固定枠）	三方枠（固定枠）	三方枠（固定枠）
H／W	W734	W1,200	W624
H2,333	●	●	●
H2,048	●	●	●
H1,803	●		
H1,203	●		
H903	●		

YKK AP

ラフォレスタ

折れ戸はミラー付き扉がラインアップ。折れ戸・開き戸ともに、枠の納まりによって寸法設定が若干異なる。折れ戸・開き戸・引戸ともに、最高高さは 2,345mm

折れ戸ユニット　　※ケーシングあり／なし共通

		フラットデザイン木目たて / 横		四方框デザイン		四方ミラー付き框デザイン		二方框デザイン		二方ミラー付き框デザイン		フラットデザイン木目たて／横	
	W／H（mm）	H2,045	H2,345	H2,045	H2,345	H2,045	H2,345	H2,045	H2,345	H2,045	H2,345	H2,045	H2,345
1 枚折戸	W733	●	●	●	●	●	●	●	●	●	●	●	●
	W823	●	●	●	●			●	●				
2 枚折戸	W1,188	●	●	●	●	●	●	●	●	●	●	●	●
	W1,323	●	●	●	●			●	●				
	W1,643	●	●	●	●	●	●	●	●	●	●	●	●
	W1,680／1,823	●	●	●	●			●	●			●	●
3 枚折戸	W2,445	●	●	●	●	●	●	●	●	●	●		
	W2,553／2,715	●	●	●	●			●	●				
4 枚折戸	W3247	●	●	●	●	●	●	●	●	●	●		

引戸タイプ　　※ケーシングあり／なし共通

		フラットデザイン木目たて／横		落し込みデザイン	
	W／H（mm）	H2,045	H2,345	H2,045	H2,345
引戸（二枚引違い）	1,643	●	●	●	●
引戸（三枚連動）	1,643／2,445	●	●		

開き戸タイプ

※ケーシングあり／なし共通

		フラットデザイン木目たて／横					四方框デザイン				
	W／H（mm）	H 933	H 1,233	H1,833	H2,033	H2,333	H 933	H 1,233	H1,833	H2,033	H2,333
両開き戸	W733	●	●	●	●	●	●	●	●	●	●
	W823	●	●	●	●	●	●	●	●	●	●
	W1,188	●	●	●	●	●	●	●	●	●	●
片開き戸	W 438	●	●	●	●	●	●	●	●	●	●
	W 620	●	●	●	●	●	●	●	●	●	●

		二方框デザイン				
	W／H（mm）	H 933	H 1,233	H1,833	H2,033	H2,333
両開き戸	W733	●	●	●	●	●
	W823	●	●	●	●	●
	W1,188	●	●	●	●	●
片開き戸	W 438	●	●	●	●	●
	W 620	●	●	●	●	●

永大産業

アルティモード

引戸以外の扉をラインアップ。内装ドアと同様に高さ寸法の設定が特徴的。折れ戸・開き戸ともに 2,500mm までが対応可能である

クロゼット折れ戸／三方枠下レールあり固定枠

	W／H（mm）	W727	W1,182	W1,637	W1,672	W2,485	W3,299
鏡面調・うづくり調・単色	H2,028	●	●	●	●	●	●
	H2,400	●	●	●	●	●	●
	H2,500	●	●	●	●	●	●

クロゼット開き戸／固定枠タイプ

	W／H（mm）	W735	W1,190
鏡面調・うづくり調・単色	H 888	●	
	H 1,188	●	
	H 1,828	●	
	H2,028	●	●
	H2,288	●	●
	H2,400	●	●
	H2,500	●	●

LIXIL（TOSTEM）

WOODY LINE

折れ戸・開き戸・引戸をラインナップしており、枠の納まりによって寸法設定が異なる。折れ戸のフリータイプは最大幅が 3,428mmと他社製品よりも広い設定となっており、大容量のクロゼットにも対応可能である

クローゼットドア／折れ戸

フリータイプ

W（mm）	734	824	1,185	1,323	1,643	1,823	2,443	2,581	2,713	3,428
H（mm）	2,023			2,306			2,023		2,306	

ビボットタイプ　ノンレール仕様

W（mm）	734	824	1,183	1,323	1,643	1,823
H（mm）	2,023			2,306		

すっきりタイプ

W（mm）	734	1,183	1,643
H（mm）	2,306		

折れ戸スマート枠

W（mm）	734	1,183		1,643
H（mm）	2,023		2,306	

クローゼットドア／開き戸

両開き戸

W（mm）	734		824			1,183	
H（mm）	878	1,178		1,823	2,023		2,306

片開き戸

W（mm）	437.5	780
H（mm）	2,023	

両開き戸スマート枠

W（mm）	734	
H（mm）	2,023	2,306

クローゼットドア／引戸

引違いタイプ

W（mm）	1,643
H（mm）	2,023

連動タイプ

W（mm）	1,643	2,443
H（mm）	2,023	2,306

アウトセットタイプ／片引戸

W（mm）	1,644
H（mm）	2,030

収納開き戸

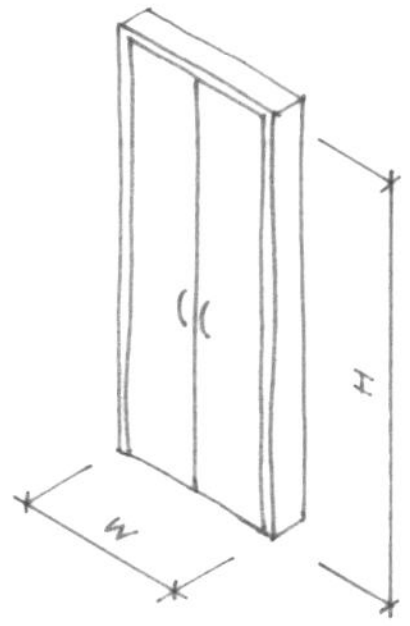

サンワカンパニー

noppo《ノッポ》

シンプルなデザインで、折れ戸と引違い戸、開き戸をラインアップしている。ハンドルレスで壁が動くような印象を与えるほか、オプションとして天井まで届く全身鏡付きタイプ（ミラータイプ）の利用も可能

折れ戸

	W（mm）	H（mm）
1 枚扉	735 ／ 820	2,100 ／ 2,400
2 枚扉	1,190 ／ 1,320 ／ 1,645 ／ 1,820	
3 枚扉	2,450 ／ 2,713	
4 枚扉	3,256	

引違い戸

	W（mm）	H（mm）
2 枚扉	1,190 ／ 1,645 ／ 2,412	2,100 ／ 2,400
4 枚扉	3,248	

開き戸

	W（mm）	H（mm）
片開き	390 ／ 617	2,100 ／ 2,400
両開き	735 ／ 1,190	

幅木（木製幅木・ビニル幅木）

床と壁の取合いは、同面や入幅木とすることもあるが、既製品の付幅木を採用するのが一般的。付幅木（MDF製や無垢集成材）には木製と樹脂製（ビニル幅木）があり、戸建住宅では木製幅木とすることが多い。ここでは木製幅木を紹介する。溝ありで高さが50㎜以上のものが多いが、中には、溝なしで高さが30㎜程度のシンプルものもある。工期が厳しい場合には、木製ではなく、ビニル幅木を採用する場合も少なくない。

〈木製幅木〉

パナソニック エコソリューションズ社

型番	高さ（H）×厚さ（T）
幅木５型	51 × 9
幅木２型	51 × 7
幅木９型（不陸調整用）	51（57）× 7
幅木７型（不陸調整用）	48（65 ～ 73）× 9
幅木８型（不陸調整用）	72（78）× 7
スマート幅木	30 × 5.5

溝あり幅木

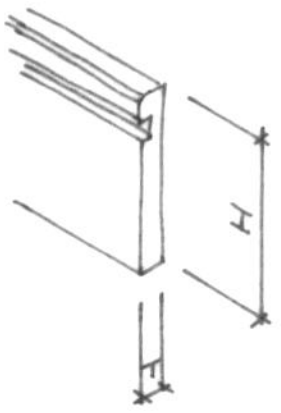

LIXIL（TOSTEM）

タイプ／型番	高さ（H）×厚さ（T）
ファミリー／32	60 × 9
スリム／598	57 × 7
スリム60（薄幅木）／507	60 × 6
スマート／4961	30 × 6
ワイド／2855	80 × 9
二段幅木ファミリー／上1220 下1221	60 × 9
二段幅木ファミリーミニ／上4121 下4122	40 × 7
クッション幅木／85	63.5（60）× 9
クッション幅木スリム60／5516	62.5（59）× 6
クッション幅木ミニ／4123	43.5（40）× 7
クッション幅木スマート／5231	32.5（27.5）× 6

溝あり幅木（不陸調整対応）

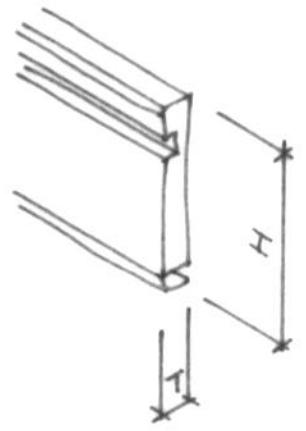

大建工業

表面	高さ（H）×厚さ（T）
巾木U	60 × 12.5

ウッドワン

タイプ／型番	高さ（H）×厚さ（T）
J型（スカート付）	60 × 9
D型	
W型	

溝なし幅木

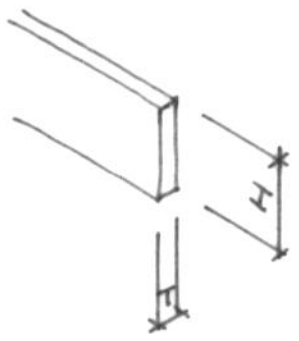

永大産業

型番	高さ（H）×厚さ（T）
フラット幅木	25 × 5.5
幅木（IPE-MH105）	56 × 7
幅木（IPE-MH113）	55 × 7
幅木（IPE-SH102）	65 × 9

YKK AP

タイプ／型番	高さ（H）×長さ（L）×厚さ（T）
シングルタイプ	60 × 9
シングルクッションタイプ	56 × 9
スリムクッションタイプ	56 × 7

サンワカンパニー

製品名	高さ（H）×長さ（L）×厚さ（T）
ポルレッタ巾木（ビンテージウッド／ナチュラルウッド／スノーウッド／スモークウッド／ホワイト）	30 × 4
アルミ調巾木（極小スリム）	15 × 2.5
ノッポホワイト巾木・廻り縁兼用タイプ	30 × 7
MDFスリム巾木 30 ノッポホワイト	
ノッポダーク巾木・廻り縁兼用タイプ	
MDFスリム巾木 30 ダーク	
ノッポナチュラル巾木・廻り縁兼用タイプ	
MDF 巾木 ハードメープル	58 × 7
MDF 巾木ダーク	
MDF 巾木サペリ	
MDF巾木ノッポホワイト	

〈ビニル幅木〉

ビニル幅木

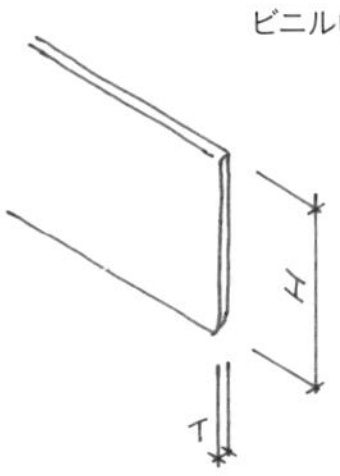

田島ルーフィング

高さ（H）㎜
60 ／ 75 ／ 100

東リ

高さ（H）㎜
40 ／ 60 ／ 75 ／ 100

サンゲツ

高さ（H）㎜
40 ／ 60 ／ 75 ／ 100

システムキッチン

システムキッチンは主にI型・L型・ハイ対面型（手元などを隠すための壁が立ち上がっているもの）、Ⅱ型に大別される。サイズ展開はほぼ共通しており、間口は150㎜ピッチ刻みの展開となっている。ただし、在来軸組構法のモジュール（910㎜）とは一致していないので、壁内法にぴったり納めるには、壁をふかすなど、システムキッチンとの間に生まれる隙間の処理方法を検討する必要がある。

TOTO

CRASSO《クラッソ》

高さのバリエーションは800～900の間で5種類ある。間口1,800㎜以下の製品は食洗機を取り付けることができない。I型とL型の奥行きは650㎜

▲：食器洗い乾燥機対応不可

I型	間口（㎜）									高さ（㎜）
	1,800	1,950	2,100	2,250	2,400	2,550	2,700	2,850	3,000	800／825／850／875／900
D（㎜）＝650	▲	●	●	●	●	●	●	●	●	

L型	シンク側間口（㎜）							コンロ側間口（㎜）				高さ（㎜）
	1,800	1,950	2,100	2,250	2,400	2,550	2,700	1,650	1,800	1,950	2,100	800／825／850／875／900
D（㎜）＝650	▲	●	●	●	●	●	●	●	●	●	●	

ハイ対面	間口（㎜）			高さ（㎜）
	2,400	2,550	2,700	800／825／850／875／900
D（㎜）＝978	●	●	●	

フラット対面	間口（㎜）			高さ（㎜）
	2,423	2,573	2,723	800／825／850／875／900
D（㎜）＝750／970	●	●	●	

Ⅱ型	シンク側間口（㎜）	コンロ側間口（㎜）				高さ（㎜）
	1,823	1,500	1,650	1,800	1,950	800／825／850／875／900
コンロD（㎜）＝650、シンクカウンターD（㎜）＝750／970	●	●	●	●	●	

Ⅱ型（シンクアイランド）	シンク側間口（㎜）	コンロ側間口（㎜）				高さ（㎜）
	1,846	1,500	1,650	1,800	1,950	800／825／850／875／900
コンロD（㎜）＝650、シンクカウンターD（㎜）＝750／970	●	●	●	●	●	

L型

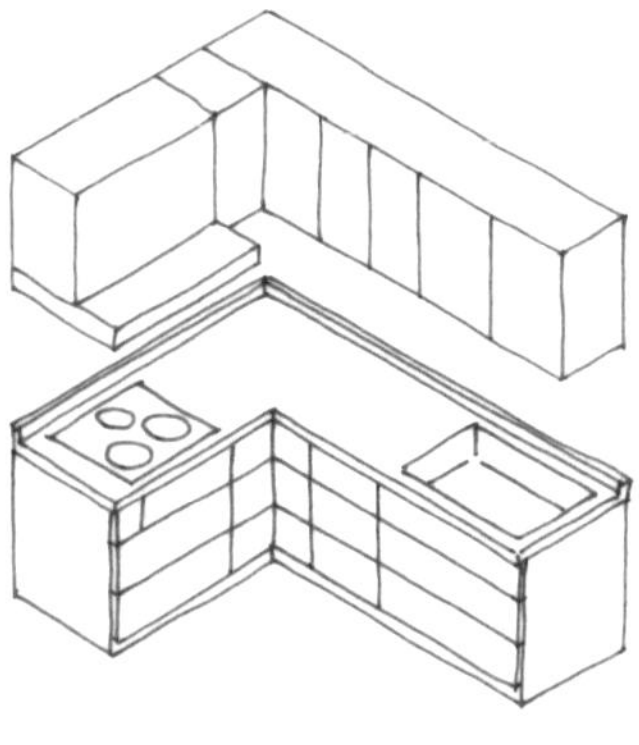

I型

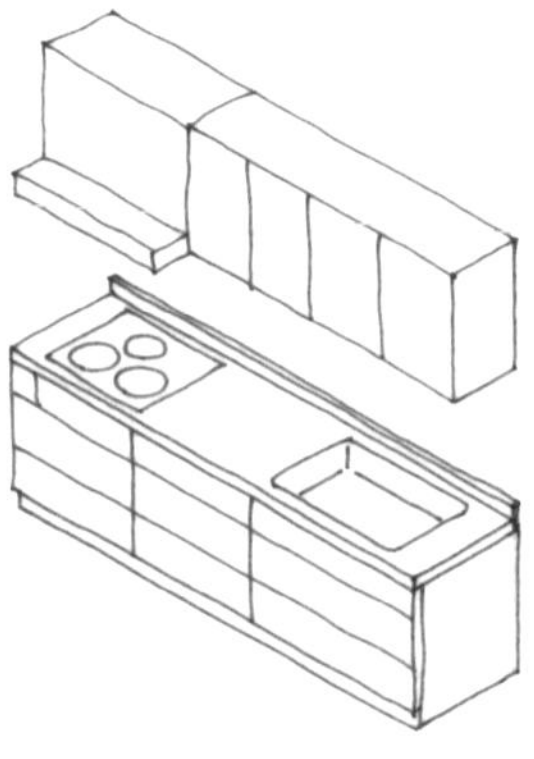

LIXIL（sunwave）

SUNVARIE《サンヴァリエ》 RICHELLE《リシェル》 S1

高さのバリエーションは 800 ～ 900 の間で 5 種類ある。間口 1,800㎜以下の製品は食洗機を取り付けることができない。I 型と L 型の奥行きは 650㎜

○：対応間口　▲：食器洗い乾燥機対応不可　―：対応不可
H［㎜］＝800／825／850／875／900

壁付型（D［㎜］=650／600）

I 型			1,800	1,950	2,100	2,250	2,400	2,550	2,600	2,700	2,850	3,000
			▲	●	●	●	●	●	●*	●	●	●
L 型	シンク側		1,800	1,950	2,100	2,250	2,400	2,550	2,700			
	コンロ側	×1,650	▲	●	●	●	●	●	●			
		×1,800	▲	●	●	●	●	●	●			
		×1,950	▲	●	●	●	●	●	●			

＊：D＝600 の設定はなし

対面キッチンユニット（シンプルタイプは D［㎜］＝600・ハイカウンタータイプは D［㎜］＝1,050
ローカウンタータイプは D［㎜］＝1,100・リビング収納タイプは D［㎜］＝986）

ペニンシュラI型			1,950	2,100	2,250	2,400	2,550	2,700
			●*	●*	●*	●	●	●
ペニンシュラ L 型	シンク側		1,950	2,100	2,250	2,400	2,550	2,700
	コンロ側	×1,650	●	●	●	●	●	●
		×1,800	●	●	●	●	●	●
		×1,950	●	●	●	●	●	●
アイランドI型			●	●	●	●	●	●

＊：リビング収納タイプの設定はなし

センターキッチン（D［㎜］=970／750）

ペニンシュラI型			1,985	2,135	2,285	2,435	2,585	2,735
			●	●	●	●	●	●
ペニンシュラ L 型	シンク側		1,985	2,135	2,285	2,435	2,585	2,735
	コンロ側	×1,970	●	●	●	●	●	●
		×2,120	●	●	●	●	●	●
アイランドI型			●	●	●	●	●	●
フロートタイプ*					●	●		●

＊：対面キッチンユニット、センターキッチンは間口詰めはできない
＊：D＝750 の設定はなし

クリナップ

クリンレディ

ステンレス製のキッチン。キッチンの種類によって奥行の寸法設定が細かくことなるのが特徴。高さは 800／850／900㎜の 3 種類で設定されている

I型

D／W（㎜）	W1,800	W1,950	W2,100	W2,225	W2,400	W2,550	W2,700	W2,850	W3,000
D600	●	●	●	●	●	●	●	●	●
D650	●	●	●	●	●	●	●	●	●

L 型

	コンロ側		シンク側						
D／W（㎜）	W1,650	W1,800	W1,800	W1,950	W2,100	W2,225	W2,400	W2,550	W2,700
D600	●	●	●	●	●	●	●	●	●
D650	●	●	●	●	●	●	●	●	●

フラット対面（壁付けI型）

D／W（㎜）	W2,440	W2,590	W2,740
D800	●	●	●
D980	●	●	●

フラット対面（アイランドI型）

D／W（㎜）	W2,030	W2,180	W2,330	W2,480	W2,630	W2,780
D800	●	●	●	●	●	●
D980	●	●	●	●	●	●

フラット対面（壁付け L 型プラン）

D／W（㎜）	W1,990	W2,140	W2,290	W2,440	W2,590	W2,740
D800＊1	●	●	●	●	●	●
D980＊2	●	●	●	●	●	●

＊1：コンロ側間口は 1,800㎜および 1,950㎜　＊1：コンロ側間口は 1,980㎜および 2,130㎜

ステップ対面（壁付けI型）

D／W（㎜）	アクリストン［＊］	W1,980	W2,130	W2,280	W2,430	W2,580	W2,730
	面材［＊］	W1,960	W2,110	W2,260	W2,410	W2,560	W2,710
D800		●	●	●	●	●	●

＊：サイド化粧板

ステップ対面（アイランドI型）

D／W（㎜）	アクリストン［＊］	W2,020	W2,170	W2,320	W2,470	W2,620	W2,770
	面材［＊］	W1,980	W2,130	W2,280	W2,430	W2,580	W2,730
D800		●	●	●	●	●	●

＊：サイド化粧板

対面システムI型

D／W（㎜）	W2,440	W2,590	W2,740
D960	●	●	●
D1,010	●	●	●

スリム対面（壁付けI型・L 型）

D／W（㎜）	W1,840	W1,990	W2,140	W2,290	W2,440	W2,590	W2,740
D790	●	●	●	●	●	●	●
D840	●	●	●	●	●	●	●

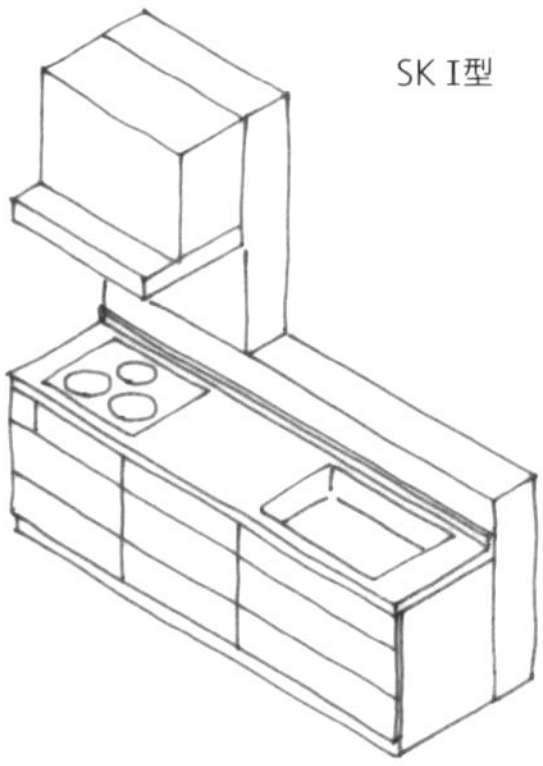
SK I型

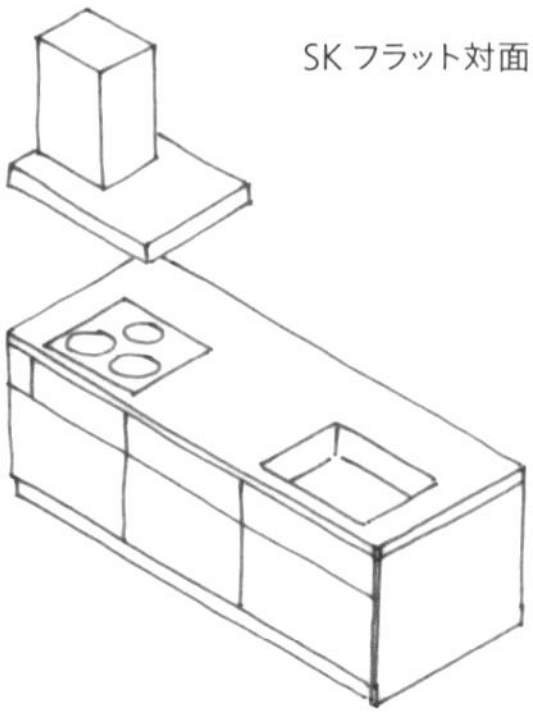
SK フラット対面

パナソニック エコソリューションズ社

Lacucina《ラクシーナ》

3口コンロ（トリプルワイドIHプラン）に対応するシステムキッチン。高さのバリエーションは3種類。トリプルワイドIHプランを採用する場合は、食洗機が取り付けられる間口寸法が限られているので注意が必要

▲：食器洗い乾燥機対応不可

プラン			間口寸法	標準ガスコンロプラン	トリプルワイドIHプラン	高さ（mm）
			1,800	▲		800／850／900
			1,950	●	●	
			2,100	●	●	
			2,250	●	●	
			2,400	●	●	
			2,550	●	●	
			2,600	●	●	
			2,700	●	●	
			2,850	●	●	
			3,000	●	●	
	L型	コンロ側開口 1,650	1,800	▲		
			1,950	▲		
			2,100	▲		
			2,250	●		
			2,400	●		
			2,550	●		
			2,700	●		
		コンロ側開口 1,800	1,800	▲	▲	
			1,950	▲	▲	
			2,100	▲	▲	
			2,250	●	▲	
			2,400	●	●	
			2,550	●	●	
			2,700	●	●	
フラット対面	フルフラット／耐力壁（D［mm］＝933）		2,285	●	●	
			2,435	●	●	
			2,585	●	●	
			2,735	●	●	
	フロート（D［mm］＝928）		2,273	●	▲	
			2,423	●	●	
			2,573	●	●	
			2,723	●	●	
アイランド	フルフラット（D［mm］＝933）		2,320	●	●	
			2,470	●	●	
			2,620	●	●	
			2,770	●	●	
	フロート（D［mm］＝928）		2,296	●	▲	
			2,446	●	●	
			2,596	●	●	
			2,746	●	●	
スマートステップ対面（D［mm］＝720）	ペニンシュラ		2,289	●	●	1,080／1,130／1,180
			2,439	●	●	
			2,589	●	●	
			2,739	●	●	
	アイランド		2,328	●	●	
			2,478	●	●	
			2,628	●	●	
			2,778	●	●	

＊：3口ガスコンロの場合は食洗なし

タカラスタンダード

EMAGE《エマージュ》

耐久性に優れるホーローを用いたシステムキッチン。扉の形状はスクエアで、シンプルなデザインが特徴となっている。I型は対応間口が幅広く、3,600㎜までをカバーしている

	間口（㎜）										
D（㎜）=600／650	1,650	1,800	1,950	2,100	2,250	2,400	2,550	2,700	2,850	3,000	3,150
I型	●	●	●	●	●	●	●	●	●*	●*	●*
L型（シンク側）	●	●	●	●	●	●	●	●	●*	●	

	間口（㎜）			高さ（㎜）
D（㎜）=600／650	3,300	3,450	3,600	820／850／900
I型	●*	●*	●*	
L型				

＊：奥行きが600㎜の場合は設定なし

	間口（㎜）					高さ（㎜）
D（㎜）=800／1,050	2,100	2,250	2,400	2,500	2,700	820／850／900
フラット対面	●	●	●	●	●	
セミフラット対面	●	●	●	●	●	

SK II型

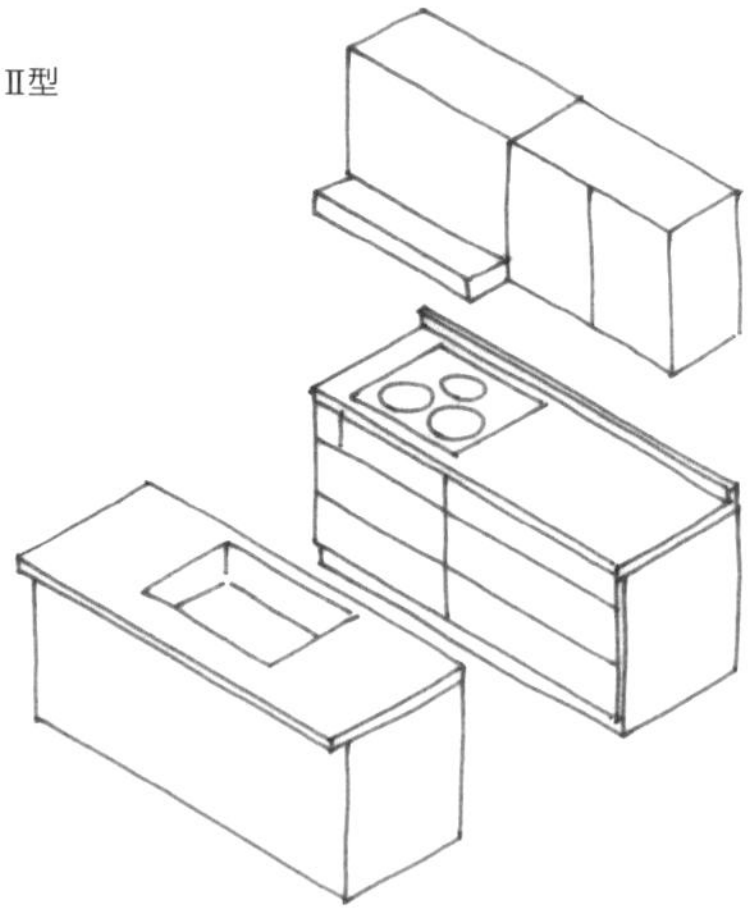

システムバス

システムバスは平面寸法には各社共通の規格寸法があり、内法寸法に合わせた呼称で呼ぶことが多い。ただし、設置必要寸法や天井高は各社・各製品で微妙に異なるので注意が必要だ。新築に比べて搬入しづらいリフォーム・リノベーションの用途に特化した製品を各社が販売しているのも特徴的である。特にマンションは、下表を参考にしてほしい。ほかにも、浴槽と防水パンが一体となったハーフユニットバスもある。

TOTO

SYNLA《シンラ》

間接照明を取り付けることができるなど、高級感の溢れるシステムバス。戸建住宅用とマンション・リフォーム用がある。ほかの製品と比較すると、サイズ展開は少ない

基本仕様	用途	内法寸法（mm）	設置必要寸法（mm）	天井高寸法（mm）	設置必要寸法（mm）
1620（1.25 坪）サイズ	戸建住宅	1,600 × 2,000	1,685（1,690）× 2,075	2,134	2,813（2,913）
	マンションリモデル		1,668（1,673）× 2,060	1,984	2,410
1616（1 坪）サイズ	戸建住宅用	1,600 × 1,600	1,685（1,690）× 1,675	2,134	2,813（2,913）
1418 サイズ	マンションリモデル	1,400 × 1,800	1,468（1,473）× 1,860	1,984	2,410

SAZANA《サザナ》

普及価格帯のシステムバス。サイズが細かく設定されており、ほかの製品にはない 1717 サイズにも対応している。天井高は 2,000 ／ 2,150 の 2 種類がある

基本仕様	内法寸法（mm）	設置必要寸法（mm）	天井高寸法（mm）	設置必要寸法（mm）
1624（1.5 坪）サイズ	1,600 × 2,400	1,700 × 2,500	2,158 ／ 2,167［*］	2,769（2,896）［*］／ 2,837（2,937）［* 2］
1620（1.25 坪）サイズ	1,600 × 2,000	1,700 × 2,100		
1717（1 坪）サイズ	1,650 × 1,650	1,700 × 1,700		
1616（1 坪）サイズ	1,600 × 1,600	1,700 × 1,700		
1317（0.75 坪強）サイズ	1,300 × 1,650	1,350 × 1,700		
1216（0.75 坪）サイズ	1,200 × 1,600	1,245 × 1,650		
1818 メーターモジュール	1,750 × 1,800	1,800 × 1,850		
1618 メーターモジュール	1,600 × 1,800	1,650 × 1,850		
1220（変形 1 坪）サイズ	1,200 × 2,000	1,245 × 2,050		

＊：N タイプの 1624 ／ 1620 ／ 1616 ／ 1216

マンションリモデルバスルーム

マンション・リフォーム用のシステムバス。設置条件に制約が多いことを反映して、細かくサイズ設定がされている。通常の 1216 サイズには 1216 に加えて、1216^{5} サイズが用意されている。下表は WF シリーズの数値

基本仕様	内法寸法（mm）	設置必要寸法（mm）	天井高寸法（mm）	設置必要寸法（mm）
1620 サイズ	1,600 × 2,000	1,640 （1,645）× 2,040	2,008	2,284［*］／ 2,434
1616 サイズ	1,600 × 1,600	1,640 （1,645）× 1,640		
1418 サイズ	1,400 × 1,800	1,440（1,445 ／ 1,468）× 1,840		
1416 サイズ	1,400 × 1,600	1,440（1,445 ／ 1,468）× 1,640		
1318 サイズ	1,300 × 1,800	1,340 （1,345）× 1,840		
1317 サイズ	1,300 × 1,700	1,340 （1,345）× 1,740		
1316^{5} サイズ	1,300 × 1,650	1,340 （1,345）× 1,690		
1218 サイズ	1,200 × 1,800	1,240 （1,245）× 1,840		
1216^{5} サイズ	1,200 × 1,650	1,240 （1,245）× 1,690		
1216 サイズ	1,200 × 1,600	1,240 （1,245）× 1,640		
1116 サイズ	1,100 × 1,600	1,140 （1,145）× 1,640		

＊：WT N タイプ 1418 ／ 1416 ／ 1318 ／ 1317 ／ 1316^{5} ／ 1218 ／ 1216^{3} ／ 1216 ／ 1116

LIXIL（INAX）

SPAGE《スパージュ》

高級感あふれるシステムバス。戸建住宅用・戸建住宅（階上用）・マンション用の 3 種類がある。サイズ展開は 5 種類で、天井高はそれぞれに 2 種類の設定がある

基本仕様	用途	内法寸法（mm）	設置必要寸法（mm）	天井高寸法（mm）	設置必要寸法（mm）
1624（1.5 坪）サイズ	戸建住宅	1,600 × 2,400	1,670 × 2,470	2,205	2,980
	戸建住宅（階上用）			2,005	2,575
1620 ／ 1620-2（1.25 坪）サイズ	戸建住宅	1,600 × 2,000	1,670 × 2,070	2,205	2,980
	戸建住宅（階上用）			2,005	2,575
	マンション				2,504
1616（1 坪）サイズ	戸建住宅	1,600 × 1,600	1,670 × 1,670	2,205	2,980
	戸建住宅（階上用）			2,005	2,575
	マンション				2,504
1216（0.75 坪）サイズ	戸建住宅	1,200 × 1,600	1,260 × 1,670	2,205	2,980
	戸建住宅（階上用）			2,005	2,575
	マンション				2,504
1618（メーターモジュール）	戸建住宅	1,600 × 1,800	1,670 × 1,870	2,205	2,980
	戸建住宅（階上用）			2,005	2,575
	マンション				2,504

Arise《アライズ》

普及価格帯のシステムバス。2015 年 4 月に発表された新商品で 1600 ロング浴槽までラインアップされている

基本仕様	内法寸法（mm）	設置必要寸法（mm）	天井高寸法（mm）	設置必要寸法（mm）
1624（1.5 坪）サイズ	1,600 × 2,400	1,670（1,675）× 2,470		
1620 ／ 1620-2（1.25 坪）サイズ	1,600 × 2,000	1,670（1,675）× 2,070		
1616（1 坪）サイズ	1,600 × 1,600	1,670（1,675）× 1,670		
1316（0.75 坪強）サイズ	1,300 × 1,600	1,370（1,375）× 1,670		
1216（0.75 坪）サイズ	1,200 × 1,600	1,260 × 1,670	2,205	2,980
S1216（0.75 坪）サイズ	1,150 × 1,600	1,220（1,225）× 1,670		
S1818（メーターモジュール）	1,750 × 1,800	1,820 × 1,870		
1618（メーターモジュール）	1,600 × 1,800	1,670（1,675）× 1,870		
1318（メーターモジュール）	1,300 × 1,800	1,370（1,375）× 1,870		

1616 サイズ

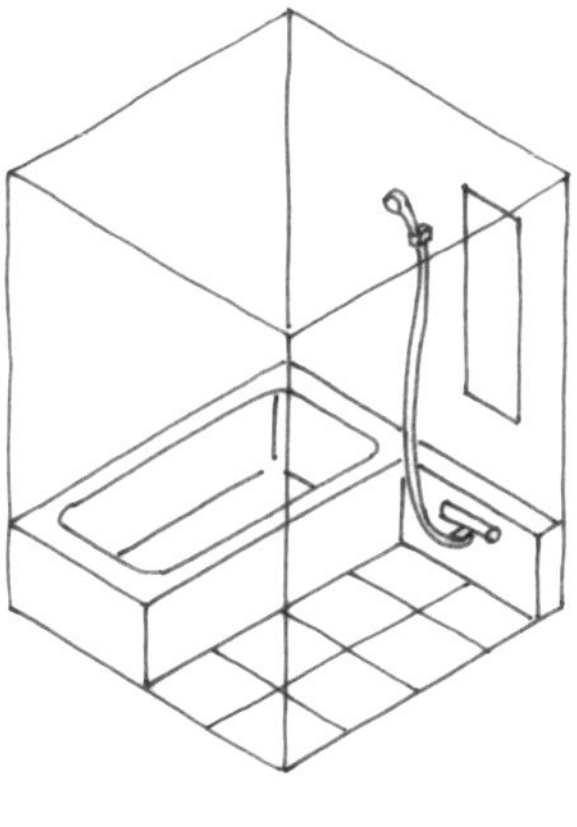

1620 サイズ

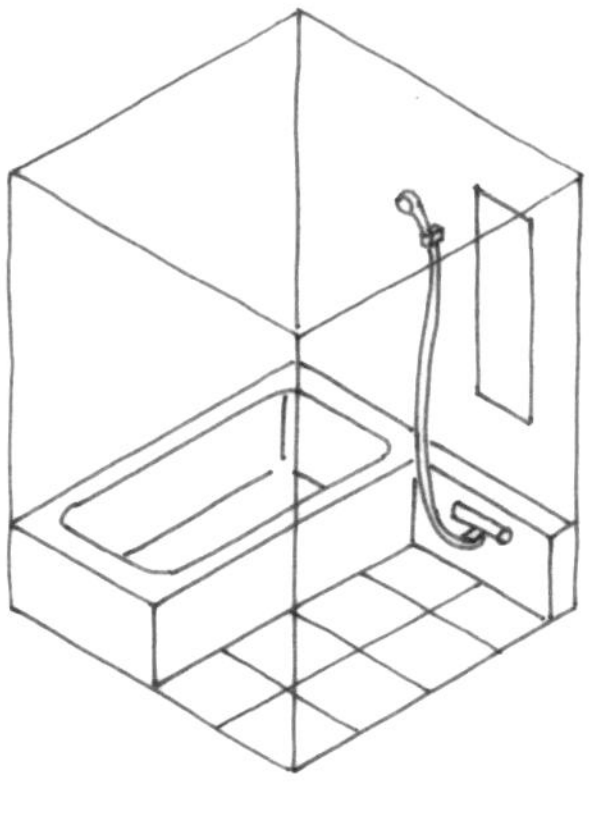

RINOBIO《リノビオ》 V

マンション・リフォーム用のシステムバス。壁裏配管スペースを効率的に使える新しい構造を採用しており、浴室のサイズを従来よりも広くすることができる。サイズは 11 種類

基本仕様	内法寸法（mm）	設置必要寸法（mm）	天井高寸法（mm）	設置必要寸法（mm）
1620 サイズ	1,600 × 2,000	1,660 × 2,060		
1418 サイズ	1,400 × 1,800	1,460 × 1,860		
1416 サイズ	1,400 × 1,600	1,460 × 1,660		
1317 サイズ	1,300 × 1,700	1,360 × 1,760		
W1316 サイズ	1,300 × 1,650	1,360 × 1,710		
1316 サイズ	1,300 × 1,600	1,360 × 1,660	2,025	2,504
1218 サイズ	1,200 × 1,800	1,260 × 1,860		
W 1216 サイズ	1,200 × 1,650	1,260 × 1,710		
1216 サイズ	1,200 × 1,600	1,260 × 1,660		
S1216 サイズ	1,150 × 1,600	1,210 × 1,660		
1116 サイズ	1,100 × 1,600	1,160 × 1,660		

パナソニック エコソリューションズ社

Cococino《ココチーノ》 New L CLASS

間接照明による空間の演出や有機ガラス系人造大理石「スゴピカ浴槽」を採用した高級感のあるシステムバス。サイズ展開は 7 種類となっており、天井高は仕上げによって 2 つとなっている

基本仕様	内法寸法	設置必要寸法（mm）	天井高寸法（mm）	設置必要寸法（mm）
1623 サイズ	1,600 × 2,300	1,670（1,700）× 2,370		
1621 サイズ	1,600 × 2,050	1,670（1,700）× 2,120		
1616 サイズ	1,600 × 1,600	1,670（1,700）× 1,670		
1316 サイズ	1,300 × 1,600	1,370（1,400）× 1,670	2,000（2,150）［＊1］	2,263 ／ 2,271 ／ 2,413 ／ 2,421［＊2］
1216 サイズ	1,150 × 1,600	1,220（1,250）× 1,670		
1818 サイズ	1,800 × 1,800	1,870 × 1,870		
1618 サイズ	1,600 × 1,800	1,670（1,700）× 1,870		

＊1：（　）はハイパネル仕様の場合
＊2：2 枚折りドア・スイングドアの場合は 2,271 ／ 2,421、3 枚引戸・片引戸の場合は 2,263 ／ 2,413

Oflora《オフローラ》

価格普及帯のシステムバス。肌の皮脂汚れをきれいに落とす「エステケアシャワー」の機能性とライン照明による空間演出が可能。サイズは「ココチーノ New L クラス」と同様の 7 種類

基本仕様	内法寸法	設置必要寸法（mm）	天井高寸法（mm）	設置必要寸法（mm）
1623 サイズ	1,600 × 2,300	1,670（1,700）× 2,370		
1621 サイズ	1,600 × 2,050	1,670（1,700）× 2,120		
1616 サイズ	1,600 × 1,600	1,670（1,700）× 1,670		
1316 サイズ	1,300 × 1,600	1,370（1,400）× 1,670	2,000（2,150）［＊1］	2,263 ／ 2,271 ／ 2,413 ／ 2,421［＊2］
1216 サイズ	1,150 × 1,600	1,220（1,250）× 1,670		
1818 サイズ	1,800 × 1,800	1,870（1,900）× 1,870		
1618 サイズ	1,600 × 1,800	1,670（1,700）× 1,870		

＊1：（　）はハイパネル仕様の場合
＊2：2 枚折りドア・スイングドアの場合は 2,271 ／ 2,421、3 枚引戸・片引戸の場合は 2,263 ／ 2,413

Refoms《リフォムス》 MR-X

マンション・リフォーム用のシステムバス。薄納まり構造を採用しており、浴室をサイズアップすることができる。7 種類のサイズがあり、天井高は 2,000mmで統一されている

基本仕様	内法寸法	設置必要寸法（mm）	天井高寸法（mm）	設置必要寸法（mm）
1620 サイズ	1,600 × 2,000	1,710（1,690）[1,660] × 2,060 [＊]		
1418 サイズ	1,400 × 1,800	1,510（1,490）[1,460] × 1,860 [＊]		
1416 サイズ	1,400 × 1,600	1,510（1,490）[1,460] × 1,660 [＊]		
1317 サイズ	1,300 × 1,700	1,410（1,390）[1,360] × 1,760 [＊]	2,000	―
1218 サイズ	1,200 × 1,800	1,310（1,290）[1,260] × 1,860 [＊]		
1216 サイズ	1,200 × 1,600	1,310（1,290）[1,260] × 1,660 [＊]		
1116 サイズ	1,100 × 1,600	1,210（1,190）[1,160] × 1,660 [＊]		

＊：（　）は水栓固定金具エルボタイプの場合、［　］はスリム納まり配管の場合

トイレ

トイレはほかの建材に比べて主なメーカーと製品が限られているので、比較検討しやすい。タンクレストイレが主流になりつつあるが、価格の安さやメンテナンスのしやすさで、タンク式トイレの人気も根強い。ただし、注意すべきは便器の長さ。狭い空間では使い勝手を大きく左右する。排水方向と排水心にも注意。トイレの排水管は径がϕ 75-100と大きいので、しっかりと確認したい。最近ではシステムバスと同様に、排水位置の調節が可能なリフォームに対応したモデルもある。

TOTO

NEOREST《ネオレスト》

タンクレストイレで、フルカバータイプの「AH」、ラウンドタイプの「RH」、シンプルなデザインで価格設定が低めの「DH」がある。「AH」が若干大きめのサイズ設定となっている

タイプ	W×D×H（mm）	排水方向	排水心（mm）	
ハイブリッドシリーズ AH タイプ	389×705（便器先端:692）／745（便器先端:732）×535	床	200	
			リモデル対応	305～540
				120／200
		壁	FL＋120	
			リモデル対応	FL＋120～155
ハイブリッドシリーズ RH タイプ	389×702（便器先端:692）／742（便器先端:732）×515	床	200	
			リモデル対応	305～540
				120／200
		壁	FL＋120	
			リモデル対応	FL＋120～155
ハイブリッドシリーズ DH タイプ	389×702（便器先端:692）／742（便器先端:732）×526	床	200	
			リモデル対応	305～540
				120／200
		壁	FL＋120	
			リモデル対応	FL＋120～155

NEOREST

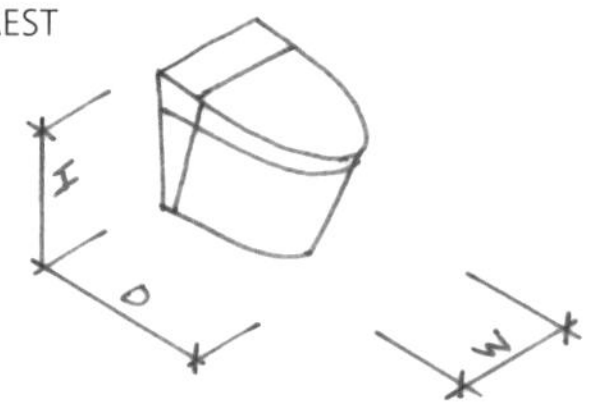

ピュアレスト EX・QR

トルネード洗浄で、洗浄水量4.8ℓを実現したタンク式トイレ。「GG-800」には、高さ800mmの手洗い器が備えられている

タイプ	W×D×H（mm）	排水方向	排水心（mm）	
手洗いなし	445×772（便器先端:760）×878	床	200	
			リモデル対応	305～540
		壁	FL＋120（FL＋155）[＊]	
手洗いあり	445×772（便器先端:760）×1,018	床	200	
			リモデル対応	305～540
		壁	FL＋120（FL＋155）[＊]	

＊:（　）はピュアレスト EX のみ

LIXIL（INAX）

SATIS《サティス》

タンクレストイレで、丸みをおびた「G」タイプ、直線的な「S」タイプ、カジュアルでコンパクトな「E」タイプの 3 種類がある。マンション・リノベーション用には別途製品を用意

タイプ	W×D×H（mm）	排水方向	排水心（mm）
G タイプ	365×705（便器先端 720）×554	床	200
S タイプ床排水	365×635（便器先端 650）×555（1,000）	床	200
S タイプ床上排水	365×635（便器先端 670）×555（1,000）	壁	FL＋120
S タイプリトイレ	365×635（便器先端 650）×555（1,000）	床	200～450
サティス E タイプ床排水	365×635（便器先端 650）×573（1,000）	床	200
サティス E タイプ床上排水	365×635（便器先端 670）×573（1,000）	壁	FL＋120
サティス E タイプリトイレ	365×635（便器先端 650）×573（1,000）	床	200～450
マンションリフォームサティス S タイプ	365×635（便器先端 745）×555	壁	FL＋155

SATIS

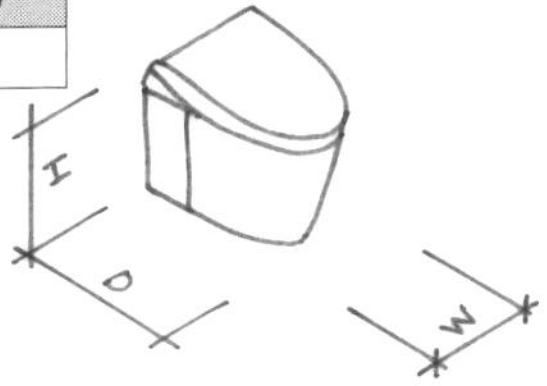

アメージュ Z シャワートイレ

シンプルな形状が特徴のタンク式トイレ。最近では、フチレスで掃除がしやすいタイプも商品化されている。リノベーション用には 2 種類をラインアップ

タイプ	W×D×H（mm）	排水方向	排水心（mm）
フチレス ECO5（手洗いなし）	417×760×913（965）	床	200
フチレス ECO5（手洗いあり）	417×760×933（1,043）		
ECO5（手洗いなし）	417×760×913（965）	床	200
		壁	FL＋120
ECO5（手洗いあり）	417×760×933（1,043）	床	200
		壁	FL＋120
ECO4（手洗いなし）	417×760×913（965）	床	200
ECO4（手洗いあり）	417×760×933（1,043）		
リトイレ ECO5（手洗いなし）	417×760×913（965）	床	（120）、200～530（531～580）
リトイレ ECO5（手洗いあり）	417×760×933（1,043）		
マンションリフォーム用 ECO6（手洗いなし）	417×790×898（950）	壁	FL＋155（148）
マンションリフォーム用 ECO6（手洗いあり）	417×790×978（1,028）		

パナソニック エコソリューションズ社

アラウーノ

樹脂性のタンクレストイレ。有機ガラス系の新素材を採用した「新型アラウーノ」は、汚れがたまりにくく、全自動で清掃が行えるのが特徴

製品名	W×D×H（mm）	排水方向	排水心（mm）
新型アラウーノ	383×700(便器先端 720)×536	床	120～200
		リフォーム（床）	305～470
		壁	FL＋120
	383×700(便器先端 730)×571		FL＋155
アラウーノ SⅡ	396×700(便器先端 720)×530	床	120～200
		リフォーム（床）	305～470
	396×700(便器先端 730)×530	壁	FL＋120
	396×700(便器先端 730)×565		FL＋155
アラウーノ V（手洗いなし）	473×700(便器先端 720)×535	床	120～200
		リフォーム（床）	305～445
	473×700(便器先端 730)×535	壁	FL＋120
アラウーノ V（手洗いあり）	473×700（便器先端 720）×1,065	床	120～200
		リフォーム（床）	305～445
	473×700（便器先端 730）×1,065	壁	FL＋120

アラウーノ

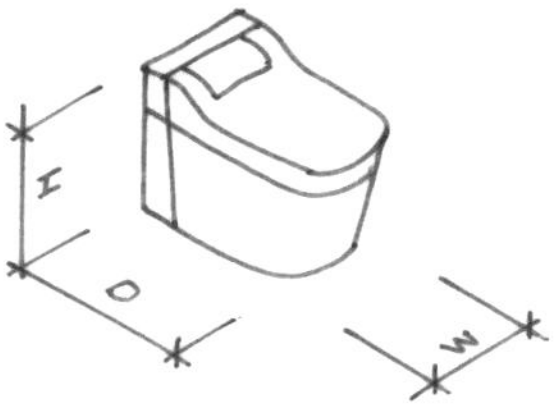

エアコン

エアコンは壁掛け・天井埋込み・壁埋込み・床置きに大別される。主流は壁掛けエアコン。省エネ性・機能性が飛躍的に向上しており、それに伴って大型化が進んでいるのが特徴だ。奥行きが300㎜を超えるものもあり、かなり目立ってしまう。それを避けるために、家具と組み合わせたり、ニッチ納まりなどにする場合は、気流を妨げないような工夫が必要である［79頁参照］。商品の入れ替わりが早く、寸法設定も変わりやすいので注意が必要だ。併せて、室内機に対応する室外機の寸法も把握しておきたい。

パナソニック エコソリューションズ社

<table>
<tr><th>タイプ</th><th>製品名</th><th>幅（W）×奥行き（D）×高さ（H）単位:mm</th><th>室外機:幅（W）×奥行き（D）×高さ（H）単位:mm</th></tr>
<tr><td rowspan="9">壁掛け</td><td>HXシリーズ</td><td>798×375×295</td><td rowspan="2">799×299×619</td></tr>
<tr><td>Xシリーズ</td><td>798×375×295</td></tr>
<tr><td>EXシリーズ</td><td rowspan="2">790×269×295</td><td rowspan="4">799×299×619／780×289×540／655×275×530</td></tr>
<tr><td>GXシリーズ</td></tr>
<tr><td>Jシリーズ</td><td rowspan="2">780×239×285</td></tr>
<tr><td>Fシリーズ</td></tr>
<tr><td>UXシリーズ</td><td>798×375×295</td><td rowspan="2">799×299×630</td></tr>
<tr><td>TXシリーズ</td><td>798×299×295／790×269×295</td></tr>
<tr><td>NXシリーズ</td><td>798×375×295</td><td>799×299×619</td></tr>
<tr><td rowspan="4">天井埋込み</td><td>1方向タイプ2.2～4.0kWクラス</td><td rowspan="2">770×360×185
（カバー寸法1,070×460）</td><td>780×289×540</td></tr>
<tr><td>フル暖タイプ</td><td>799×299×619</td></tr>
<tr><td>1方向タイプ5.0・5.6kWクラス</td><td>990×360×190
（カバー寸法1,200×460）</td><td rowspan="2">765×285×550</td></tr>
<tr><td>2方向タイプ</td><td>853×490×190
（カバー寸法1,050×560）</td></tr>
<tr><td>壁埋込み</td><td></td><td>750×181×325
（カバー寸法770×349）</td><td rowspan="2">780×289×540</td></tr>
<tr><td>床置き</td><td></td><td>700×210×600</td></tr>
</table>

ダイキン

<table>
<tr><th>タイプ</th><th>製品名</th><th>幅（W）×奥行き（D）×高さ（H）単位:mm</th><th>室外機:幅（W）×奥行き（D）×高さ（H）単位:mm</th></tr>
<tr><td rowspan="7">壁掛け</td><td>壁掛形RXシリーズ</td><td rowspan="3">798×370×295</td><td>718×315×599／795×300×693</td></tr>
<tr><td>壁掛形AXシリーズ</td><td>718×315×599／795×300×595</td></tr>
<tr><td>壁掛形DXシリーズ</td><td>795×300×595</td></tr>
<tr><td>壁掛形WXシリーズ</td><td rowspan="3">798×263×295</td><td rowspan="4">675×284×550／795×300×595</td></tr>
<tr><td>壁掛形FXシリーズ</td></tr>
<tr><td>壁掛形CXシリーズ</td></tr>
<tr><td>壁掛形Eシリーズ</td><td>770×233×285</td></tr>
<tr><td rowspan="2">天井埋込み</td><td>シングルフロータイプ</td><td>990×360×185
（カバー寸法1,200×460）</td><td>795×300×693／795×300×595</td></tr>
<tr><td>ダブルフロータイプ</td><td>843×480×185
（カバー寸法1,050×560）</td><td>795×300×595</td></tr>
<tr><td>壁埋込み</td><td>壁埋込形</td><td>770×180×322
（カバー寸法785×349）</td><td>795×300×595</td></tr>
<tr><td>床置き</td><td>床置形</td><td>700×210×600</td><td>795×300×693／795×300×595</td></tr>
</table>

富士通ゼネラル

タイプ	製品名	幅（W）×奥行き（D）×高さ（H）単位:mm	室外機:幅（W）×奥行き（D）×高さ（H）単位:mm
壁掛け	nocriaX シリーズ	898×378×293／786×378×293	820×315×704／790×290×620
	nocriaZ シリーズ	798×350×293	
	nocriaS シリーズ	728×302×250	790×290×620／790×290×540
	R シリーズ	728×299×250	790×290×620／790×290×540 663×293×535
	J シリーズ	790×206×280	
床置き	ホットマン	605×195×475	450×240×580／450×240×585

三菱電機

タイプ	製品名	幅（W）×奥行き（D）×高さ（H）単位:mm	室外機:幅（W）×奥行き（D）×高さ（H）単位:mm
壁掛け	Z シリーズ	799×353×295	800×285×550／800×285×630／ 809×300×630
	X シリーズ	799×309×295	800×285×550／800×285×630
	L シリーズ	799×310×250	699×249×538／800×285×550
	P シリーズ	798×232×295	
	GE シリーズ	799×232×290	
	ZD シリーズ	799×353×295	800×285×550／800×285×630
	XD シリーズ	798×298×295	
	JXV シリーズ	799×309×295	
	BXV シリーズ	799×310×250	699×249×538／800×285×550
	AXV シリーズ	798×232×295	
	GV シリーズ	799×232×290	
	HXV シリーズ	799×353×295	800×285×550／800×285×630
	KXV シリーズ	798×232×295	
天井埋込み	1 方向天井カセット RX	1,102×360×175 （天井開口穴寸法 1,160×384）	800×285×550／809×300×630
	1 方向天井カセット GX		
	1 方向小能力天井カセット形	825×301×194 （天井開口穴寸法 880×325）	800×285×550
	2 方向天井カセット形 W／H W	973×480×194 （天井開口穴寸法 1,046×505）	800×285×550／809×300×630［*］
	1 方向天井カセット形 HX	1,102×360×175 （天井開口穴寸法 1,160×384）	
壁埋込み	壁埋込形	748×181×325	
床置き	K シリーズ	750×215×600	
	HK シリーズ		

*：2 方向天井カセット型 HW は 809×300×630 のみ

壁掛けエアコン

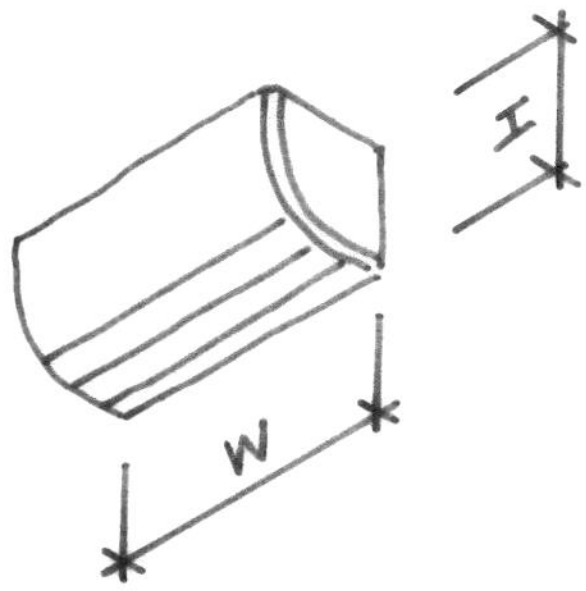

天井埋込みエアコン

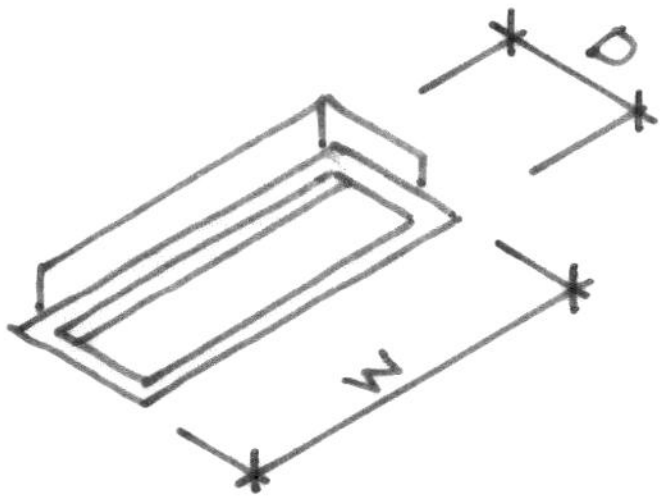

東芝

タイプ	製品名	幅（W）×奥行き（D）×高さ（H）単位:mm	室外機:幅（W）×奥行き（D）×高さ（H）単位:mm
壁掛け	SDR シリーズ	798 × 350 × 295	780 × 290 × 550 ／ 799 × 299 × 630
	SR シリーズ	790 × 255 × 250 ／ 790 × 279 × 293	660 × 240 × 530 ／ 780 × 290 × 550
	SP シリーズ		
	S シリーズ	790 × 213 × 250 ／ 790 × 279 × 293	780 × 290 × 550
	DRN シリーズ	790 × 279 × 293	799 × 299 × 630

日立製作所

タイプ	製品名	幅（W）×奥行き（D）×高さ（H）単位:mm	室外機:幅（W）×奥行き（D）×高さ（H）単位:mm
壁掛け	XJ シリーズ	798 × 337 × 295	750 × 288 × 570 ／ 819 × 319 × 669
	ZJ シリーズ	798 × 339 × 295	750 × 288 × 570 ／ 799 × 299 × 629
	E シリーズ	798 × 323 × 295 ／ 798 × 339 × 295	658 × 275 × 530 ／ 750 × 288 × 570 ／ 799 × 299 × 629
	V ／ VL シリーズ	795 × 293 × 260 ／ 798 × 339 × 295	658 × 275 × 530 ／ 750 × 288 × 570 ／ 799 × 299 × 629
	BJ シリーズ	780 × 210 × 280	
	AJ シリーズ		
	ZD シリーズ	798 × 329 × 295	792 × 299 × 720
天井埋込み	PS シリーズ（一方向）	998 × 378 × 185（カバー寸法 1,200 × 460）	792 × 299 × 600
	P シリーズ（一方向）		
	PD シリーズ（二方向）	848 × 500 × 195（カバー寸法 1,050 × 550）	
壁埋込み	JD シリーズ	750 × 195 × 318（カバー寸法 770 × 366）	
床置き	FD シリーズ	750 × 230 × 595	792 × 299 × 720

壁埋込みエアコン

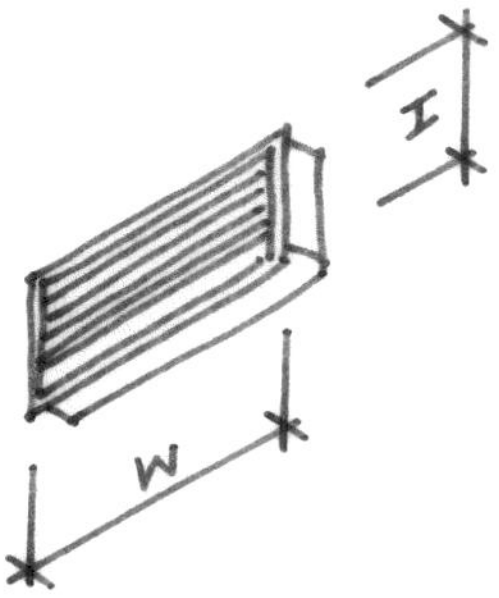

床置きエアコン

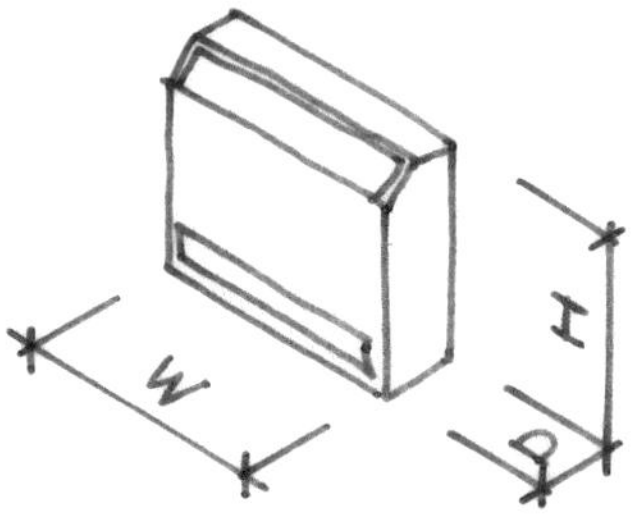

スイッチプレート・コンセントプレート

スイッチプレート・コンセントプレートはそれぞれで共通。1連用～4連用を採用することが多く、高さと幅は各社・各製品で共通しているが奥行（出しろ）や、コーナーのディテールに若干違いがある。

パナソニック エコソリューションズ社

アドバンス

スイッチの出しろを6.8㎜に抑えたフラット・薄型デザインが特徴。上質なマット仕上げで壁面に溶け込むようにしている

タイプ	H×W×D（㎜）
1連用	120×70×6.8
2連用	120×116×6.8
3連用	120×162×6.8
4連用	120×208×6.8
スイッチ+コンセント	120×116×6.8

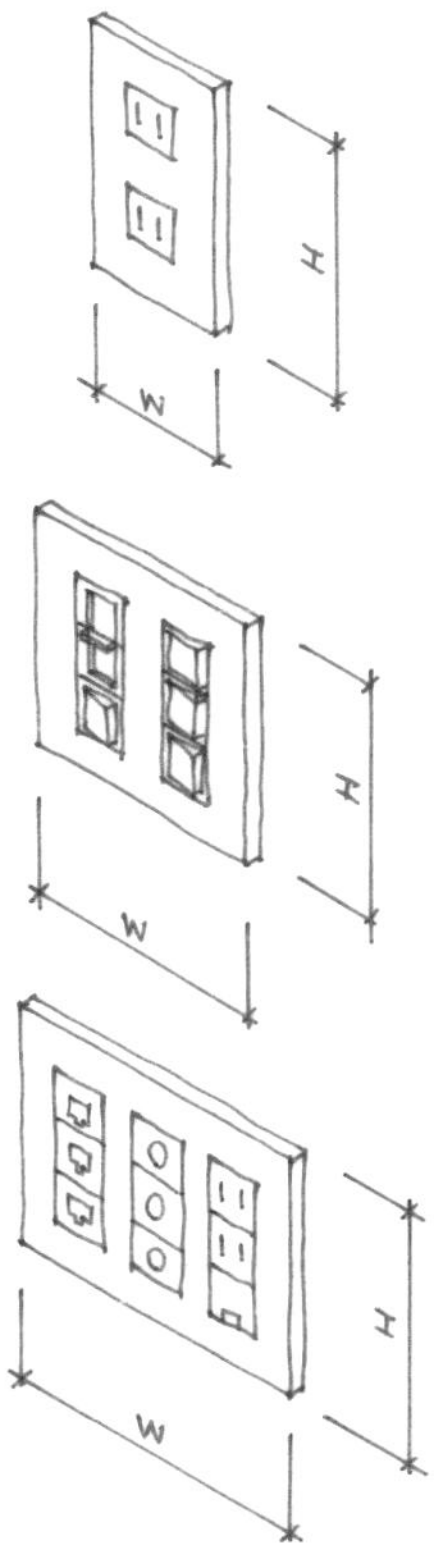

コスモ

誰にでも使いやすいワイドハンドルを採用しているのが特徴（H92×W43㎜）。6連用まで対応するなど、さまざまなニーズに応えられる

タイプ	H×W×D（㎜）
1連用	120×70×8.8
2連用	120×116×8.8
3連用	120×162×8.8
4連用	120×208×8.8
5連用	120×254×8.8
6連用	120×300×8.8［*］
ミニプレート	70×70×8.8
スイッチ+コンセント	120×116×8.8
腰高プレート	120×70×17.6

*：新金属スイッチプレートのみ

ラフィーネア

シルバー調のスマートでスタイリッシュなデザインが特徴。スイッチハンドル・スイッチプレートは「コスモシリーズワイド21」のスイッチと組み合わせて使用する

スイッチプレート

タイプ	H×W×D（㎜）
1連用	120×70×8.8
2連用	120×116×8.8
3連用	120×162×8.8
4連用	120×208×8.8

コンセントプレート

<table>
<tr><th>タイプ</th><th>H×W×D（㎜）</th></tr>
<tr><td>3コ用</td><td>120×70×8.8</td></tr>
<tr><td>4コ用</td><td rowspan="4">120×116×8.8</td></tr>
<tr><td>5コ用</td></tr>
<tr><td>6コ用</td></tr>
<tr><td>2連接穴プレート</td></tr>
<tr><td>9コ用</td><td rowspan="4">120×162×8.8</td></tr>
<tr><td>7コ用</td></tr>
<tr><td>8コ用</td></tr>
<tr><td>2連接穴+3コ用</td></tr>
<tr><td>12コ用</td><td>120×208×8.8</td></tr>
</table>

神保電器

NK

シンプルでミニマムなデザインが特徴。1～5連用までに対応しているほか、家具コンセント用には2種類を用意している

タイプ	H×W×D（㎜）
1連用	120×70×7
2連用	120×116×7
3連用	120×162×7
4連用	120×208×7

タイプ	H×W×D（㎜）
5連用	120×254×7
家具コンセント用（1連用）	35×85×6.5
家具コンセント用（2連用）	35×130×6.5

上質な住宅を
つくるための
既製品活用ガイド

2015年8月31日　初版第1刷発行

発行者　澤井聖一

発行所　株式会社エクスナレッジ
〒106 - 0032　東京都港区六本木7 - 2 - 26
http://www.xknowledge.co.jp/

問合せ先　（編集）Tel : 03 - 3403 - 1381　Fax : 03 - 3403 - 1345
info@xknowledge.co.jp
（販売）Tel : 03 - 3403 - 1321　Fax : 03 - 3403 - 1829